活在大明

· 历 · 史 · 旅 · 行 · 指 · 南 ·

刘曙刚 ◎ 著

四川人民出版社

图书在版编目（CIP）数据

活在大明 / 刘曙刚著. -- 成都：四川人民出版社，2021.1

ISBN 978-7-220-12049-7

Ⅰ.①活… Ⅱ.①刘… Ⅲ.①中国历史—明代—通俗读物 Ⅳ.①K248.09

中国版本图书馆CIP数据核字（2020）第205196号

HUO ZAI DAMING
活在大明

刘曙刚 著

责任编辑	王卓熙　任学敏
封面设计	周　正
版式设计	罗　雷
责任印制	李　剑

出版发行	四川人民出版社（成都市槐树街2号）
网　　址	http://www.scpph.com
E-mail	scrmcbs@sina.com
新浪微博	@四川人民出版社
微信公众号	四川人民出版社
发行部业务电话	（028）86259624　86259453
防盗版举报电话	（028）86259624
照　　排	E拓图书
印　　刷	艺堂印刷（天津）有限公司
成品尺寸	170mm×240mm
印　　张	18
字　　数	280千
版　　次	2021年1月第1版
印　　次	2021年1月第1次印刷
书　　号	ISBN 978-7-220-12049-7
定　　价	59.00元

版权所有·侵权必究

本书若出现印装质量问题，请与我社发行部联系调换

电话：（010）82021443

前言

[FOREWORD]

欢迎参加大明王朝历史旅行团！

到大明朝旅行，您要先换身行头，不单是为了"入乡随俗"，更是因为如果衣服穿错了，可能有牢狱之灾。就说这衣服的颜色，黄色和接近黄色的颜色您就不能选，因为黄色是皇家专用的，明朝开国皇帝朱元璋规定，老百姓不许穿黄色衣服。来，咱大明朝老百姓常穿的衣服也有不同款式，男生常穿蓝色盘领长袍，女生喜欢粉色百褶长裙，这样穿准没错儿，您挑一件。

您平时坐惯了汽车和火车，但大明可没这些交通工具。不过，我们给您提供了马匹、马车和舟船，您可以先体验下骑马的快感，骑累了或不想骑就乘车或坐船。

咱们这趟旅行专门给您安排好了吃喝玩乐的路线，您可以参加明代的宴会，去尝尝神秘又美味的"神仙菜"；也可以活动下筋骨，去打一场大明版的"高尔夫"；可以听听明代的《水浒传》评书，看看乐舞和杂技表演；还可以逛逛苏杭的商业圈，见识见识大明美女祛斑美容的胭脂秘方……我们还为您安排了一个特别节目，那就是去看看外国使节带着珠宝、美食和"神兽"来朝贡的盛况。

我们在旅程中也安排了皇家之旅、官场之旅、经贸之旅和文化之旅。大家一起去瞧瞧皇帝、皇后、太子、公主们的真实生活都是什么样；了解下大明学子们参加科举考试多么辛苦，当官儿之后俸禄多么微薄；一起逛逛景德镇的御窑厂，看看明代手艺人的日常工作；去拜访王阳明等明代大儒，再去见识下明代书画艺术家们的日常生活……

希望您能通过这次大明之旅，体验到丰富多彩的明朝生活，看看值得我们今天学习和传承的一面，也能身临其境，全方位感受雅俗共存、好玩有趣的明朝style。

目录
[CONTENTS]

第一章　初到大明王朝，这些你该知道

旂梁章纹花样禽兽，种种都是身份象征
　　——大人物穿戴 …………… 2

穿衣戴帽没自由，突破规矩很有趣
　　——日常衣物 …………… 9

通用官话好沟通，名号称呼很不同
　　——语言、名字与称谓 …………… 15

皇家宫城苑囿都很阔，民间园林别墅也不错
　　——明朝建筑 …………… 22

桌椅床榻花样多，厅堂陈设学问大
　　——明朝家居 …………… 30

交通工具可任选，旅行经商有指南
　　——出行 …………… 37

专题：入籍办户帖，财产也登记
　　——明代的百姓户口 …………… 46

第二章　当个大明的官，既艰难又危险

权大未必品级高，勋贵只是名声好
　　——明朝官制 …………… 50

工资待遇低，贪污刑罚重
　　——俸禄和反贪 ……………… 58

公立校、私立校，通通都要三连考
　　——教育和科举 ……………… 64

世代干这行，命运大不同
　　——明朝兵制 ………………… 70

专题：权属他们大，祸国最在行
　　——厂卫和阉宦 ……………… 76

第三章　经贸一度繁荣，生活也曾美好

不搞对外贸易那一套，咱玩儿的是朝贡
　　——朝贡制度 ………………… 82

从"国营"到"民营"，制瓷纺织都很厉害
　　——明朝手工业 ……………… 87

全力抓牢"米袋子"，两京商业规划好
　　——明朝商业 ………………… 94

资本渐渐萌芽，城镇遍地开花
　　——新兴工商业城市 ………… 100

金银钱钞那些事儿，历来很重要
　　——明朝金融 ………………… 106

专题：太祖皇帝很重视，国家社会齐关注
　　——大明也有社会福利 ……… 112

3

第四章　皇家穷奢极欲，皇帝任性放肆

贤明一二君，"奇葩"三五帝
　　——明朝帝君相 …………… 118

皇后不容易，公主也糟心
　　——皇家女人 …………… 124

知识受重视，太子更要学习
　　——宫廷教育 …………… 129

当个藩王有特权，欺霸乡里招人烦
　　——明朝藩王 …………… 136

第五章　地位低、限制多，但乐趣也不少

贞节最受表彰，常有妇女寻死
　　——女性贞节观 …………… 142

爱学习来爱劳动，才是大明好女性
　　——女德和妇功 …………… 147

满腹才情在闺中，吟诗作赋传后世
　　——明朝才女 …………… 153

精描细画柳叶眉，轻抹脂粉桃花妆
　　——女儿妆 …………… 159

第六章　吃喝都成文化，宴饮很讲礼仪

简单两顿饭，演变成奢华大餐
　　——宫廷御膳……………164

一群人大鱼大肉，另一撮爱吃青菜
　　——士人饮食……………172

离不开的油盐酱醋，吃不尽的粥饭面饼
　　——调料和主食…………178

人家那叫文化风雅，咱就只会喝
　　——茶与酒………………184

专题：皇帝请客，行礼听歌看舞蹈
　　——记一次大明"国宴"…………192

第七章　宫廷市井百态，礼仪民俗大观

过节嘛，少不了吃喝玩乐
　　——明朝节庆……………200

听书又看戏，还有乐舞和杂技
　　——文娱活动……………207

蹴鞠捶丸加骑射，可惜已衰落
　　——体育竞技……………213

5

嫁娶麻烦不少，礼法更严
　　——婚姻制度 …………… 220

归天入土身后事，都是活人做
　　——丧葬和祭祀 …………… 226

专题：游戏是天性，此理古今同
　　——大明儿童的幸福童年 …………… **232**

第八章　儒学盛、艺术兴，却瞅见文人悲辛

写字读书很危险，考试讲学也艰难
　　——"知识分子"的困境 …………… 238

为帝师，讲心学，论时弊
　　——儒家的责任和担当 …………… 245

才高性疏狂，命运难免凄惨悲凉
　　——明朝"三大才子" …………… 251

自古近君如近虎，成就从来靠自由
　　——书画艺术 …………… 258

演唱种种传奇戏，当数玉茗堂第一
　　——昆曲 …………… 264

专题：咱有万卷书，留给后人读
　　——大明的文化遗产 …………… **270**

附录：帝王世系表 …………… **276**
　　历史年表 …………… **277**

第一章
初到大明王朝，这些你该知道

大明王朝，那是个从它建立（1368）算起距今还不到700年，从它灭亡（1644）算起距今更是不到400年的朝代。但不管怎么说，那也有几百年了不是？那时候的明朝人怎么生活——他们的穿戴打扮什么样？怎么说话？如何自称又怎么相互称呼？住的什么房子？家里有什么家居摆设？出行是坐车还是骑马？这些个基本问题呀，您初到大明王朝就都应该搞个清楚，弄个明白。所以在这第一章，咱就来讲一讲活在大明必备的「生活指南」……

[历史旅行指南·活在大明]

梳梁章纹花样禽兽，种种都是身份象征

——⊙ 大人物穿戴

　　帝王将相？咱在影视剧里看得多了！人家穿戴打扮得那叫一个尊贵奢华，那叫一个威严肃穆！但影视剧里用的那些服装道具，它们的样式、图案、细节到底对不对？真不真实？皇帝的皇冠、龙袍到底有什么特别？文武百官的官服又有什么不同？如何分辨谁官儿大、谁官儿小？咱们呀，就从"冕旒（liú）章纹"和"冠梁禽兽"来说起……

▫ 皇帝的冕旒和章纹

　　皇帝，又叫天子，在古代通常被认为是天帝的儿子，天下唯一的主宰，所谓"九五之尊"，尊贵无比。他的服装款式自然也是"独家限量"、与众不同。咱在影视剧里看到的皇帝，差不多都穿着富丽堂皇的黄色龙袍，一副雍容华贵、唯我独尊的派头。不过，历代皇帝真正的礼服并不是那么简单，而是规矩说道很多，服装样式、设计图案更加复杂，并要靠一定的装饰物来彰显天子"九五之尊"的身份地位——就拿大明朝皇帝来说，他们最正式、最有代表性的礼服，叫作衮冕。

　　所谓衮冕，衮指衮服，冕指冕冠，其实就是衣裳和帽子。大明天子的这一

2

款衣裳和帽子，衣裳分"玄衣黄裳"（上衣玄色，即红黑色，下裳黄色）、帽子是"玄表朱里"（外表红黑色，衬里红色），大体以黑色调为主，显得肃穆、威严。至于为什么上衣是红黑色，下裳却是黄色呢？那大概是"天地玄黄"的意思吧。

不过衮冕上最重要的，还是冕冠上悬着的玉旒和衮服上绣着的章纹。

旒是什么？在皇帝冕冠顶部有一块长方形薄板，那些挂在薄板前后两端晃来晃去、遮住皇帝大半张脸的玉珠串儿就是旒了。大明天子冕上悬着的旒前后各十二串，每串各十二颗玉珠，也就是共二十四串，二百八十八颗玉珠。冕旒的玉珠要用五彩玉，玉珠五彩缤纷，珍贵而美丽。

记住，在大明朝，只有皇帝冕冠上的旒可以是十二旒——这绝对是他身份的象征。

皇帝之冕有十二旒，皇帝穿的衮服又有十二章，即十二种章纹图案。它们是：日、月、星辰、山、龙、华虫、宗彝、藻、火、粉米、黼（fǔ）、黻（fú）。这十二章，前面五种和火比较容易明白，都是相应形状的花纹图样。其他的几种：华虫就是雉，即野鸡；宗彝是虎和蜼（wěi，一种长尾猴）；藻即水藻；粉米是白色的米形花纹，常以红底衬托；黼和黻，一为黑白相间的花纹，一为青黑相间的花纹。黼像斧头。黻则像正反两个"弓"字相对。十二章，在大明朝也是只有在皇帝的衮服上才都可以出现。但天子衮服有上衣和下裳，十二章又该如何分配呢？这很好办——在通常情况下，十二章都是上下各六章，分别绣在衮服的衣和裳上。上衣绣有日、月、星辰、山、龙和华虫，下裳则绣的是宗彝、藻、火、粉米、黼和黻。

九旒冕冠·明

⊙梁庄王墓出土。湖北省博物馆藏。冕冠的冕板和冠卷已朽，尚存140件金玉附件，计有：贯冕金簪1件、金冠籫1件、金花纽6件、金方环2件、碧玉珩（héng）1件、冕珠125颗、碧玉瑱（tiàn）2件、白玉瑱2件。该九旒冕冠是明代亲王的用品，其造型和皇帝的相仿，但是级别就低了许多。

第一章 初到大明王朝，这些你该知道

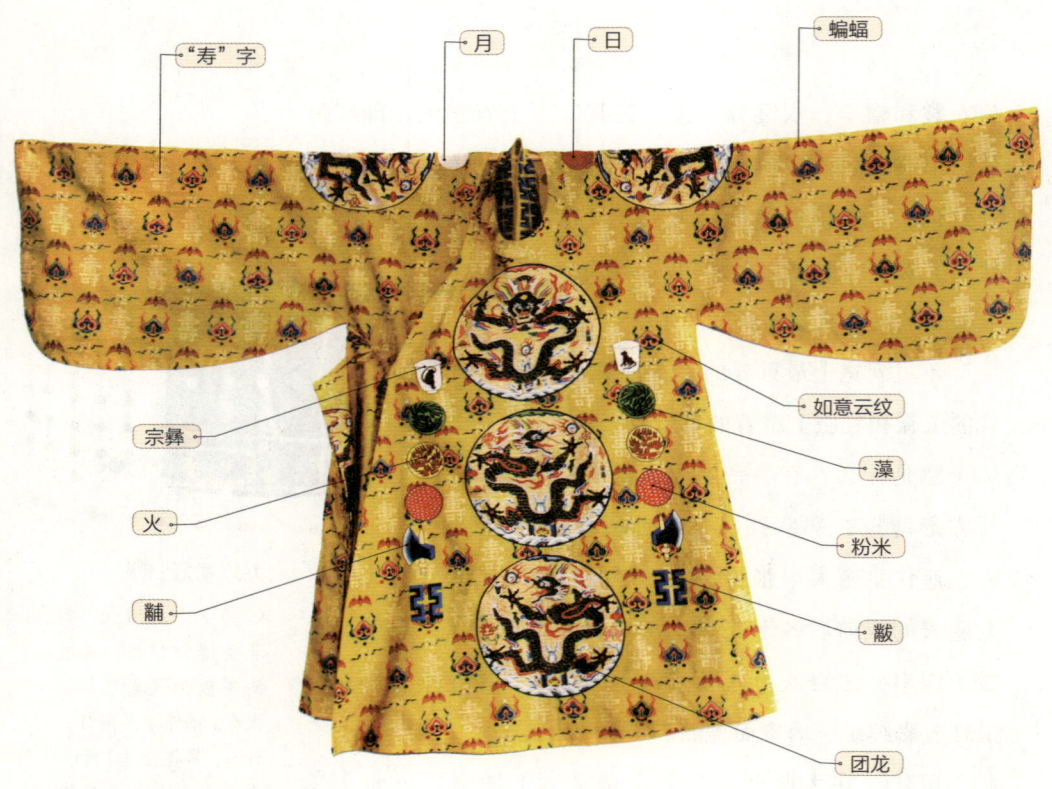

缂丝十二章福寿如意衮服·明

⊙明十三陵博物馆藏。"缂丝"又称"刻丝",是中国丝绸艺术品中的精华,具有犹如雕琢镂刻的效果,且富双面立体感。这件衮服十二团龙左右两肩各一、前后身各三、左右两侧各二。日、月亦分布在两肩,星辰、山分布于后,华虫饰于两袖,宗彝、藻、火、粉米、黼、黻分别饰于前后襟的团龙两侧。"福寿如意"则指衣服上的279个"卍"字、301只蝙蝠、256个"寿"字、271个如意云纹,寓意福寿如意。这件衮服在纹样上和史书记载还是有出入的,说明在万历时期对衮服进行了一定的修改。

之所以说"在通常情况下",是因为大明王朝皇帝的衮冕并非只有一种款式,而是前后经历了四次定制和改进,即在洪武十六年(1383)、洪武二十六年(1393)、永乐三年(1405)和嘉靖八年(1529)先后改版四次,也就是说,大明天子的这一款礼服共有四版。在这四版衮冕礼服中,洪武十六年版、洪武二十六年版和嘉靖八年版虽然在其他方面有些差异,但冕冠十二旒和衮服十二章没什么分别,而且十二章都是上衣和下裳各六章。唯独永乐三年版特别,根据这一版的"总设计师"——永乐皇帝明成祖朱棣的规定,它的十二章是上八章下四章——把宗彝、华虫和火改到了上衣的袖子上,而下裳只留下藻、粉米、黼和黻。

大明朝皇帝其他的礼服和日常款休闲装还至少有五种之多,在这儿咱就不细说了。

亲戚家人减减量

前面咱说得很明白了——从穿戴打扮的装饰方面确立大明皇帝至高无上的身份地位的,是衮冕上的旒和章。咱也说了,衮冕是大明皇帝最正式、最有代表性的礼服,那是要在像是祭祀天地,祭祀宗庙,过元旦、冬至等重大节日,还有皇帝自己过生日那样的日子才穿的。在那些日子里,皇帝都穿戴了衮冕,皇帝的家人们当然也不能例外,他们也要穿上最正式、最隆重的礼服。大明王朝皇帝的儿子们,包括皇太子和皇子,还有皇帝的兄弟——他们都是与皇帝血缘关系最近,同时也是大明王朝皇帝之下爵位最高的人。众亲王又有儿子,即亲王世子(即亲王的嫡长子,未来的亲王)和郡王(亲王其他的儿子们),他们的礼服也称衮冕。

这些衮冕和皇帝的衮冕有什么区别呢?最大的区别就在旒和章的数目。

皇太子和众亲王衮冕上的旒和章最多,各有九旒、九章。这其中的九旒,就是冕的前后两端各有九串五彩玉珠,每串九颗,共计一百六十二颗;九章,则没了日、月、星辰,只剩下其他九种。

到了亲王世子,他们的洪武二十六年版礼服衮冕上是七旒、七章——旒用三彩玉珠每串各七颗,计九十八颗;章再减掉山和龙,上衣只留下华虫、火和宗彝,下裳则绣着藻、粉米、黼和黻。但又是永乐帝标新立异,在他的永乐三年版礼服设计中,亲王世子冕上增至八旒,共有八八六十四乘二,即一百二十八颗三彩玉珠,章却还是七章。

郡王也穿戴衮冕,永乐三年版礼服衮冕上是七旒、五章。但郡王以下那些郡王长子(未来的郡王)、镇国将军(郡王其他的儿子们)、镇国将军长子(未来的镇国将军)、辅国将军(镇国将军其他的儿子们)、辅国将军长子(未来的辅国将军),以及奉国将军(辅国将军其他的儿子们)等,这些头衔虽然也属于爵位,他们穿戴的却已经不是衮冕,而是和文武百官一样的服饰了。

皇族中除了男人,还有女人,包

第一章 初到大明王朝,这些你该知道

5

括皇后和嫔妃，皇太子妃，亲王妃，郡王妃，皇帝、亲王、郡王等人的女儿们，等等。她们也要穿戴礼服，而且她们的礼服也是讲究等级、身份、地位的。

皇家女性中服饰最尊贵讲究，礼服等级最高的当然是皇后啦。她最正式的礼服由龙凤冠和翟（dí）衣等组成：

翟衣不论，单说这龙凤冠，它上有九条黄金的龙、四只点翠的凤，又有珍珠点翠所制的云彩四十片，大小珠花各十二株。冠后部佩着六扇博鬓（一种假鬓角），博鬓上又有金龙、点翠云朵。冠的底部是点翠的口圈一副，上饰有珠宝点翠的钿花各十二朵，黄金口圈托里。此外，还配有珠翠面花五件、珍珠耳环一对，凤冠下是用黑色丝线织成的头巾，就连这头巾上也嵌着龙纹金线，还装饰着二十一颗珍珠呢。真是极尽奢华！

皇后以下，像皇帝的嫔妃、皇太子妃、亲王妃、公主等这些人，她们的礼冠就不能如此尊贵奢华了。例如永乐三年版皇帝嫔妃的礼冠就叫九翟冠，即装饰着九只野鸡的冠

素面青玉圭·明

⊙梁庄王墓出土。湖北省博物馆藏。玉圭长25.6厘米，宽6.2厘米，重378.5克，长条形，上尖下方，也作"珪"。圭是明代帝王、诸侯朝聘、祭祀、丧葬时所用的玉制礼器，为瑞信之物。其形制大小，因使用者爵位及用途不同而异。

帽。没了凤，其他金翠珠玉的装饰当然也没那么多了。同年版公主的礼冠也是九翟冠，和皇帝嫔妃、亲王妃的一样。皇太子妃的礼冠则叫作九翚（huī）四凤冠——人家身份特殊，冠上又多出四只金凤来。

由此我们可以看出，皇家贵族的服饰绝对有讲究，他们衣帽上身份的标志——帝王的旒、章和后、妃、公主的龙凤饰物逐级递减，这就是规矩！

十二龙九凤冠·明

⊙明神宗定陵出土。明十三陵博物馆藏。该冠是明神宗孝靖王皇后大典凤冠，其造型在《明史·舆服志》中并无记载，可见明后期帝后冠服的形制发生了变化。

▫ 数一数梁和花，分一分鸟和兽

说完皇帝一家人，咱再来说说大明的文武百官们。

大明文武百官的服饰主要有朝服、公服、祭服（祭祀礼服）、常服等几种款式，而每种款式又有不同年代的皇

想分辨亲王和皇太子，可以量他们手中的圭

皇太子和众亲王的衮冕上都是九旒、九章，他们这套礼服上其他的饰物也都一样。那么您要是跟这帮皇亲不熟，怎么能分辨出他们的身份呢？有一个办法，那就是量他们手持的圭。

圭是一种礼器，上尖下方，用玉制成。大明王朝的皇帝和皇亲们在祭祀天地等重要活动时手中都拿着圭。皇帝的圭长一尺二寸，长度排第一。其次是皇太子，圭长九寸五分。再次是亲王的圭，长九寸二分五厘。亲王世子和郡王的圭就更短了，只有九寸长。

九寸五分和九寸二分五厘相差不大，目测未必看得出。所以估计您得从他们手中把圭都夺过来，比一比才知道谁是皇太子。

7

帝推出的不同版本，要说清楚不是件容易事。不过咱可以抓住重点，分别介绍一下不同品秩文武官员冠、服的区别。

例如洪武二十六年（1393）版朝服的冠，冠上有梁（梁即横脊，指官帽上一道道高出的部分），这梁的数目就是区分官员品秩的指标。根据这一年的规定，公爵冠上有八道梁，侯爵、伯爵和驸马都是七道梁，一品官也是七道梁，二品六道、三品五道、四品四道、五品三道，六品七品都是两道，到了八品九品就只有一道梁了。

同是洪武二十六年版的公服，官员品秩可以按袍服的颜色和上面的花样、尺寸辨认。一品到四品的袍服是绯红色，五品到七品是青色，八品九品为绿色。袍服上绣的花样和花的尺寸也有区别：一品的叫大独科花，直径五寸；二品的叫小独科花，直径三寸；三品是散答花，没有枝叶，直径二寸；四品五品是小杂花，直径为一寸五分；六品七品也是小杂花，直径却只有一寸；八品以下就没花了。

前面说的这些区别都不分文武。能分别文武的，是洪武二十四年（1391）版常服。这一年的规定是：文官按一至九品的顺序分别在袍服上绣仙鹤、锦鸡、孔雀、云雁、白鹇、鹭鸶、鸂鶒（xī chì，一种形似鸳鸯、羽毛多紫色的鸟）、黄鹂、鹌鹑，九品以下不入流的官员则绣练鹊，风宪官绣獬豸（xiè zhì）；武官，还是自上而下，分别为一二品绣狮子、三四品绣虎豹、五品绣熊罴（pí）、六七品绣彪、八品绣犀牛、九品绣海马。您现在一定注意到了，这一版文官官服上绣的都是禽鸟，而武官官服上则都是野兽——这大明朝的文武官也真称得上"衣冠禽兽"啦。

←衣冠禽兽→

来到咱大明，听到"衣冠禽兽"这个词可要注意。一开始啊，因为咱大明官服上都是鸟和兽，所以人们用"衣冠禽兽"来形容做官的人。这时候要注意啦，"衣冠禽兽"可不是骂人的话，恰恰相反，很多人希望自己能成为"衣冠禽兽"，做个大官儿。不过随着太监当政、官员腐败，老百姓说那些"衣冠禽兽"们都是披着人皮的畜生，"衣冠禽兽"就成贬义词啦。明朝人陈汝元在《金莲记》就写着："人人骂我做衣冠禽兽。"后来，说某人道德败坏、品德恶劣，就常用"衣冠禽兽"这个词啦。

[历史旅行指南·活在大明]

穿衣戴帽没自由，突破规矩很有趣

——⊙ 日常衣物

第一章 初到大明王朝，这些你该知道

大明皇家跟文武官员的服饰咱大概已有所了解。人家可都是些高端人士，服饰自然也高端大气上档次，而且讲究很多、规矩很严。那么大明王朝普通老百姓的穿戴打扮又是什么样的呢？他们是不是穿着自由又随便，舒适又休闲？其实不然，大明朝对所有庶人的衣着装饰都有不少规则和禁令，这也不许，那也不让，真是限制多多。下面咱就来简单谈一谈——

▫ 穿袍戴帽，政府规定加倡导

说大明朝穿衣戴帽没自由，是因为政府有许多规则和禁令约束老百姓。就拿大明男子的"时装"——盘领（即圆领）长袍，也就是直身或直裰（duō）来说，就有许多规矩——

首先是颜色，代表帝王的玄色、黄色当然不行，接近黄色的不行，紫色也不可以，所以老百姓穿的袍服通常只能是蓝色和黑色。其次是材料——照大明朝的规定，平民布衣的衣料只能用绸、绢、素纱和布这几种，头上和手上的饰物只能用银，头顶的帽珠则只许用水晶和香木，巾帽的环不许用金玉、玛瑙、珊瑚、琥珀。

关于布料的规定，有一点很有趣。那是洪武十四年（1381）定的规矩：对农民来说，前面提到的布料他们都可以用；但商人就低人一等，只许用绢和布。而且当时还特别规定，务农的家庭里只要有一个人经商，也就不准用绸和纱了。另外，到洪武二十二年（1389）又规定，只有农民可以戴斗笠和蒲笠，其他人就没这个"资格"。

更有趣的是关于衣裳离地距离和袖子尺寸的规定。为什么要规定这些呢？其实又是为了区别身份和地位。

对庶人，也就是普通老百姓的要求是：衣服的长度，离地应该有五寸；袖子的长度，要超过手六寸；袖桩可以宽一尺，但袖口只能宽五寸。士，也就是读书人的地位就高了一些，衣裳可以离地一寸，袖长过手，卷回来离肘部三寸。百姓中的年长者身份倒不见得高，但是地位总是特殊些，所以可以和读书人一样。

不过咱也说句公道话，这种规定其实也有满足现实需求的一面。例如对文武百官的规定：文官衣长要离地一寸，袖子卷回来可以到肘部；武官衣长就该离地五寸，袖子长超过手七寸，想来是为了行动方便吧。所以您看官员常服的长度，也可以判断出他是文官还是武官。但这样的规定还是很荒谬，因为衣服那样宽大对武官和老百姓来说就不方便。

螭虎方胜纹锦面对襟合领夹衣·明

⊙贵州思南张守宗夫妇墓女室出土。贵州省博物馆藏。此为妇女夹衣，对襟、合领、驼色。衣长74厘米，两袖通长180厘米，腰宽50厘米。驼色素绢做袖面，细白棉布做对襟合领及袖口，布带做扣系结。

10

那么皇帝本人呢？《明史·舆服志》里没有说。但衣长总不会比文官还短，也不会长得拖在地上吧。

大明朝对老百姓衣物服饰除了规定，还有倡导。所谓"榜样的力量是无穷的"，由皇帝"推广代言"的，大明朝就有三款"流行款"巾帽。

第一款巾帽是在家里戴的，叫作网巾，其实就是以细绳、马尾或棕丝编成的网，用来裹住发髻。这款巾帽就是由明太祖"推广代言"的——据说他有一次便服私访到一座道观去，见一个道士正在编织什么，一问之下，道士告诉他这叫网巾，"用以裹头，则万发俱齐"。"万发俱齐"谐音"万法俱齐"，意思是一切齐全，应有尽有。太祖皇帝很喜欢这个寓意，第二天就把这位道士召到宫中，赏了他一个道教的官儿做，还指定天下老百姓不分贵贱都要戴网巾。

皇帝下令，谁敢不从。网巾立即成为大明朝最潮巾帽。这种网巾上下各有开口，开口处有绳带。戴上网巾后，收紧上下绳带也就束住了发髻。下面的绳带倒不算什么，上面的绳带名号可就响亮了，叫作"一统山河"。皇帝听到这个名字，就更加"龙颜大悦"了。

第二、三款巾帽本身就都有个响亮的名字，分别叫：四方平定巾、六合一统帽。

四方平定巾其实就是一种可以折叠起来，戴在头顶当作帽子的四角方巾，一般用黑色的纱布或罗布制成，罩在头上像顶了个上大下小的方盒子。这种方盒子可大可小、可高可矮，而且越到明朝末年越是高大，简直成了"大高帽"。

六合一统帽则是把六片绸缎、罗纱、马尾甚至人发编织的布片缝制在一起制成的，形状如同花瓣的帽子。想象一下，这种帽子像什么？没错，那就是后来的瓜皮帽。

网巾一般在家里戴，且相当于头发的"内衣"。四方平定巾和六合一统帽通常罩在网巾外面，顶在头上出门见人，所以它们才是"外套"，是大明朝最重要的两款巾帽。

◘ 突破禁忌，官民上下齐违规

大明朝穿衣戴帽讲究严、规矩严。就拿女性来说，照大明朝的规矩：命妇们要按照各自的身份地位穿戴,这个咱就不多说了。对于普通的老百姓,她们衣服的颜色可以丰富点,能用些紫色、绿色、桃红色等在当时算浅淡的颜色,但浓艳了就不行——像大红、鸦青、黄色等都在禁止之列。她们的饰物,像头上戴的钗之类可以用银镀金,耳环可以用金,但手钏、手镯就只能用银。

不同等级身份的女性,穿戴也有限制。例如:一般人家的女子,穿的是团衫。没结婚的姑娘可以穿窄袖褙子。而丫鬟婢女,就只能穿狭领长袄、长袖短衣、长裙。对出家的尼姑和女道士,规定不能穿纻丝、绫绵、纱罗做的衣服。如果不幸沦为妓女,那就连金首饰、银钏镯都不可以戴了。

再说脚上的鞋靴。大明朝百姓不论男女,首先靴子上都不可以有裁剪的花样,不可以有金线装饰(其实衣服上也不许,并且不许有销金,即缝制或镶嵌在衣服上的极薄的金饰),后来又干脆禁止老百姓穿靴,只许穿皮札鞴(一种直筒的暖鞋)。只有在寒冷的北方,才让人们穿一种直缝的牛皮靴。

前面咱说的这些规矩,有些是大明朝太祖皇帝朱元璋在洪武年间就定下来的,有些则是后来的皇帝们逐渐增加的禁令。为什么会有禁令不断出现呢?当然是因为做不到令行禁止。而且,带头违反规矩的,就是那些当官儿的,甚至是皇帝本人——

本来依照大明朝礼制,官吏百姓衣服上除了龙[据洪武六年(1373)的规定,一品到六品官员袍服上可以绣四爪龙,算是特例],还有三种图案形象是不准随便出现的,它们就是:蟒、斗牛和飞鱼。它们的形象都很接近龙——蟒不必说了;斗牛看上去很像龙,只是头上的角向下弯曲;飞鱼则是蟒的头、鱼的身子,有角,有爪,身子两侧还各有一只翅膀的古怪动物。既然接近龙的形象,一旦绣制,也就有逾越礼制的嫌疑,所以要受到控制,并不能任意使用,更不能没了规矩。

然而在整个大明朝,除了有些锦衣卫的长官可以穿绣着飞鱼的蟒袍,另有几位像刘健、李东阳、徐阶、张居正这样的功勋之臣受赐过蟒袍,其他都是胡闹。例如在明成祖朱棣以后,皇帝身边的内侍也就是宦官都穿蟒服,身份低一点的就穿飞鱼服。到了明孝宗弘治年间(1488—1505),号称"中兴之主"的朱祐樘几次下禁令,竟然始终无法禁绝。

《邢玠夫妇着斗牛服像》·明·无款

⊙邢玠（1540—1612），字搢伯，明朝后期官员，抗倭名将，官至兵部尚书。斗牛服是明朝的一种官服，上绣虬属兽斗牛，故名。它与蟒服、飞鱼服，因服装的纹饰，都与皇帝所穿的龙衮服相似，因此，获得这类赐服被认为是极大的荣宠。

更离谱的是在明武宗朱厚照正德时期（1506—1521），这位中国历史上著名的荒唐皇帝有一次出巡回来赐给文武大臣衣服，竟然给一品官绣上斗牛，二品官绣飞鱼，三品官绣蟒，文官亦绣走兽，一时间成为奇闻。

皇帝带头胡闹，文武百官又不肯守规矩做模范，老百姓当然更不在乎了。所以虽然朝廷禁令不断,但官民上下一齐违规,大明朝服饰还是"百花齐放""多姿多彩",只是咱没有那么多时间详细介绍了。

绸领棉布长袍·明
⊙贵州惠水墓葬出土。该长袍为男士道袍。这类道袍并非道士专属服饰,而是百姓的日常穿着,流行于明中后期,文人大多喜好穿着。

"四方平定"和"六合一统"

前面咱说四方平定巾和六合一统帽也是由皇帝"推广代言"的,这位皇帝也还是明太祖朱元璋。

据说,明初有个叫杨维桢的人,他上朝堂见明太祖朱元璋,头上戴着四角方巾的帽子。朱元璋问他戴的是什么,他说:"此四方平定巾也。"时大明朝刚建立,"四方平定"当然是个好彩头,所以朱元璋立刻把这种帽子的样式定为读书人专用。

其实杨维桢在元朝当过官,不愿再做明朝的官,这件事是否真实很难说。不过皇帝喜欢"四方平定",那倒是可以理解的。六合一统帽据说也是朱元璋钦定的名字。"六合一统",天下都被大明统一,当然也一定是朱元璋的心愿啦。

14

[历史旅行指南·活在大明]

通用官话好沟通，名号称呼很不同

——语言、名字与称谓

论罢服饰，再说语言。大明人说的话，咱今天听来已经很容易懂了，因为年代距今已经不太远，口语白话也和现代很接近。但大明人起名字的规矩很多，相互间的称呼也会让人听得有些莫名其妙——像名与讳的区别，像名、字、号要何时、何等身份才能拥有，像"哥哥"不见得就是哥哥，"父母"也不见得真是亲父母，"爷"更未必真是爷……这些，咱还是该来讲一讲——

▫ 乡音各地不同，官话南北迁徙

话说，大明朝也算"富有天下"，虽然长城以北除了辽东都不在大明朝版图之内，但是还统治着中原、江淮和岭南等地区，可谓疆域辽阔。那时候咱中国还没有普通话，各地方老百姓说的都是方言，像福建有闽语，广东有粤语，江浙有吴语，湖南有湘语等。而且各地方言内部还有"小同大异"的"次方言"，就是说临近地方的人说出的话可能都差别很大，彼此往往听不懂。所谓"十里不同音"，就是这个意思了。

那么，大明朝就没有一种统一的语言能让彼此顺畅交流了吗？当然有，这种语言叫作官话。官话，顾名思义，是由官府来制定并在全国通用的官方语言。用什么做官话最终由谁来决定呢？当然是皇帝。

大明朝开国皇帝明太祖朱元璋指定大明官话的标准，是"壹以中原雅音为定"，也就是以中原雅音为正宗。中原雅音是什么呢？那就是流传在中原地区的，中国古时候多个朝代的官方通用语。像唐宋时候，官方通用语是以洛阳、开封地方的语音为基础的，那就是当时的中原雅音。

但是大明朝开国时的首都是南京啊，那时候大明朝的官儿也多半是南方人，他们可不大会讲中原雅音，倒是都会说南京官话。所以，大明朝的官话实际上就是南京官话。虽然说后来明朝迁都北京，但根据学者们的研究，他们比较一致的意见是：南京官话也随着南京人迁移到了北京，并且历经几百年地位都一直没变，长期作为明清两代的官方通用语，直到清朝中后期才被北京官话取代，再后来才有了以北京官话为基础的普通话……

好啦，说到这儿您该明白了——真正可以在大明朝通用的语言是南京官话。如果您会说今天的老南京话，那么恭喜您，您一定能很容易地和大明人沟通。因为，今天的老南京话和南京官话很接近。

▫ 生名死讳成年字，官员文人把号称

人人都该有个姓氏名字，大明人也不例外。姓氏不必说，是件很复杂的事，咱就单说名字。您肯定知道，古人的名字其实是两码事，即名和字。但您未必知道，古人的名也要分两种情况，即名和讳——人活着的时候叫名，死了才叫讳。您在现代还能看到的，墓碑墓志上的"先考讳某某"（俺去世的爹那俺不可以提起的名字叫某某）就是这个意思。但大明人很有趣，活人见面也会问"尊讳如何称呼"（您叫个啥名），而自称"贱讳某某"（区区不才，俺叫某某），若让更早期的人听了，还以为活着见了鬼。

其实，只是在更早的时候有生时称名、死时称讳的区别，到了明代人们却习惯活着时也说"讳"了。"名"是正式的名字，即咱们平时所说的"学名"。为啥叫学名呢？因为这个名字要到开蒙上学的时候才会有。在此之前，大明人无分贵贱都只有个乳名。像大明宗室的孩子，乳名叫个"金哥""银哥"，带着富贵气，也显示出父母对他们的爱惜。还有孩子的乳名叫"乾

尺牍·明

⊙尺牍，是古代人用以传递信息、交往沟通的书信。明代名人尺牍，文献内容丰富，其文学、史料价值，在某种程度上实可与诗文并驾齐驱。

一""坤二"之类，那是用八卦来命名的。平民百姓也爱惜孩子，却往往给孩子取个贱名，诸如今天的"狗剩"之类。就连文化人也这么干，而且很特别——明末的文化人陈际泰乳名叫"三婢"，成了丫鬟使女等而下之，实在是很低贱的乳名。

明人除了乳名，还可能有寄名——寄放在寺庙神仙名下取的名字。寺庙神仙能保佑孩童平安，但寄名往往只是暂时的，长大后还要改回来，因为"寄"这个字已经说明了是寄放、暂时托付的意思。这个寄名在粤语中叫"契名"，这就有点签了契约合同，把孩子"典押"给神仙的意味了，要到结婚的时候才能赎回来，恢复原来的名字。

最有气派、最显身份的是赐名，也就是皇帝给的名。不过这个不易得，在今天看也没啥了不起，咱就不多说了。

名以外的字（像关羽字"云长"），按照礼制，男子

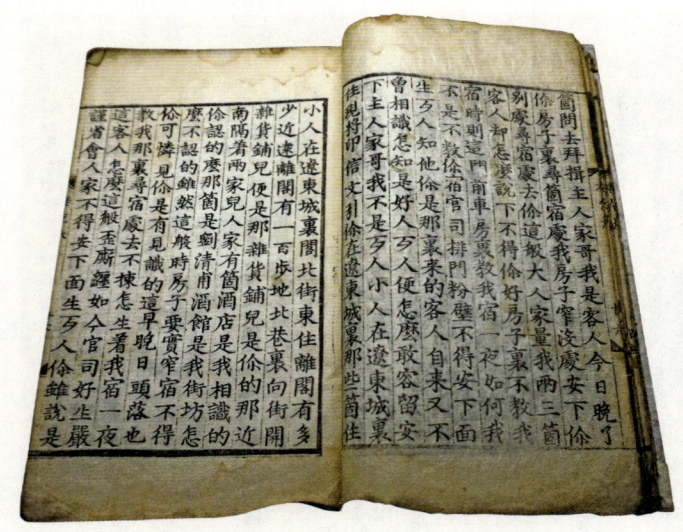

《老乞大》·明

⊙《老乞大》是明初以当时的北京话为标准音而编写的、专供朝鲜人学习汉语的课本。全书采用会话的形式，记述了几位高丽商人到中国经商，途中遇到中国商人后结伴同行的经历，以及商人们到北京等地从事交易活动的全过程。全书采用口语化写作方式，是研究明代北方汉语最直接的材料之一。

要到行冠礼的时候才能有，女子则要到笄（jī）礼时"称字"。冠礼和笄礼都是啥意思？又在啥时候呢？简单地说，冠礼就是男子在十五至二十岁时加冠；笄礼则是女子在十五岁时戴冠笄（一种插住头发和冠帽的簪子），穿褶子。男人戴冠，女子插笄，都是成年的表现。所以冠礼、笄礼就分别是男人、女人的成年礼。

字并不是随便取的，要和名有关系。像唐寅字伯虎，"寅"是地支第三位，对应的生肖就是虎。为什么又有个"伯"字？因为他是长子。伯、仲、叔、季，大儿子就该称"伯"。孔丘是老二，所以字仲尼。不过"季"并不见得就是老四——汉高祖刘邦字季，人家其实是刘老三。

名字以外，大明人又有号，即别号。像唐寅字伯虎，又字子畏，别号就更多，有六如居士、桃花庵主、逃禅仙吏等。这种别号往往都是自己取的，表现出别号主人的品行、情操和意趣。所以，"别号"是读书人的事，尤其是做了官的人——据说大明人一旦做了官，最重要的两件事就是"改个号，娶个小"，不单要有个响亮、别致的别号，还要娶个小老婆。

除了官儿，匠人、大官的家仆等辈也都有号。最有趣的是盗贼都有号。明朝有位县令审盗，盗贼竟自称"守愚"，而"守愚"竟真的就是他的号，实在是令人觉得不伦不类之至。

不过，一些市井豪侠给自己取个名号也并不稀奇，那其实也就是绰号。大明的市井之徒不但有"先锋""太岁""阎王"之类的个人绰号，还有"十三太保""三十六天罡""七十二地煞"等团体绰号。明代时已有《说唐》故事，《水浒传》更是明代创作的，其中人物的绰号，看来很有点来历和民间基础呢。

子女变"平辈"，爷娘未必亲

名、字、号这些当然是用来称呼的。但在古时候直接叫人的名很不礼貌，就算皇帝直呼臣子的名也很不成体统。而字、号也多用在书面语，在口语中较为少见。事实上，平时大明人当面或背后对人另有一套称呼——

咱先说家人亲属。那时候，爹、爸、妈、爷、奶、姥爷、姥姥、外公、外婆等这些称呼都已有了，而且基本就是它们在现今普通话中的意思，其他像伯、叔之类也和您的理解没什么不同，只有妗（jìn）子如今不大用了——那是舅母的意思。

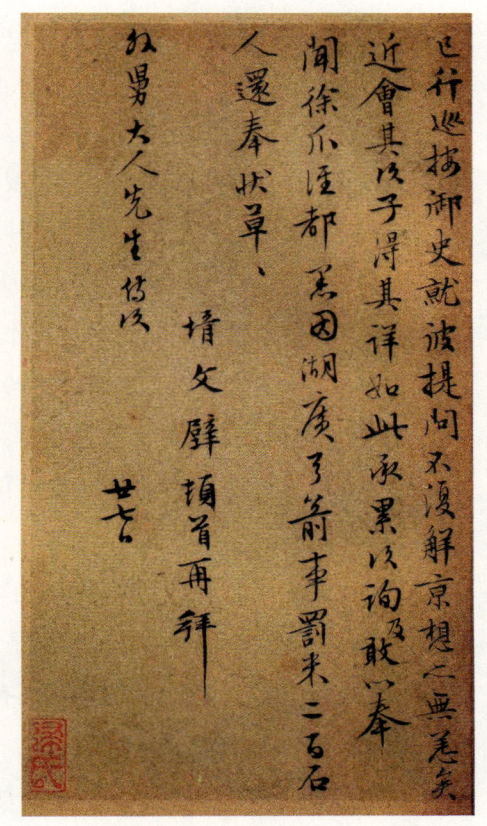

《致吴愈尺牍十通》（册二）·明·文徵明

⊙《致吴愈尺牍十通》，又称《致吴参政十札册》。作品系文徵明写给其岳父吴愈的函札，写于文徵明三十五岁至四十五岁之间。从这封书信就可以看出明代亲戚之间的称谓。这封信是文徵明写给岳父的，但是信里面写的却是"外舅"，这也是明代人称谓的特殊之处。

不过您要是在大明听到有人叫"哥哥""姐姐"时可得小心，那人叫的未必真是哥哥、姐姐，倒很可能是自己的子女。儿子、女儿怎么成了哥哥、姐姐？这不是乱了辈分？您还真别奇怪，大明人就是这么叫的，而且这种叫法很有根据，是继承了"宋人遗风"——南宋时高宗皇帝赵构叫他的养子宋孝宗就是一口一个"大哥"。

儿子既然是"哥"，女儿当然就是"姐"。在父母口中，儿媳还是"大嫂""二嫂"呢。那么真的哥、姐、嫂呢，当然也要叫"哥哥""姐姐""嫂嫂"。这样听起来还真乱，的确非得仔细分辨不行。尤其是"姐夫"更未必真是姐夫——在大明朝，妓院来了客人，大家就都叫他"姐夫"。

比较有身份的家庭，儿女叫父母作"老爷""奶奶"，也有地方叫作"老翁""太太"。不过大明人真叫"老爷"时又未必叫的是他爹了——因为人家对达到一定品级的官员要叫"老爷"，对圣贤、英雄也叫"老爷"，像武圣关羽是"关老爷"，精忠的岳飞是"岳老爷"，就连孔子都被叫声"孔圣人老爷"……

"老爷"不一定亲，"爷"总亲了吧？也未必。虽然南京话中"爷"就是"爹"，但在老百姓口中，"爷"也是官儿，太监叫皇帝也是"爷"，小太监叫大太监也是"爷"，真是搞不清到底有多少个"爷"。

同时，南京话又称妈为"嬢"，也就是"娘"。但这个"娘"也不可靠——妓院里的客人是"姐夫"，妓女却是"娘"——当时的南京人没被气着也真奇怪。

此外还有各种称呼，像老百姓之间尊称对方家人，就有：尊府（您父亲）、令堂（您母亲）、尊阃（您媳妇）、尊宠（您小媳妇）、令郎（您儿子）、令爱（您女儿）……谦称自己和家人，又有：鄙人（俺）、拙荆（俺媳妇）、豚儿（俺儿子），等等。官场上的称呼就更复杂，除了以官位相称，又有：某老、某翁、先生、大人——这些都是对大官儿的尊称，以及同年（同榜的进士相称）、同学（年龄、辈分相当的士人相称）、座师（进士尊称主考官）、房师（进士尊称同考官）、门生（座师、房师称自己录取的进士）……

比较有趣而又值得一提的两件事是：咱都知道可以把县官叫作父母官，就是所谓"民之父母"啦。其实州官也叫父母官，和县官平辈。如果比州官再大，像府官，就该叫祖父母；布政司官，则叫曾祖父母……这都是大明朝的称呼。不过呢，为民父母的其实是天子，这样一来大明朝皇帝反而比府官、布政司官辈分还小，成了县官平辈。

另一件事就是大明朝皇帝也骂人。例如，明神宗朱翊钧在批复弹劾首辅张居正的奏折时就大骂说："这厮每明系藐朕冲幼……"意思是"这帮家伙们明明是欺负我年纪小不懂事……"皇帝们平时都自称"朕"，也说"我"，对大臣们则称呼"汝""尔""尔等"，说"这厮"就明显含着轻视憎恶，不大像皇帝的样子了。

那么这里的"每"是什么意思呢？"每"就是"们"，像"你每"就是"你们"。上面的"等"也是"们"，"尔等"就是"你们"。

南京官话不是土生，中原雅音未必中原

前面咱不是说官话是官府制定并通行全国的官方语言吗？那南京官话又是哪儿来的呢？其实，南京官话可以追溯到两晋南北朝时期，那时候定都洛阳的西晋灭亡，东晋迁都建康，即南京。东晋朝廷从皇帝到大官都是北方人，他们带到南方的官话——中原雅音的口音是洛阳地方话。这种口音和当时南方的吴语结合，成了一种新的雅音——金陵雅音。这金陵雅音就是后来的南京官话啦。

您现在肯定有点儿明白了——照这么说，中原雅音倒也未必完全是中原当地的口音嘛。没错，所谓中原雅音也会受到别的地方的口音影响。咱这么说吧，唐朝都知道吧？唐朝时洛阳虽然也是首都，但还有个首都是长安。长安人说的当然是长安地方话，也就是秦音。所以，唐朝时的中原雅音也受到了陕西口音的影响。

21

[历史旅行指南·活在大明]

皇家宫城苑囿都很阔，民间园林别墅也不错

——明朝建筑

南京北京建皇宫，全国遍地亲王府——咱大明朝的"顶级豪宅"可不少，而且绝对档次一流、无可超越，怎一个"阔"字了得？还有那些高官宅第，也都个个宏伟壮观。高墙深院，哪里是平常百姓家"三间五架"的"蜗居"可以相比的呢？当然，民间建筑也有精品，那就是追求自然和谐、崇尚艺术雅趣的

园林和别墅。它们都是明代建筑的典范……

▫ 最阔不过紫禁城

论起"顶级豪宅",整个大明朝当然非皇宫莫属。明代有两座皇宫:明太祖朱元璋先在南京建了一座,接着是明成祖朱棣在北京又新建了一座——这座皇宫当然就是您早已知道的北京故宫、大内紫禁城,也是明清两代住过二十几位皇帝的地方。它初建时就已"凡宫殿、门阙规制,悉如南京,壮丽过之",就是说它规格形制和南京那座一样,但朱棣给自己盖的"豪宅"可比他老爸朱元璋那座阔得多,也是大明朝最阔的"豪宅"。

说朱棣的"豪宅"阔,首先是因为它的规模大。大到什么程度呢?这座建成于永乐十八年(1420)的紫禁城"周六里一十六步","通为屋八千三百五十楹",就是说,它城墙一周有六里又十六步长(约3478.366米),共有房屋八千三百五十间。

"且慢!"您要问了,"不是说北京故宫有

乾清宫

⊙乾清宫始建于明永乐十八年(1420),是北京故宫(旧称"紫禁城")内廷正殿中的第一座宫殿。乾清宫的名字出自《道德经》:"昔之得一者,天得一以清,地得一以宁,神得一以灵,谷得一以盈,万物得一以生,侯王得一以为天下贞。"

第一章 初到大明王朝,这些你该知道

九千九百九十九间半房吗？"

跟您说那只是民间传说，当不得真。后来历经修缮、改建和扩建的这座紫禁城，实际上也没有那么多间房。不过，这里的"间"可不是您理解中那"房间"的"间"，而是古代建筑的计量单位，即以四根房柱围成的空间为一"间"。紫禁城中好多宫殿都很大，里面可不止四根柱子，也就是说不止一"间"。

就以当时这座"豪宅"中最重要的大殿——奉天殿（后改皇极殿，今名太和殿）为例：大明朝皇帝在这里干什么呢？举行重大庆典，接受百官朝贺。所以这里可以说是"大明第一礼堂"。它正面为九间，但因为是重檐屋顶，两侧各多出一间，看上去就是十一间。它的进深则是五架。这里的"架"也是古代建筑的计量单位——房屋中前后两根房柱之间的距离为一"架"。

您可别小瞧这"间架"，古代房屋建成几间几架可是大有讲究，而且也大有规矩。就像奉天殿，它实际为"九间五架"——您没猜错，这正是"九五之数"，这种高规格建筑当然只有有"九五之尊"身份的皇帝才可以住。紫禁城中另外拥有"九五之数"的建筑还有谨身殿（今保和殿）和乾清宫——在大明朝，这俩地方前一个是皇帝上朝前休息之处，后一个则是皇帝的寝宫。

除了奉天殿、谨身殿和乾清宫，午门、端门和承天门（今天安门）也是九间五架。但是奉天门（今太和

故宫保和殿后的云龙石雕

⊙该石雕由一块巨大的汉白玉雕成，重量超过200吨，是紫禁城内最大的一块石雕。石雕上面雕刻着9条戏珠的巨龙，在云霞中凌空飞舞，栩栩如生。

门）就是九间三架，而乾清门则只有五间三架了。由此可见，紫禁城里也不都是九间五架的建筑。

规模大、规格高之外，大明皇宫特别的地方还有不少：像午门和奉天殿都是重檐庑殿，那是中国古建筑屋顶的最高等级；又如奉天、华盖、谨身三殿都用朱红墙面、金黄琉璃瓦，同样显出皇帝的尊贵；还有奉天殿屋脊上的脊兽数量最多——仅垂脊上的垂兽就有十种之多，同样是最高等级……这样的特别之处数不胜数，咱也就不去一一列举了。但所谓的十种垂兽都是什么呢？它们是：龙、凤、狮子、天马、海马、狻猊（suān ní）、押（xiá）鱼（海中异兽）、獬豸、斗牛（牛角龙身兽）和行什（猴面双翼兽）。

▫ 从王府到民舍

比皇帝"顶级豪宅"等级低一点的是亲王府。大明朝亲王不少，这些亲王倒并不都有王府，但他们在各自的封地也总共修建了四十多座"豪宅"，可谓遍布大明全国。对这些"豪宅"的规格和等级，明太祖朱元璋早就立下了规矩——

王府的城墙（皇宫有城墙，王府当然也有）高为二丈九尺，正殿殿基高为六尺九寸，正门、前后殿和四门城楼用青绿色点金装饰，四城正门用红漆刷涂，钉涂金的铜钉〔这是洪武四年（1371）的规定〕。还有王府各殿、门的名字——王府也有三殿，依次叫承运殿、圜殿和存心殿；四城门，分别是南端礼门、北广智门、东体仁门、西遵义门〔定于洪武七年（1374）〕……

您看，这位太祖朱皇帝是不是想得很周到？他这样一规定，亲王们建"豪宅"就都有了标准，不用攀比，更不用羡慕谁了。

但这些亲王府中的正殿都有多大，它们的规模又如何呢？洪武十二年（1379）首批建成的亲王府，承运殿面阔为十一间（想必也是九间外加重檐两间），圜殿和存心殿则都是九间。整个王府所有的房屋建筑加起来，共有房八百余"间"（这里又是四柱围成的空间，并非"房间"），也实在是"豪阔"得很。

但是现在您可能又觉得奇怪了——这次咱怎么不说"几间几架"呢？原因很简单，因为记载着这件事的《明史·舆服志》中就没说清楚。不过咱可以肯定这些什么承运殿、圜殿、存心殿都不是"五架"，因为"九五之数"只有皇帝可以用，别人一概不准用的。

比亲王地位低的是郡王，郡王"豪宅"当然也就又差了一等。此外又有亲王世子、郡王世子等，咱也不去细说。皇帝还有女性亲属也就是公主，她们也要"顶门立户"。她们的"豪宅"正门是"五间七架"，厅堂是"九间十一架"〔洪武五年（1372）定〕，规格也很高。而且有意思的是，公主家大门上用绿油涂漆，不知道为什么。

除了皇家，官员也有别于平民百姓，他们的家可以是"豪宅"，但同样也要遵循等级规矩。在这方面，最重要的规定还是房屋建筑的"间架"，下表是大明朝各级官员的"住房标准"，您一看马上就明白了——

建筑 品秩	门	厅堂			家庙	其他（廊、庑、庖、库等）
		前厅	中堂	后堂		
公、侯	三间五架	七间九架	七间九架	七间七架	三间五架	不得超过五间七架
一、二品	三间五架	五间九架				
三至五品	三间三架	五间七架				
六至九品	一间三架	三间七架				

官员都要各守等级，布衣平民那就更不必说。一般的大明人不管盖多少座房子，每一座都不得超过"三间五架"，而且不许用斗拱，屋里屋外也不许用彩色装饰。

▫ 休闲有离宫别墅，品位看苑囿园林

帝王公侯整天待在自己的"豪宅"里会发闷，老百姓盖房子受限制，但有了钱也不免想追求更高雅的精神和物质享受。怎么办呢？这就不免要有创新，

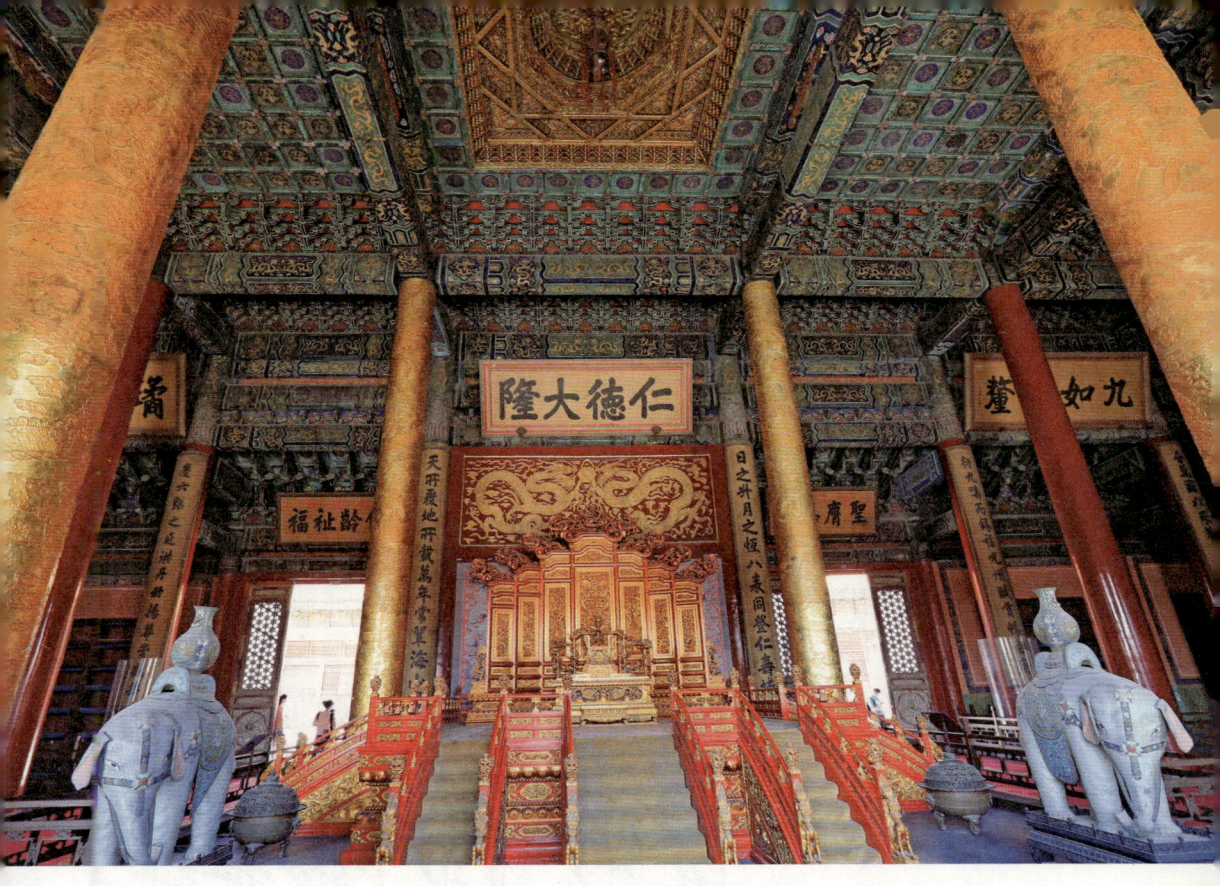

皇极殿内景

⊙皇极殿为故宫宁寿宫区的主体建筑。殿面阔九间,进深五间,取帝尊九五之制。乾隆帝曾在此举办"千叟宴"。慈禧曾在此接见外国使臣。

有突破,有不同于权贵"豪宅"和民间居舍的建筑形式出现和存在——

皇帝家不用说,人家除了后苑之外还有东苑、西苑、南苑和万寿山。咱单说西苑。皇城西苑就是今天的中南海,当初它们合在一起还有个高大上的名字,叫"太液池"。那时明成祖朱棣建北京皇宫,把金、元两代遗留下来的湖泊水域挖掘扩大了不少,挖掘出的土方堆起了景山,后来又不断增修建筑物,这才建起西苑,奠定了后来明清两代皇家苑囿的基础。

西苑增修的建筑物都有什么呢?单是明世宗朱厚熜在位时,西苑就先后修建了无逸殿、豳(bīn)风亭、省耕亭、省敛亭、天鹅房、飞霭亭、迎翠殿、浮香亭、宝月亭、秋辉亭、昭和殿、澄渊亭、趯(qú)台坡、临漪亭、水云榭……

27

看到了吧，都是些亭台楼阁，还没列完，但还是就此打住吧。因为咱现在要说的是民间的建筑——

朱家人除了皇帝之外，亲王郡王以下人等本来是不准在王府之外另修府第，也就是"离宫别殿"的。但皇帝自己就常常违规，所谓"上梁不正下梁歪"，下面人自然也跟风效尤。加上大明朝民间照样有"大款"，他们也要追随权贵、附庸风雅，于是元代时少见的园林别墅又不断涌现，蓬勃发展起来。

大明的园林别墅，城里城外都有。大明人有点钱的，就在城里买房产、建花园、修假山、挖水池。更有钱的，干脆把这些建在城外的山水旁边，再给自己修个别墅、公馆，闲暇时住进去赏玩景色、饮宴歌戏，好不快活。

没错，园林里当然就是山水花木、亭台楼阁这些东西，不过这些东西的布置可就很有学问了。就说水吧，园林中非有水池不可，但把水池建成什么样好呢？小点的园林可以把水聚在一起形成开阔的水池，这样看上去就大气，仿佛江湖。水池形状当然不必规则，水岸可以蜿蜒。水面还应该有桥、廊或者岛，让水既相连又

寄畅园雪景

⊙寄畅园曾为僧舍，名"凤谷行窝"，明嘉靖初年扩建。它坐落在无锡市西郊东侧的惠山东麓，惠山横街的锡惠公园内，毗邻惠山寺。全园分东西两部分，东部以水池、水廊为主，池中有方亭；西部以假山、树木为主，是中国江南著名的古典园林。

分隔，增加层次感。若有条件还可以修成林中小溪、山前水涧，那就能有曲径通幽、凭栏观瀑的乐趣了。

咱这么说，您是不是已经领略到一点点园林的意趣、学问了？当然，园林中还有假山。叠假山就要挖土方、凿石料，还要懂艺术、会设计，要是再能有几块奇石就更妙了。此外，人家修建园林那是喜松竹的种松竹，爱杨柳的种杨柳，或遍植奇花异草，或多建亭榭轩阁，绝对是各显其能。

到今天您还可以看到的，大明朝留下的园林遗迹有无锡寄畅园，苏州留园、拙政园等，只可惜其中只有苏州留园的一部分（原明代东园）有些原来的基础，其他都是重建，只剩下遗意了。

前朝后寝，名字学问大

前面咱提到了奉天殿和谨身殿——它们是紫禁城三大殿中的前后两殿，中间则是华盖殿（后改中极殿，即今中和殿）。这三大殿再加上奉天门东西两厢的文华殿和武英殿就构成了大明皇宫的外朝，也就是皇帝会客和百官办公的地方。乾清宫呢？它在乾清门内——乾清门以内属于后宫，才真正是皇帝和妃嫔们住的地方。所以嘛，紫禁城的格局，其实就是"前朝后寝"。

这些宫殿的名字也有讲究：奉天殿的"奉天"，当然是奉天命统治天下。"华盖"是"护帝星"，是紫微垣（yuán）中的十六颗星星，像伞一样护卫在帝星上方。至于"谨身"，那是说当皇帝也要注意自己言行的意思。"前朝"名字够神气，"后寝"则要阴阳调和——乾清宫后接交泰殿，再后坤宁宫。交泰殿和坤宁宫都是皇后的寝宫，不正和乾清宫天地相对、阴阳交泰吗？

[历史旅行指南 · 活在大明]

桌椅床榻花样多，厅堂陈设学问大

——◦ 明朝家居

提起明清家具，您大概知道那都是些价值不菲的玩意儿。当然啦，明清家具能留存到现在本身就是古董嘛。而且在明清家具中，咱大明人的家具更是既珍贵又有价值。不过，咱现在要说的可不是明代家具作为古董的价值，而是说它们的科学性、实用性，还有艺术性——人家就是那么设计合理、装饰精美、种类多样，布置得还很有讲究……

桌椅高矮人性化，大床造得像间房

自从唐宋时期，人们从"席地而坐"改为"垂足而坐"以来，各种家具的高度也就渐渐增高，种类也逐渐增多。到了咱大明朝，对家具的设计和制造已经达到了一个相当高的水平，别管用料、工艺，还是造型和装饰，绝对都是"前无古人"的境界了。

咱就说这桌椅：光是桌子就有方桌（其中包括八仙桌、六仙桌、四仙桌）、圆桌、半桌（含半方桌、半圆桌）、琴桌、棋桌、书桌、折叠桌、二屉桌、三屉桌、四屉桌、八角桌，此外还有其他几案类的如翘头案、平头案、条案、书案、搁几、香几、花几、茶几、琴几、炕几，等等，不一而足。属于坐

黄花梨架子床·明

⊙该床各结合部位均用活榫衔接。榫卯结构牢固，可自由拆卸组装，实属珍贵。整张床雕饰考究，格调高雅，沉稳又不失精细。

第一章 初到大明王朝，这些你该知道

具的，有椅、墩、凳、杌（wù，即小凳），其中仅椅子就有扶手椅、圈椅、单靠椅、官帽椅、一统碑椅、玫瑰椅、梳背椅、灯挂椅、四出头椅和交椅等十余种。

然而这并不是咱要说的重点。这里的重点是：大明朝的桌椅宽窄合理、高矮合适，椅背还有曲度设计，已经可以说非常符合现代人体工学的标准，包您坐上去感觉舒舒服服。

再说床。住在北方的大明人主要睡炕（有地炕和暖炕），但也有人睡床——那床大概是永乐帝迁都北京以后才在北方流行起来的，叫架子床。架子床，顾名思义，是带床架的床，当然原产于南方。南方还有很多种床，如凉床、木床、藤床、四柱床……其中最有趣的则是拔步床——

拔步床又称八步床，最能显示大明人造床的匠心创意。它下面有底座，像房子的台基。底座上有立柱，立柱有柱础、柱身，支撑着上面的顶盖。顶盖如同房屋的门罩，同样用建筑纹样和图案装饰。

从正面看，拔步床被四组立柱分为三开间：中间开间大，供人出入；两边开间小，并且加有栏杆和雕饰图样，好像房屋的门廊窗台。拔步床的内部也是分为两部分：前面是个过渡空间，有放置烛台、小柜、坐凳的地方，后面才是供人睡觉的床铺。

这样一张床看起来像什么？没错，正像是一座房子。这里面所蕴含的大概就是大明人制造家具时"以小仿大"的意境吧。

▫ 橱柜台架和其他

大明人制造桌椅床榻的材料当然不像咱现代人有那么多选择，他们所用的主要是木材，但这些木材其中很多都是极为珍贵的好东西——像铁力木、紫檀木、花梨木、乌木、红木、香楠木、黄楠木、鸡翅木，等等。这些材料别说咱普通老百姓，就算是土豪富翁们在今天也不那么容易得来了。再说为了保护自然资源，咱现代人也不能无休无止地采伐它们不是？

当然除了用木材，大明人造家具还可以用许多材料，制出如藤床、竹床、竹桌椅，还有大理石床。在装饰方面，除了用建筑的纹样和图案，还可以雕刻、上漆、镶嵌，如雕刻图案就有夔（kuí）龙、螭（chī）首、凤纹、垂鱼、卷草、锦纹、四合如意、"卍"字回文，等等，当然也可以用山水花鸟人物。漆是油漆，也就是从漆树和桐树中提取的天然漆和桐油的混合物。至于镶嵌，可以嵌在桌椅床榻表面的除了金银玉石还有贝壳或螺蛳壳——这是一种特别的工艺，有个专门的名字，叫作螺钿。

古人的家具可不止桌椅床榻，大明人当然更是如此。他们所造出的，还有橱柜台架以及其他众多的日用家什。橱柜不用说，都是储物器具。明代的橱柜有：书橱、衣橱、碗橱和灯橱——这是单从功能说；又有闷户橱（一种形如带有抽屉的桌案，而抽屉下又设有闷仓的多功能家具）、四件柜、六件柜（四、六件的柜子对称摆放）和竖柜——这是按样式分类；联二橱和联三橱的样子像桌案，带二个或三个抽屉，所以在北方又叫联二桌、联三桌，它们的抽屉下往往也有闷仓，那就是闷户橱不同的款式了。

　　箱也属于橱柜，像衣箱和药箱。还有格，没门没盖，既不是橱柜也不是箱，但也属于橱柜一类。例如书格，可以放置书本，实际上算是书架。

　　不过，巾架、衣架、镜架、花架、火盆架这些却不属橱柜一类，而是台架。像巾架可以挂面巾、放面盆，衣架用来挂衣服，镜架用来置铜镜，都是用来安放物件的，不属于容器。

　　烛台、花台、承足（即踏脚）也是台架，是在表面放置物品，也和橱柜不同。

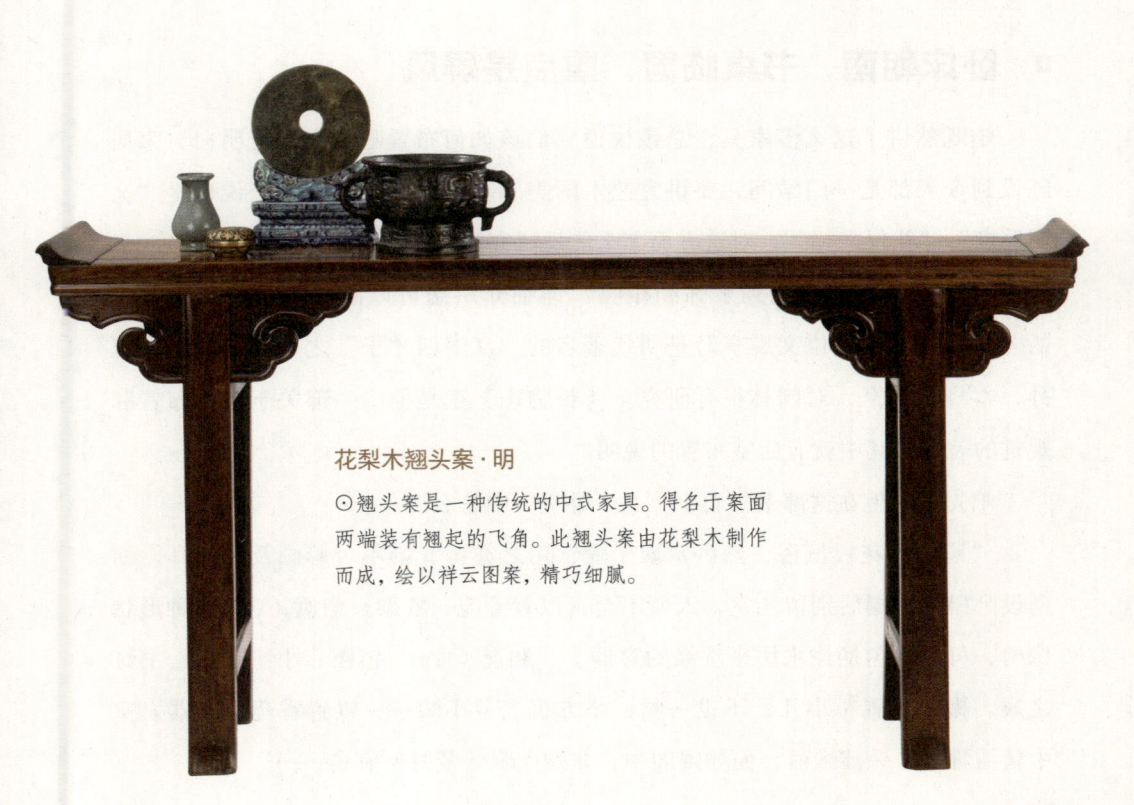

第一章 初到大明王朝，这些你该知道

花梨木翘头案·明

⊙翘头案是一种传统的中式家具。得名于案面两端装有翘起的飞角。此翘头案由花梨木制作而成，绘以祥云图案，精巧细腻。

大明人其他的家用器具——注意，在这儿咱说的已经不限于咱今天所理解的家具，至少还包括大明文化人书房中的用具和普通老百姓生活中使用的"家火"。

文化人的书房（再有品位一点可以叫书斋）可是高雅之所，里面除了书桌、座椅、短榻（即弥勒榻）、书架书橱、几案之外，还应该有许多东西。就说那书桌上吧，笔墨纸砚当然必不可少，其实其他的物件更多——光是关于笔的，就有笔格、笔床（这两种用来搁笔）、笔屏（用来插笔）、笔洗（用来洗笔），此外还有墨匣（装墨）、砚匣（装砚）、镇纸、裁刀、图书匣（装印章）、水丞（盛水），等等。

普通百姓用的家火那就更多，咱就说几种：卧室里要有浴桶、净桶之类，厨房庭院要有蒸笼、饭甑、水桶、扫帚……简直说都说不过来了。

前面咱说到的这些器具用品倒不一定都是木制，也有金属、玉石或其他材料制成的，它们也都不见得讲究精美了。

▫ 卧床朝南，书桌临窗，重点是屏风

咱既然讲了这么多家具，总该说说它们该如何布置吧。您肯定明白，家居陈设到今天都是一门学问，要讲究艺术的美感。咱大明朝不管怎么说也是"文明国度""礼仪之邦"，对这方面怎么能没研究呢？

就在前面咱不是提到了弥勒榻吗？详细介绍您可以翻翻明朝末年文震亨的《长物志》。这位文震亨乃是明代著名的"江南四才子"之一的文徵明的曾孙，本身是画家，对园林很有研究。《长物志》正是他的一部关于园林布置和观赏的著作，其中就有居室布置的说明。

咱先来看他在这部书"卷十·八·卧室"中怎么说——

"地屏天花板虽俗，然卧室取干燥，用之亦可，第不可彩画及油漆耳。面南设卧榻一，榻后别留半室，人所不至，以置薰笼、衣架、盥匜（yí，一种形状像勺，可以从勺柄注水用来洗涤的容器）、厢奁（lián，镜匣、小匣子）、书灯之属。榻前仅置一小几，不设一物，小方杌二，小橱一，以置香药、玩器。室中精洁雅素，一涉绚丽，便如闺阁中，非幽人眠云梦月所宜矣……"

34

这里"地屏"就是地板，但它是活动的，冬天铺上使用，夏天就去掉了。不过看来文震亨认为地板、天花板这类东西很俗气，要不是为了干燥，根本不该用，而且即使使用，也不能涂上油漆或者绘以彩画。

照他看，卧室的床要朝南，这倒和咱现代人的想法差不多。他又说床后要留出半个屋子的空间，"人所不至"，当然是外人不会去，用来放些比较私密的东西的空间。不过嘛，咱疑心他这文化人脸皮薄，有些东西没说，比如浴桶、净桶，还有夜壶……

他设计的床前的布置也不复杂，只有一个小几案、两个小方凳、一个小橱柜，里面放点沉香啦，把玩的器物啦，实在没什么新奇的。

他的追求是"精洁雅素"，也就是不要"土豪金"，不要富贵范儿，要有点文化气息——所谓"眠云梦月"是也。

看来这就是大明文化人理想的卧室了。

那么对于书房或者书斋呢？文震亨当然说得更多。但咱在这儿就不啰唆了，只来看他在同书"卷十·三·椅榻屏架"中的几句话——

"斋中仅可置四椅一榻，他如古须弥座（放置佛像的底座）、短榻、矮几、壁几之类，不妨多设，忌靠壁平设数椅，屏风仅可置一面，书架及橱俱列以置图史，然亦不宜太杂，如书肆中。"

黄花梨直角柜·明

⊙此直角柜全身光素，有闩杆，上方亮格后有背板，四足下舒上敛，向内倾斜，侧脚显著，是比较标准的中型直角柜。

这几句话说书房书斋中可以布置的家具，尤其说不要靠着墙并排放几把椅子，不要把书架书橱摆满了书，好像书店一样，意思都是避免俗气，还是讲究个文艺范儿。

您注意了，这话里说到的"屏风"可很关键。怎么说呢？屏风这东西在大明朝家具摆放布置上作用很大，可以用来区隔空间、遮挡视线，还有装饰的作用，所以有点身份地位的家庭在厅堂、书房中都会设置屏风。

最后咱得说说，大明朝的屏风主要有两种——屏风和围屏。这屏风是一整块的，可以叫座屏。围屏却是分片的，有八片或六片，属于折叠式家具，也就是八扇屏或六扇屏。

屏风既然有竖立的平面，就正好可以作装饰。所以，不论是座屏还是围屏，上面都可以有雕刻或者绘制的图案，像什么山水啦、花鸟啦、人物啦，都可以出现在上面。明代皇宫中的屏风更讲究，其中有戏曲故事主题围屏，一套一套地配合着节令，到什么时候就设什么主题的屏风，果然"高大上"……

又高又宽叫床，又矮又窄叫榻

关于卧具，咱经常说床榻。所谓"卧榻之侧，岂容他人鼾睡"，这个榻，当然也是供人休息睡觉使用的。那什么叫榻呢？根据一本古书《释名》上说的"人所坐卧曰床……长狭而卑曰榻"，就是说供人坐卧的器具叫床，很长很窄而且低矮的就叫榻。

咱大明人很遵守古礼，当然也睡榻。而大明朝的榻，主要是弥勒榻。这个弥勒榻当然是不高的，而且也没那么长，大约只"高尺许，长四尺"。它的作用其实不是晚上躺着睡觉，而是"置之佛堂、书斋，可以习静坐禅，谈玄挥麈，更便斜倚"，就是说放在佛堂书斋里，在上面静坐或者高谈阔论，也可以斜靠着小憩。咱现代有一种罗汉床，就是弥勒榻的一种。

[历史旅行指南·活在大明]

HUOZAI DAMING

第一章 初到大明王朝，这些你该知道

交通工具可任选，旅行经商有指南

—◦ 出行

家再舒适也不能整天"宅"，门总是要出的。平民百姓天天要谋生计不用说，大小官员也得上朝上班，就连皇帝一年里也总要出宫祭祀个天地、祭拜个祖先吧？明代没有公共汽车、地铁、私家车，没有高铁、飞机、大轮船，那么咱大明人怎么出行呢？难道只能靠自己的一双腿？别担心，他们至少有四种交通工具可以选择，如果出远门道路不熟，还有《旅行指南》。

▫ 皇帝有豪华车队，官员能骑马坐轿

如果您要问谁是大明朝第一"宅男"，那么答案是非皇帝莫属了。历朝历代的皇帝都一样，除了开国打天下的那位，其余的有几个不是终年"宅"在宫里？不过其实，大明朝皇帝大概每年也总得出宫那么一两次，而且即使不出宫，皇帝的派头总是要的。所以，大明朝皇帝就有了一整套出行的仪仗——大驾卤簿（bù）。

大驾卤簿，简单地说就是皇帝规格最高的仪仗队，包括什么旌旗伞盖、斧钺剑戟、笙管笛箫之类的东西，复杂之极，而且还要按照一定的顺序排列，实在是不容易说清楚。不过，咱在这里也就是介绍一下这支仪仗队中的"豪华车队"——

37

《南游图》·明·唐寅

⊙美国弗利尔美术馆藏。明孝宗弘治十八年（1505），琴师杨季静赴金陵，三十六岁的唐寅作《南游图卷》为赠。画中，近处坡上杂树五六，或榆或槐，交柯攒影。右侧山岩前，一高士骑驴放辔缓行。后随童仆，负琴紧随，即杨季静。该画也反映出明代文人出游的情形。对于文人而言，骑驴出行本身就是一种雅趣，自唐代孟浩然骑驴踏雪寻梅开始，驴子俨然成为文人的标配。

  皇帝大驾卤簿中的"豪华车队"当然就是皇帝出行的交通工具啦。根据永乐三年规定，这支"豪华车队"里面有"大辂、玉辂、大马辇、小马辇、步辇、大凉步辇、板轿各一"，共有七款之多。这七款都是什么呢？

  首先，辂就是大车，所以大辂和玉辂都是车。它们装饰的尊贵豪华咱不细说，单只是那"动力"就了不起——人家是分别用两头大象来驾驶。

  辇也是车，最早是用人拉或者推着前行的。不过大马辇、小马辇显然不是人力车，它们有轮子，要分别用八匹、四匹马拉。当然啦，步辇和大凉步辇显然还是用人力，而且它们是没有轮子的。

轿当然也属于车，不过是让人用肩扛着走，也没有轮子。大明皇帝"豪华车队"的板轿正是这样一种交通工具，还可以叫肩舆。

其实不管是肩舆还是步辇，坐起来肯定都很舒服，至少比走路要好，比骑马也强一些。不过虽然大明皇帝又是辇又是轿，大明的官员们早期少有坐车坐轿的，而是要么步行要么骑马。但随着大明朝越来越"阔气"，他们的生活也就越来越奢侈，渐渐开始坐在轿子里面享受起来。虽然明世宗嘉靖年间（1522—1566）皇帝下了禁令，规定在南北两京，只有三品以上的文官才可以坐轿，四品以下只能骑马。然而这条禁令后来还是渐渐不管用了——到了明朝后期，不但大小官员，就连作为准官员的读书人和其他的有钱人也都开始坐轿，轿子在大明"全民"普及起来了……

咱大明人坐的轿子一般是四人轿或者三人轿，对最底层的老百姓来说还是很奢侈。所以，普通平民百姓日常出个门大概还是要走路吧。

▫ 骑马、乘车OR坐船

普通人守家在地，平时出门走路倒不算什么。但如果出远门呢？哪怕是邻城邻村，行程难免也要数日；如果身边再带点行李货物，那就更不能单指望两条腿了。怎么办呢？

没关系，咱大明还有交通工具——在北方旱路，您可以骑马乘车；在南方水乡，您可以驾船行舟。

没错，现在假设您已经穿越到了大明，正准备来一场说走就走的旅行，您不必担心交通问题，只需要根据您所处的位置和您的实际情况，做出明智的选择：

假如您身在北方，要去的地方一片坦途，没什么崎岖难行的山岭阻隔，而且您有点身份也不在乎花钱，那么您就可以选择最拉风或者最舒适的出行方式——骑马或乘车。

骑马不必多说。大明的车主要是四轮车、二轮车和独轮车。这其中四轮车载重最大，需要至少八匹骡马来拉。二轮车次之。人力独轮车就更寒酸，只能

39

用人推了。又有一种独辕车，只有一只轮，前面用骡、马或驴拉，后面还有人推。这几种车里，四轮车主要用来载货，人力独轮车也是载货。二轮车和独辕车都可以载人，但二轮车停下来就要用木棍支撑住以免车厢倾斜，独辕车则乘客必须在两边对着坐来保持平衡，都有点不方便。

不过，在中州（即河南）流行一种牛力"轿车"，就是把轿厢放在一种特制的二轮车的车衡上，人坐在轿厢里感觉很舒适平稳，不用担心车子会翻侧。您要是搞个小小"创意"，用健马替换蠢牛，大概也就可以享受相当于现代奔驰、劳斯莱斯的待遇了。

当然啦，如果您只是个普普通通的百姓、工薪阶层，骑牛、骑驴也是您的选项之一。

不过还是《天工开物》说得好："生于南方者不见大车，老于北方者不见巨舰。"假如您身在南方，那里江河广阔、水道纵横，陆地道路却不多，乘车也不过是独轮小车，还是坐船来得实在、方便。

大明的船种类就更多，"古名百千今名亦百千"——从古到今都有千百种称呼。从造船和行船的地域看，当时有名的船有广船（广东的船）、福船（福建的船）、吴越船（江浙一带的船）、江汉船（两湖的船）和巴蜀船（四川的船）。北方也不是没有船——黄河上就有秦船（陕西的船）和"满蓬艄"（行驶在黄河、淮河流域的船）。

在这些种船中，有趣而值得一乘的是吴越船。吴越船当然也有很多种：像游山船，船上开设酒席，可以边吃喝边赶路。像香船，善男信女们坐着它去湖中岛寺进香，您乘上了也可借机游览湖光山色，并且同样有酒宴可以吃喝。再奢侈的有湖船和楼船，那简直是豪华游轮级别，上面可以有歌舞表演，可以有戏剧演出，一次旅行不逊于一场"水上嘉年华之旅"。最简单经济的还有一种夜航船，"夕发朝至"，航程中还可以品茶聊天，和同船的大明人广泛交流、增进友情，何乐而不为？

其他诸如吴越船中的站船、仙船、浪船，福船中的草撇船、开浪船、两头船，广船中的洋舶、藤埠船、泷船、双船，等等，咱也就不细说了。您若真是穿越到大明并来个"大明天下水上游"，自然渐渐就都能搞清楚……

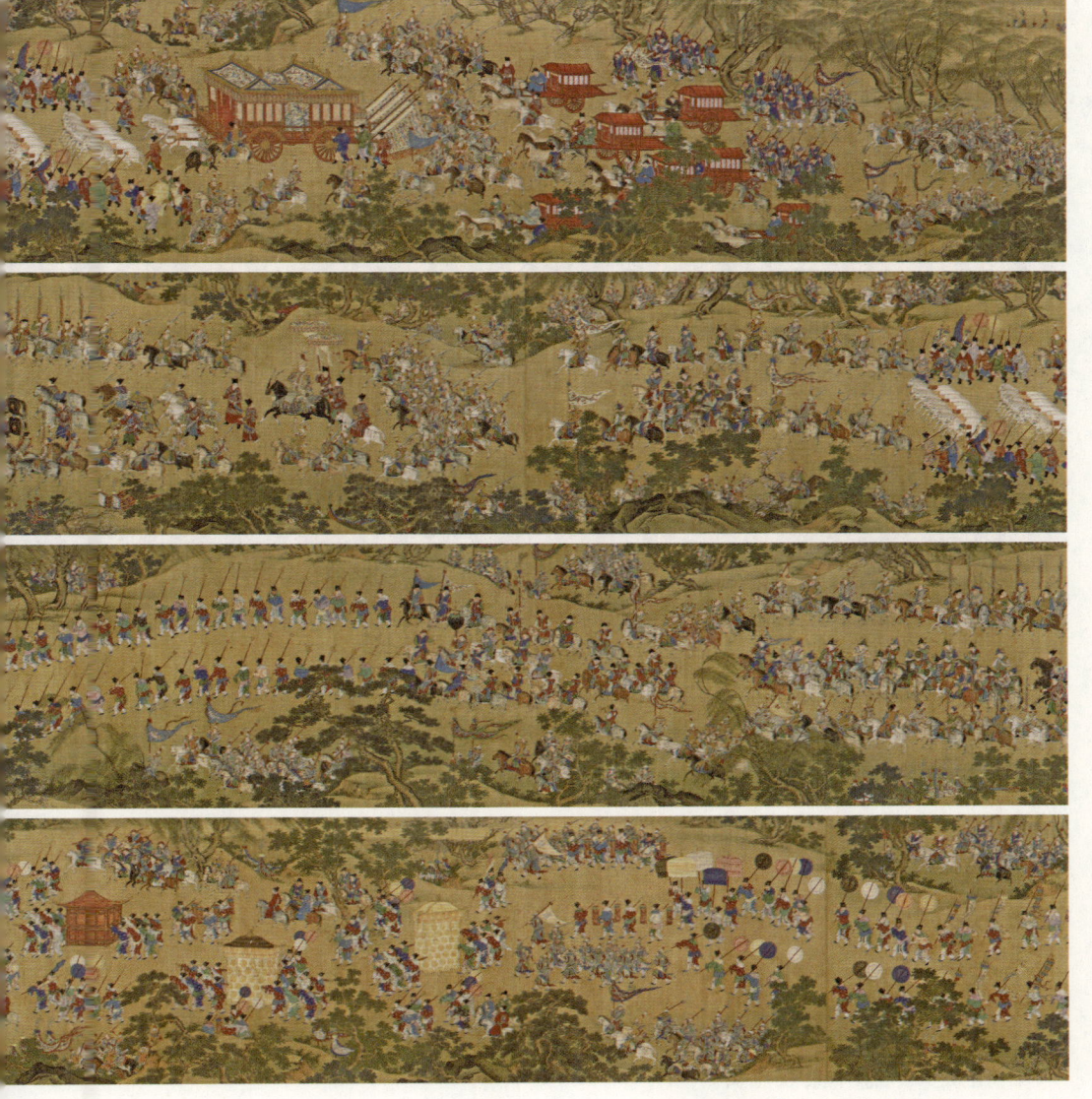

《出警入跸图》之出警图（局部）·明·无款

▫ 想要游学经商，请买《旅行指南》

好啦，现在您选定了交通工具，准备出行。但是"且慢！"街边有人拦住了您，这人满脸堆笑，一边向您拱手行礼一边嘴里说着，"尊客请留步……"

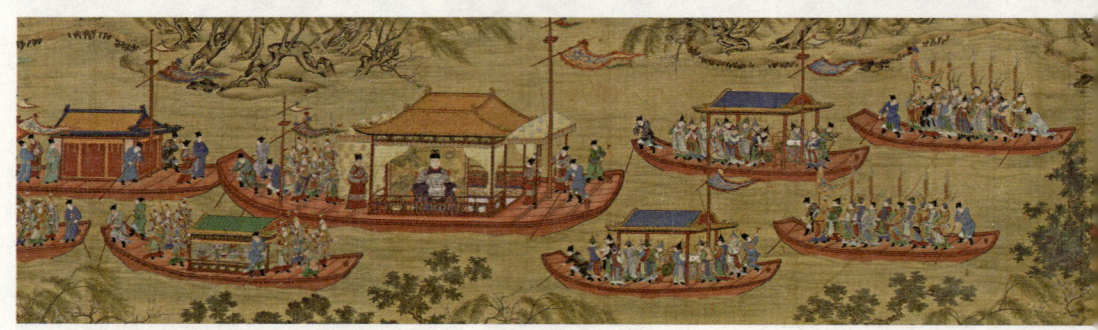

《出警入跸图》之入跸图（局部）·明·无款

⊙《出警入跸图》即描绘明神宗万历皇帝朱翊钧出京谒陵盛况的宫廷画卷。出警、入跸，指的是皇帝出巡和归来的意思。皇帝在宫廷侍卫的护送下骑马出京，声势浩大地来到京郊的十三陵拜谒先祖，然后再坐船返回北京。这支庞大的皇家谒陵队伍，由北京德胜门出发，画家沿途铺设。皇帝一出一入，气势壮观。

"岂敢，请问有何贵干？"您也急忙拱手还礼，脸上露出疑惑。

"看情形，尊客您这是要远行啊？"这人还是堆着笑，问道。

"正是。"您不禁点点头。

"既然您要远行，不知您是走水路还是陆路？"这人又接着问，却并不等您回答，笑着说下去，"但不管您走水路还是陆路，想必您都需要一套《旅行指南》……"

"《旅行指南》？"您更纳闷了，心想大明怎么还有《旅行指南》？

但这人此刻已经变戏法般从身后拿过一口书箱，然后马上掀开箱盖。您立刻就看到箱中摆着一册册线装书——这些书纸张精良、装订精美，一看就价值不菲。

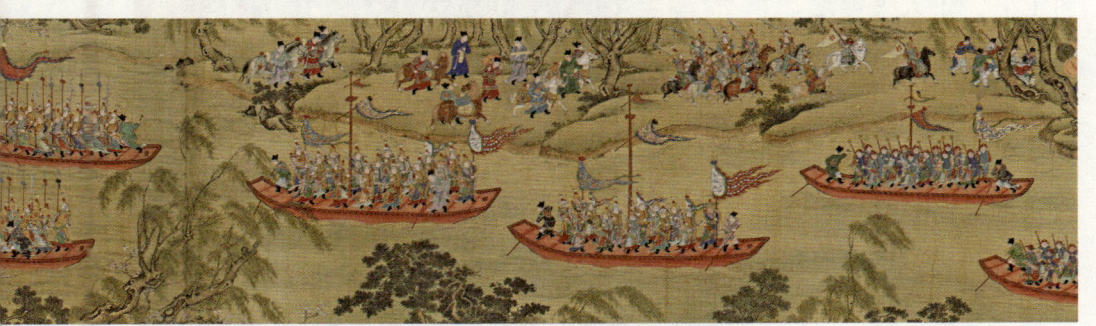

"正是《旅行指南》……"这人指着书箱里的书册说,"您要知道,'想要大明天下跑,《旅行指南》不可少'。咱大明朝富有天下,山川道路密如蛛网,江河水道不计其数。从南北两京通往十三布政司的驿路大道不说,各条大道还有分道,各地之间也有相互连接的通道。您现在出个门,去往哪里该走那条道路该知道吧?一路上陆路、水路各多少里程该知道吧?哪里有驿站、铺舍、客店该知道吧?还有那各地的风俗禁忌、风景名胜,您也该知道吧?"

您听那人说得飞快却头头是道,大有现代推销员的气魄,不禁有点动心,仔细向书箱中看去,却见其中一摞书册最是醒目,书册的封皮上端端正正地书写着《一统路程图记》一行大字。

这人顺着您的眼光,看到您正盯着《一统路程图记》,立刻竖起大拇指来。"尊客您真是有眼光,一打眼就看出来哪种《旅行指南》最畅销——没错，正是这部《一统路程图记》！咱大明朝第一流的藏书家和书评家吴岫先生就说，这《一统路程图记》'士大夫得之，可为四牲览劳之资；商贾得之，可知风俗利害。入境知禁，涉方审直，万里在一目中，大为天下利益，实世有用之书'……"

您听着这人"引经据典"，感觉一愣一愣的，但也明白他口中这位吴岫先生的话和他前面说的意思也都差不多，但您还想比较比较，于是开口问："那其他这些……"

"其他这些也都是好书。"这人立刻接口，"您看这一部《天下水陆路程》，还有《天下路程图引》，还有《图相南北两京路程》……都是指示道路的好帮手……"

他说着又瞄了瞄您

《春游晚归图》·明·戴进

⊙中国台北故宫博物院藏。绢本设色，纵167.9厘米，横83.1厘米。作品的前景是一座掩映于树林之中的庄院，伸出墙外的树枝与路边的桃花透出春天的气息。主人来到院门口，下了驴，正在敲门，院里有仆人提着灯笼来为主人开门，这说明夜幕已经降临，点出"晚"的主题，显示出春游主人因醉心于美好的春景而造成了"晚归"的诗意来。

的穿戴打扮，接着说："不过您如果是出门经商，本人隆重向您推荐这部《三台万用正宗·商旅门》，这里面不单有旅行指南，还有经商经验，包您发大财。当然，您也可以买这部《士商类要》，或者这部《华夷风物商程一览》……"

您听他说得滔滔不绝，更看得眼花缭乱。但您内心一盘算，这些书旅途中可以看着研究解闷，说不定带回现代还能卖个好价钱，索性就把它们全都买下。但您刚交了钱，又有一人将您拦住："尊客请留步，不知您出门是行商还是游学，身边有没有什么贵重物事，您难道就不需要考虑一下您的安全问题吗……"

您当然觉得需要考虑安全问题，但不想再花冤枉钱。您手头不是有《旅行指南》吗？您随便翻了翻就把问题搞清楚了——原来在大明朝出门远行，尤其是带着贵重货物，牙用、脚头钱、保镖费这三种钱是不能省的：

首先是埠头的牙用。埠头也叫舟牙，是官方认可的船主和乘客或货主之间的居间人，职能大概相当于现代的航运协会。您要走水路雇船，得通过这种正规的居间人，不能找私船、黑船，否则被人丢在荒野外，偷了货物还算幸运，不幸点就怕像《水浒传》里的宋江，要吃"馄饨"或"板刀面"了。不过要找埠头就要付牙用，也就是中介费。

陆上运输货物也有危险，因为脚夫在路途中会偷走您的货物。那么怎么办呢？就要额外花钱雇个脚头，脚头监督脚夫，您的货物也就安全了。这就是脚头钱。

保镖费最好懂。现代还有安保押运呢，何况大明？那时候很多地方都有响马盗贼，为了生命财产安全计，这保镖费是万万不能省的。

第一章 初到大明王朝，这些你该知道

45

专题

入籍办户帖，财产也登记
——明代的百姓户口

作为大明人，您需要有个"身份"。这"身份"可不像现代身份证那么简洁，它不但包括您的居住地、性别和年龄，还包括您的家庭成员、财产状况甚至所从事的职业。您要知道，在大明朝，"身份"本来就是按职业分类的。有了这样一个"身份"，您就算正式的大明朝公民了，但也有了诸多限制……

好吧，咱先来看看您在大明朝新的"身份"。什么？"身份"就记载在这么几页纸上？没错，正是这么几页纸。但您可别小看它们——它们叫户帖，相当于现代的户口簿，却不止户口簿那么简单。

现在请看您的户帖：

一户张大富徽州府祁门县民户计家柒口

男子肆口

成丁叁口

本身肆拾陆岁

弟大贵叁拾玖岁

男百万贰拾柒岁

不成丁壹口

孙发家捌岁

妇女叁口

大贰口

　　妻阿朱肆拾肆岁

　　媳阿姚贰拾伍岁

　　小壹口

　　孙女宝珠陆岁

　　事产

　　民田地山塘捌亩肆分玖厘柒毫

　　船壹只

　　牛贰头口

　　民瓦房贰间

　　右户帖付张大富收执准此

　　洪武十四年某月某日

　　咋样？您看懂了吗？估计您一愣一愣的，不是太明白。那咱就简单解释解释——

　　首先您要搞清楚您是户主，所以张大富就是您。您今年四十六岁，家住徽州府祁门县。您家共有七口人，也就是您、您弟弟、您儿子、您孙子，再加上您媳妇、儿媳妇和孙女。

　　但是那"成丁"和"不成丁"、"大"和"小"又是怎么回事呢？很显然，男子"成丁"就是成年，"不成丁"就是未成年，不过这个解释也并不那么完整——根据大明朝的规定，男子十六岁至六十岁为"丁"，"丁"要服徭役。所以您要是有个老父亲年已七十，那他就该算"老"，不该算"成丁"了。大明朝女子不算"丁"，所以只用"大""小"来表示成年或未成年。

　　前面这部分是您家的基本情况，后面还有"事产"，就是您家的财产情况。您瞧，这里记载着您家的"田地山塘"，也就是耕地多少、土地多少、山林多少、水塘多少——这可是大明人最重要的财产，毕竟大明朝还是农业社会嘛。此外还有其他动产不动产，像车、船、牲畜、房屋都在记录之内。为什么呢？因为这些也是衡量您家经济状况的指标。而整个关于您家"事产"的记录，就是您家

该缴纳多少税赋的依据。

现在您明白了吧？您的这份户帖可不仅是户口簿，更是您家应该有几个人应徭役、每年应该交多少钱粮的凭据。

但是您要问了，户帖在我手里，国家怎么知道？您看啊，前面全部基本的重要事项记录完毕，户帖左边最后两行就出现了"右户帖付某某收执准此"和"年月日"的字样。那上面实际还有印鉴，但只有半个——因为这里用的印鉴是骑缝印，另外的半个印鉴在另外一份和您这个户帖一模一样的文件上。也就是说，您户帖上记录的内容根本就是一式两份，另一份叫作户籍。

户籍到哪儿去了呢？它被送到了大明户部，作为底单以备查询。户帖开头还有"民户"两个字。实际上，"民户"就是说您家在大明朝的职业身份是民，其实也就是耕田务农的农民。

大明朝还有许多别的职业身份，也就还有许多别的"户"。比如除了民户之外，大明朝最为重要的有军户（世袭的军人）和匠户（工匠、手工业者）。此外还有儒户（世代教书的人）、医户（世代行医的人）、阴阳户（占卜算卦的人）、盐户（又称灶户，就是煮盐制盐的人）、僧道户（这个就不用解释了吧）、马户（北方的养马人）、菜户（南方的菜农）和乐户（宫廷、教坊司里的乐工们）等，最奇特的是还有陵户（世代为帝王看守陵墓的人）。

大明朝的这些"户"也都有户籍，户籍从地方汇总呈送中央，编订成册，就有了户册。不同的户册由不同的主管部门管理——民户籍册归户部，军户、马户户册则要归兵部，匠户分为两种，各地的匠户要轮班到京城服役，所以他们的户册归工部，京城的叫住坐匠，要在宫中服役，户册就归内官监，而盐户户册归盐运司，僧户、道户户册归礼部……

这些户册一个个解释起来很麻烦，咱还是回头说您所属的民户。民户可是大明人最大的群体，人数最多，也是大明朝财富的主要来源和社会的重要根基，当然要管理好。民户户册到了户部有个名字叫黄册——这个黄册可了不得，它记载了大明朝全国人口和财产的情况，每隔十年都要"大造"，要重新统计核查一遍，重新编订，就相当于咱们今天的人口大普查，而且还附带着全国财富调查。

第二章 当个大明的官，既艰难又危险

在古代任何一个朝代，当官大概都是一件既风光又实惠还充满诱惑的事。为官一任，能造福一方。另外，民间俗话说『学成文武艺，货卖帝王家』，演义小说里也说当官能封妻荫子，为官之事怎能不令人心驰神往呢？然而在咱大明朝，尤其是前期，当官并不是什么明智的选择——身为朝廷命官，那是有地位、没尊严，有面子、没里子，整个仕途更是既艰难又危险……

[历史旅行指南·活在大明]

HUOZAI DAMING

权大未必品级高，勋贵只是名声好

——◦ 明朝官制

"穿越古代大展奇能，如鱼得水官运亨通……"如果您怀着这样一种心态来到大明朝，您准备做个什么官儿呢？是官居一品、位极人臣，还是得君行道、权势熏天？您可能觉得，这不都是一回事吗？不尽然呀不尽然。要知道"鱼与熊掌不可得兼"，大明朝的官儿，那是"权大未必品级高，勋贵只是名声好"，完全不像您想的那样。

◘ 官阶品秩：九品十八级序列

看过周星驰的《九品芝麻官》，您一定明白九品已经是最小最小、芝麻绿豆般的官儿了。不过，其实九品官儿还要分个"正""从"，从九品才是真正有品秩的官员中最小的，再小的官儿就没有品秩，算作"不入流"了。

咱中国古时候历朝历代的官员都分品秩，按等级确定官阶。大明朝也不例外，执行的是九品十八级的官阶序列，也就是说从正一品、从一品、正二品、从二品……一直到正九品、从九品。官阶分九品十八级，那么到了哪个品级能做什么样的官儿呢？或者说，不同部门、级别的官员都是什么品级？咱这就给您来简单介绍介绍——

首先应该说，咱大明朝中央的各部门，各地方政府基本都是等级对应官阶，哪一级的衙门就由哪一级官员主管。例如吏、户、礼、兵、刑、工六部是"部级单位"，它们的主管官员——各部尚书就都是正二品。都察院有点像监察委，也是"部级"，它的左右都御史就也是正二品。还有像通政使司（直属于

第二章 当个大明的官，既艰难又危险

《甲申十同年图》·明·无款
⊙北京故宫博物院藏。绢本设色，纵48.5厘米，横257厘米。作品创作于弘治十六年（1503），是一幅朝廷重臣的群像。这十位大臣分别为：时任户部尚书谨身殿大学士李东阳、都察院左都御史戴珊、兵部尚书刘大夏、刑部尚书闵珪、工部尚书曾鉴、南京户部尚书王轼、吏部左侍郎焦芳、户部右侍郎陈清、礼部右侍郎谢铎和工部右侍郎张达。

大明皇帝的办事机构）主官通政使是正三品，大理寺（最高法院）主官大理寺卿是正三品，詹事府（负责皇太子的辅导、教育工作）主官詹事也是正三品，而国子监（皇家大学）主官祭酒则是从四品。此外在京城中央政权的机构还有很多，咱姑且从略。

在地方上，咱大明朝相当于今天省一级的军、政、司法机构有都指挥使司、布政使司和按察使司，它们的主官都指挥使、布政使、按察使分别是正二品、从二品和正三品。这一级以下的行政机构，则有府、州、县，它们的主官就是您常常能听到的知府（正四品）、知州（从五品）和知县（正七品）了。

县已经是中央对地方管理的最小的行政单位了。不过当然啦，知县之下还有官员——如县丞（正八品）、主簿（正九品），但最小的典史，已经没有品秩，干脆"不入流"了。

《诰授通议大夫、大理寺卿史褒善朝服像》·无款

▫ 怪现象：大官无实权，小官能通天

通过咱这么一介绍，您大概觉得已经对大明朝官制有基本的了解了。但这还远远不够，尤其是，您对大明官场的许多"奥秘"根本还不知道呢……

咱就先举个例子吧：您看了这么半天，看到大明朝有正一品级别的政府机构了吗？其实当然不是没有，比如大明的左、右、前、后、中五军都督府每府就有左右两位都督，他们可都是正一品。还有宗人府的宗人令、左右宗正和左右宗人同样都是正一品，可宗人府只是管管老朱家宗室亲族的事务，和政府职能更没什么大关系。其他大明朝的官府衙门，再没有能够到正一品的级别，连从一品都没有。

另一方面，除了前面提到的十位都督和宗人府的那五位之外，大明朝还有没有能够达到二品以上的官员了呢？答案是：有的。他们是大明朝的三公（即太师、太傅和太保，为正一品）、三孤（即少师、少傅和少保，为从一品）和"三太子"（即太子太师、太子太傅和太子太保，为从一品；此外另有太子少师、太子少傅和太子少保，不过就是正二品了），以及五军都督府左右都督以下的都督同知（从一品）。

三公、三孤、"三太子"官阶是很高了，但他们这样的官儿不过有个虚衔，只是荣誉，并没什么实权。

那么您要问了：这些官阶高的都没有实权，实权在谁手里呢？答曰：监察御史、内阁学士。

监察御史是都察院的官儿。咱前面说了，都察院的主官是左右都御史，下面有辅官左右副都御史（正三品）、左右佥都御史（正四品），最基层才是监察御史（正七品），最初分为十二道（也就是分管全国十二个地方），后来确定为十三道。

正七品已经不算什么大官儿了，但那也是后来的事。当洪武十五年（1382）都察院开始设立的时候，监察御史才只有正九品，官阶跟县里的主簿一般高。不过，监察御史的权力却非常大，无论在京城还是地方几乎什么都管得着，尤其是对各级官员有弹劾、纠察之权，即使官阶比他们高的官员，见了他们也要畏惧三分。

不过当然啦，监察御史这种正七品的官儿毕竟不大，有时候办事也不是那么方便。然而他们的仕途发展还另有"不可限量"的地方——本来在明朝前期由皇帝临时委派执行专门的任务或者处理重大事件的几种官员头衔，如巡抚、总督的位置，渐渐就落在了监察御史们的头上。这些监察御史们当了巡抚后权力就更大，可以直接管理地方。再后来，巡抚不再是临时委派的角色，渐渐"扎根"在地方，成了地方大员。这种官制一直保留到了清朝。

能得到皇帝的委派，身份自然就变得特殊，而且这时候往往能得到实际的好处，官阶也能提高。像总督、巡抚都可以加上都御史或副都御史、佥都御史的头衔，也就等于连升数级，到了正二品、正三品或正四品。不过这些都属于加官，只是一种荣誉，他们实际的权力还是来自他们担任的职务。

关于内阁这个机构咱前面没说。其实内阁学士就是那些什么文华殿、武英殿、华盖殿、文渊阁和东阁的大学士。大学士这种头衔从唐代就有，不过唐宋以来一直都只是荣誉头衔，到了明太祖朱元璋时，他才把他们变成自己的"高级秘书顾问"，而后明成祖朱棣创立内阁，让大学士们参与政务，并逐渐给了他们一些职权，再后来，内阁学士们的权力越来越大，甚至有了首辅、次辅这样的职衔或者说官位，内阁才真正成为大明朝皇帝之下最高的权力机构，首辅也就几乎相当于从前的丞相了。

那么内阁学士到底是多大的官儿呢？实际上他们本身官阶只有正五品。当然啦，从内阁学士得到重用开始，他们中的很多人都得以"加官"——最高加到三孤、尚书这样的级别，也就是从一品或正二品，当然这也只是虚衔，具体有没有实权，还要看皇帝是否宠幸。

有明一代，名臣张居正和权臣严嵩都官至内阁首辅，严嵩加官到少师，张居正甚至在生前就被封为太师，官至正一品。

▫ 全是虚名：散官和传说中的"丹书铁券"

咱大明朝像前朝一样，除了本身担任的官职官阶，还有一种散官制度。散官，就是没有固定职务的闲散官员，同样是九品十八级，不过其中又有初授、升授、加授三种情况。

这初授、升授、加授是怎么回事呢？咱举个例子：比如您现在又穿越到了大明朝，并立刻被封了个正二品的大官儿。因为您是第一次当官，这时您就属于初授，被授予"资善大夫"——这个"资善大夫"就是您初授的散官官衔。

时隔三年朝廷要考核官员了，万幸您考核通过，于是您又被授予"资政大夫"——这个就是升授。再过三年朝廷再次考核，这次您竟然政绩突出，评分得了个"优"，于是您荣获"资德大夫"——这就是加授。

不过要注意，只有正二品到从四品有加授，其他品秩只有初授和升授。

还有就是，每个品级的散官初授、升授、加授头衔都不一样，如：正一品初授叫"特进荣禄大夫"，升授叫"特进光禄大夫"；并且正六品以下不称"大夫"而称"郎"，像最小的从九品初授为"将仕佐郎"，升授为"登仕佐郎"。

散官以外又有勋爵，就是勋号和爵位。勋号也是一种荣誉称号，不同官阶不一样，文武却只有一品一样，以下都不一样。像不论文武官，正一品的勋号都是"左右柱国"，从一品都是"柱国"，但到了正二品，文官就称"正治上卿"，武官则称"上护军"了。

最有趣的是爵位。咱大明朝爵位少，只有公、侯、伯三等，子、男二等在开国后不久就废掉，不再设置了。能够获封爵位的，朝廷都会发给一种"诰券"——这

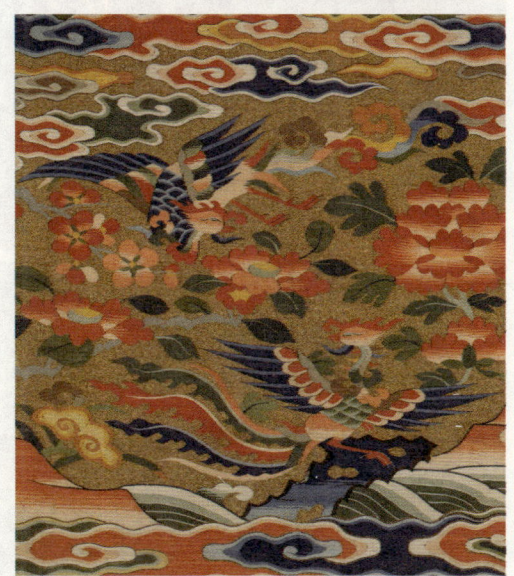

补子·明

⊙补子，系补缀于品官补服前胸后背之上的一块织物。为明代品官服饰制度的一个重要特征。《明史·舆服志》记载，洪武二十四年（1391）规定，官吏所著常服为盘领大袍，胸前、背后各缀一块方形补子，文官绣禽，武官绣兽。一至九品所用禽兽尊卑不一，借以辨别官品。

《杏园雅集图》·明·谢环

⊙《杏园雅集图》是宫廷画家谢环的传世代表作,描绘的是内阁学士杨荣、杨士奇、杨溥以及王英、王直、周述、李时勉、钱习礼、陈循等朝士在杏园聚会的场景,画家谢环亦在其中。这幅作品是明代早期的群臣肖像,反映了当时大臣们的精神面貌。

"诰券"是用铁铸成的，样子像瓦片，共有两片，上面分别刻着"封诰"，就是皇帝敕封爵位的诰书。

"诰券"一式两份，自然是为了以后查核验证。这东西用铁铸成，不容易毁坏，很容易让您想到"丹书铁券"——不过实际上，咱大明朝"诰券"上刻好的文字是用黄金来封填，应该叫"金书铁券"才对。

最后应当说明的是：散官只是头衔，并不能享受相应的待遇，也就是并不一定多拿钱。有了爵位倒是能多拿钱了，但也只是享受某级别的待遇，和权力无关，更不像前朝有封邑，所以好处也不大。

大明朝为何没丞相？

咱在前面说了，咱大明朝内阁首辅就几乎相当于从前的丞相。但是大明朝没有丞相吗？当然不是一开始就没有。大明朝刚建立的时候，明太祖朱元璋也仿效之前的隋唐设立中书省，中书省有左右丞相，他们都是正一品，权力很大，左丞相更是位极人臣。

不过，权力欲爆棚的朱元璋对中书省和左右丞相并不放心，他不断削弱中书省的权力，架空这个部门。当开国元勋之一的胡惟庸任中书省左丞相时，朱元璋终于找到借口，于洪武十三年（1380）制造"胡惟庸案"把胡惟庸干掉，同时受株连的达三万余人。他更趁机撤销中书省和左右丞相。从此，大明朝不再设立丞相，这一制度到清朝也再没有出现。

[历史旅行指南·活在大明]

工资待遇低，贪污刑罚重

——俸禄和反贪

在大明朝当官，做一个"公务员"到底好不好呢？这咱得从两方面来说。首先是工资待遇。关于这一条咱就一句话："自古官俸之薄，未有若此者。"其次是危险性。"公务员"有什么危险呢？咱请您读一读《大明律》，再看一看明太祖朱元璋颁布的《大诰》，了解了解"剥皮实草"等种类的酷刑。等读完了这一切，您再来回答："您到底怕不怕？"

▫ 二百年不变的工资还打折扣

"自古官俸之薄，未有若此者。"这句话是《明史》里说的，可不是咱说的。大明朝从开国建基，官员的工资定为用米发放，叫

《明太祖像》·清·姚文瀚

作禄米。这种工资体制先后调整过多次，到洪武二十五年（1392）最后一次调整，"自后为永制"，也就是说再也没变过。那么，大明各级官员工资都是多少呢？咱就列个表给您看看：

品级	月禄米	折年禄米
正一品	87石	1044石
从一品	74石	888石
正二品	61石	732石
从二品	48石	576石
正三品	35石	420石
从三品	26石	312石
正四品	24石	288石
从四品	21石	252石
正五品	16石	192石
从五品	14石	168石
正六品	10石	120石
从六品	8石	96石
正七品	7石5斗	90石
从七品	7石	84石
正八品	6石5斗	78石
从八品	6石	72石
正九品	5石5斗	66石
从九品	5石	60石

上表中的"石"和"斗"都是容积单位，一石为十斗，大约为现代的112.5斤。

从上面的表格您很容易看出：大明官员工资上下差距很大，最高等的正一品工资比最低等的正九品工资高了17倍还多。当然，不同品级的官员之间，高品级"年薪"差距就大，低品级差距较小。

不过您不容易看出来的是：这样的工资标准到底高不高呢？其实并不高。就以正一品的"年薪"而论，洪武四年（1371）大明官员第一次"调薪"，正一品就是900石。到洪武十三年（1380）第二次"调薪"涨到1000石，可又过了十二年才增加到1044石。

要知道，洪武四年那是大明刚建国，百废俱兴，国家钱也不多，定的工资能高？而到了洪武十三年要稳定官员队伍了，国家也有了点钱，才给加100石，后来又只加了44石。朱元璋实在抠门。

当然啦，洪武十三年那次"调薪"，有些品级的官员涨工资幅度还是很可观。像从一品从750石涨到900石，正二品从600石涨到800石，从二品从500石涨到700石……况且那一次定的官员工资除了禄米还给钱钞，从正一品到从四品都给300贯钱，正五品和从五品给150贯，以下正从六、七、八、九品分别给90贯、60贯、45贯和30贯。

不过在洪武十三年，正九品官员"年薪"中的禄米就是65石，从九品为60石。照"钞一贯，抵米一石"的钞米比价算下来，洪武二十五年官员的"年薪"比起洪武十三年基本都是不涨反降，倒比以前赚得少了。

这还不算，大明官员的工资又要打折扣，名目叫"折色"，也就是把一部分禄米折算成银两、钱钞和布帛来发放。禄米本来价值还算稳定，但一换成银钱、布帛就要有损失。本来不高的工资再这么七折八扣，大明官员的工资可就真心不高，难怪《明史》作者要说"自古官俸之薄，未有若此者"了……

▣ 千古"恐怖反贪第一帝"

工资不高，但"铁饭碗"有保障，官员们能额外摸着路子赚点钱也行啊。然而真是不幸，大明朝偏偏出了一个反贪皇帝，而且他的反贪手段极为恐怖，可以说是"前无古人，后无来者"。他当然就是朱元璋。这位洪武皇帝出身于平民，起兵造反之前生活极为贫寒，所以他对贪赃枉法的官吏深恶痛绝。等他当上了皇帝，为了维护自己的江山社稷，朱元璋更不能容忍任何官员有贪腐的行为。于是他设立严刑峻法，用尽种种手段惩治贪腐，简直可以说达到了恐怖的程度。那么，咱大明朝和这位千古"恐怖反贪第一帝"都为贪官污吏立下哪些规矩，实施了什么恐怖手段呢？

首先是《大明律》——这是咱大明朝最详尽的一部法律，其中的《刑律》就有专门针对贪污腐败的部分，每条罪名都详细列出了刑罚标准。这些条罪名咱不能一一介绍，就说一条，叫作"官吏受财"，即官吏收受了别人的财物。这要怎样处置呢？

第一要"官追夺除名,吏罢役,俱不叙",就是说当官的罢官,当吏的免职,都送回老家去当老百姓(不过实际情况可能没这么严重,有时候也准许"戴罪还职"或"降除",就是说留用或降职)。

但这还不够,还要治罪。那些"枉法",即破坏了法律的,哪怕收了不到一贯钱也要"杖七十",就是打屁股七十下。继续往上:一贯到五贯打八十下,十贯打九十下,十五贯打一百下,二十贯打得倒是少点,只有六十下,却要判一年徒刑,四十五贯以上更是要流放,要是到了八十贯,干脆就"绞"——直接吊死。即使是"不枉法",也同样要按照总共收取财物的一半价值来治罪,"一贯以下杖六十,一贯之上至一十贯杖七十……一百二十贯罪止,杖一百,流三千里"。

看到了吧?您可能觉得这样的罪名刑罚已经够重了——一贯钱就打几十下屁股还革了官职。但朱元璋明显觉得这样还不够,吓不住那些心存贪念的官吏们。于是他又搞了一部《大诰》。

《大诰》是朱元璋自己颁布的特别法典,前后有《大诰》《大诰续编》《大诰三编》《大诰武臣》四部,内容有二百多条案例和刑罚,其中大部分是关于怎么惩治贪官污吏的。既然是皇帝亲自颁布,这法典的效力当然不得了,在洪武时期完全高过了《大明律》,成了"法外之法""太上法律"。

《大诰》规定的对贪官污吏的刑

书吏俑·明

⊙出土于明司礼太监吴经墓葬。身高17厘米,戴四方头巾,穿右衽带褶长袍,宽袖,双手拢于胸前。书吏为文官俑,与武官一同组成仪卫队伍,所谓"文为仪,武为卫",体现出墓主人的威仪。

第二章 当个大明的官,既艰难又危险

61

象牙雕监察御史腰牌·明

⊙朱元璋设立官员监察制度,包括任命监察御史来治理腐败。

罚到底有多重?咱随便来举个例子,您就知道了:当时的莱阳县(今山东烟台莱阳市)有个县丞叫徐坦,他只是和手下的兵房吏(大约相当于县武装部部长吧)刘英等人收受了贿赂一百贯,后来又诬指前来调查之人,结果事发,他就被凌迟,也就是一刀刀剐了。凌迟已经是重刑了,县丞也算不得大官,但大官也有不少被判重刑的,像监察御史刘志仁、周士良就因为勾结地方官、收受贿赂被凌迟处死。

更不必说当时的几起"大案要案"——单说明初轰动天下的"郭桓案",户部侍郎郭桓因为勾结各部和地方官员贪污,除了他本人被处以极刑之外,六部的左右侍郎以下官员全都被杀并且抄家,一个案子处死了数万人……

▪ 贪官杀不尽,春风吹又生

朱元璋用重刑、极刑、酷刑对付贪污腐败的官员,给他的子孙后代树立了参照的标准。但是,靠皇权、酷刑惩治贪官污吏,发的工资又低,反贪也就能起一时的效果,不可能断除官员们的贪心。后来朱元璋也无奈地说："我欲除贪赃官吏，却奈何朝杀而暮犯。"更何况，朱元璋以后的皇帝们也不是那么仇视贪腐。咱不得不说，很多贪官实际上是受到了皇帝们的保护还有皇权制度的纵容。

朱元璋死后，严酷的《大诰》不再执行，《大明律》仍实行，但是官员们贪腐成风，《大明律》形同废纸。工资外的贪腐收入逐渐成为官员们公开的秘密。到了大明中后期，从宗藩外戚到宦官权臣，从将帅督抚到知府县吏，乃至衙役小吏，几乎无人不贪。例如，受明武宗朱厚照宠幸的大太监刘瑾，他被抄家时，仅黄金就被查抄出250多万两，又有白银约5000万两，更别提严嵩父子、魏忠贤了。

大明朝就这样被贪官污吏们搞到垮台，最后走向了灭亡。

大明第一酷刑之"剥皮实草"

朱元璋用酷刑严惩贪官污吏，其中最著名、最残忍的就是剥皮实草。这刑罚是怎样的？就是把人皮剥下来，里面装上草做成"人皮草人"。朱元璋认为能用这种东西阻吓想要贪赃枉法的官员，所以他规定剥皮实草后制成的"人皮草人"要悬挂在官府的公堂上，官府前还要设立皮场庙，专门用来剥贪官污吏的皮。

在朱元璋洪武一朝，被剥皮实草的贪官就有一位叫毛骧，他的前胸和后背都被刺上"奸党毛骧"四个大字。据说朱元璋不仅用这种酷刑对付贪官，甚至把几千宫女全都剥皮实草，只因为她们之中有一个怀孕了，被怀疑有私情，跟着倒霉的还有看守宫门的太监。

这个洪武皇帝简直是残忍至极了，但他的儿子朱棣也不逊色，把反对他的大臣景清、胡闰也都剥皮实草。甚至到了明朝末期，还有魏忠贤抓背后骂他的人来剥皮实草的传说呢。

怎么样，是不是很恐怖？这剥皮实草简直就是大明第一酷刑。

[历史旅行指南·活在大明]

HUOZAI DAMING

公立校、私立校，通通都要三连考

⊙ 教育和科举

大明"公务员"也要考试，有考试就要有教育。咱大明朝教育搞得好，官学加私学相当于公立校和私立校相结合的教育体制——从中央到地方，国家层面有国家级的最高学府国子监，以下是"省立""市属""县级"的各级学校，此外又有"贵族学校""军事院校"和雨后春笋般的"私立大学"……但不管怎么说，要做官，先要通过三级考试——

▫ 国家大力发展，民间也不落后

教育是百年大计，在任何时代，任何有点知识的人都不会不重视。那咱现在就再来假设您穿越到了大明，身份只是普通人，您肯定想知道：您的孩子会接受什么样的教育呢？

别担心，咱大明朝从明太祖朱元璋开始就特关心下一代的成长，国家花了大力气来发展教育，办有各级各类的教育机构，您的孩子一定会茁壮成长……

什么？您的孩子还小，想先进幼儿园？抱歉，咱大明朝没幼儿园，学前教育您还是自己来抓吧。而且您如果是个富豪，还可以聘个家庭教师，在家里先对孩子进行启蒙教育。

什么？您没那么多钱？没关系，那您孩子可以上私塾，是得交点儿费用，但还不算多。或者您也可以选择"社学"。对，就是在咱明太祖倡导下各地方都有开设的"官民共建"学校。那里的老师都是国家开工资，您孩子只要负担自己的生活费就够了，这样不是就节省多了？当然啦，如果您实在是穷困，国家也不勉强——咱大明有"受教育自由"，孩子受不受教育随便您。

不过嘛，看您是个明白人，肯定重视孩子的教育，和几百年之后的那些家长们一样。这样吧，咱就接着跟您说说——无论您孩子是在家接受启蒙教育、读私塾还是上"社学"，只要他有了点文化基础，就可以申请入读府学、州学或者县学，看您方便。

府、州、县学可都是公立学校，学制六至十年，教师吃的是国家饭，教学水平没的说。这还不算，您孩子如果考中了"增广生员"，您家里就可以减免他本人及二丁差役，也就是有三个人不用出国家的徭役。如果考中了"廪膳生员"，国家还给您孩子发放补助钱粮。这样的好事去哪儿找？

对了，就算您孩子之前没受过教育，也可以进府、州、县学做个"附学生员"，相当于读预备班，以后再慢慢考取"增广生员"和"廪膳生员"嘛。

您可能要问了，怎么都是"生员"？对，府、州、县学的学生就叫生员，也就是咱常常说的秀才。等您孩子在府、州、县学学有所成，进入咱大明最高学府国子监学习，您孩子就不叫生员，而叫监生了。

国子监，那绝对是咱大明朝的"名牌大学"。您孩子要想参加科举考中咱大明国家"公务员"，国子监绝对是您明智的选择。想进入国子监，您孩子主要有两种途径：一个是他之前参加科举考试没成功，落第之后就可以以举人的身份到国子监学习，这时他叫举监；另一个是他从府、州、县学入国子监，这时他叫贡监，贡监又有岁贡（每年按名额保送）、选贡（凭成绩考取）、恩贡（有吉庆活动，如皇帝登基、大婚时增加名额保送）和纳贡（高额自费生）的区别。

当然啦，看您也不像个官儿，更没为咱大明朝作过什么突出贡献，所以官荫监、恩荫监什么的跟您也没关系。而且您不是说您没什么钱吗？那么估计纳贡监生您也不必想了。您还是让您的孩子努力学习吧……

《观榜图》（局部）·明·仇英

⊙中国台北故宫博物院藏。明代科举考试共分三级，初级为院试，及格者称生员，亦称秀才。二级为乡试，中者为举人，榜首称解元。最高一级为会试，举人均可参加，中者称贡士，榜首称会元。贡士得以参加殿试，成绩最高者为状元，次名为榜眼，三名为探花。此作画观榜人潮汹涌。细节处是，高中者兴奋登马而去；落榜者，则满脸沮丧，由人搀扶，颓然而返。

▣ 进入殿试，还得皇帝看顺眼

"十年寒窗苦"，您孩子终于学业有成，准备一展身手考取功名去当个"公务员"了。可是，他要怎么考呢？

他要去参加乡试，也叫秋闱。这场考试每三年一次，在仲秋八月举行，是省一级的考试，考场一般设在各布政使司所在地——那南北两京怎么办？南京和北京所辖地区的生员分别在应天府和顺天府参加考试。

参加乡试的当然有监生，也有生员（但只要最优秀的）。即使您孩子是"童生"（即出自社学或在家"自学成才"的读书人）也能参加考试，但那样他就要先参加一次资格考试，要成绩优异才行。

乡试有三场，分别在"大比之年"（即秋闱）的八月初九、八月十二、八月十五三日。三场考试结束，考官们阅卷，主考官评定甲乙，最后发榜，也就是发布成绩。如果您孩子榜上有名，那么恭喜您，他的身份已经变成举人，可以参加接下来的考试了。如果他竟然在榜首，那么更要恭喜您，因为他现在成了"解元"，即乡试第一名，咱现在叫省状元。

成为举人甚至解元后您孩子可不能放松，因为第二年的二月，春闱就要到了。春闱即为会试，也就是国家级考试，考场在礼部贡院。会试同样要考三场，分别在二月初九、二月十二、二月十五三日。这三场考完，同样又是考官阅卷，主考官评定甲乙，最后发榜。

恭喜恭喜，这次您孩子又是榜上有名！您一定欣喜若狂。"我儿子是进士啦！我儿子是进士啦！"您高声欢呼。

但您搞错了，这时候您儿子虽然离进士已经只有一步之遥，而且最终的进士身份也毫无悬念，但他还真不能叫进士。

那要叫什么呢？要叫贡士。想从贡士成为进士，还有最后一道，也是最重要的程序——殿试。

殿试当然就是到金殿上面见皇帝，由皇帝赐封贡士们进士出身。殿试时间是在春闱后，洪武十七年（1384）定为三月初一，后改三月十五，地点在奉天殿。殿试只考一场，而且只考一道"时务策"，即当场作一篇关于时务的作文，主考官就是咱大明皇帝本人。

殿试结束再公布成绩，称为传胪。这时候新科进士们已经被分为一、二、三甲，其中的一甲只有三人，也就是您常听说的状元、榜眼和探花那三位了。

您孩子名列几甲，有没有高中状元呢？您可能觉得，那就全靠他自己的本事了。其实不然——别的进士排名咱不敢说，这一甲前三名的排名有时候还真有点运气的成分，而且和主考官，也就是咱大明皇帝的心情有很大关系。

就说这永乐二十二年（1424）吧。这一年三月初一，明成祖朱棣担任殿试主考，读卷官（就是代替皇帝阅卷的官员们）评出的一甲三名依次是：孙曰恭、梁禋（yīn）、邢宽。

朱棣看到第一名的名字，心里很不高兴。"曰恭"，那不就是个"暴"

第二章 当个大明的官，既艰难又危险

67

字吗？难道朝臣们在讽刺我残暴？这还了得？他又接着看，看到第三名却高兴了。"邢宽"这个名字好，那是宽刑仁爱的意思嘛。

接着怎么样？朱棣大笔一挥，把邢宽改了第一名。孙曰恭呢？只好屈居第三，做个探花。

您可能说，这个好办，咱给孩子取个好名字就是了。再说咱孩子聪明，放现代考个清华北大的少年班都没问题呢。

咱还跟您说，太年轻更未必当状元。那是在洪武十八年（1385）殿试，读卷官最初评定的一甲第一名叫花纶。这花纶就因为年轻，咱太祖皇帝说啥也不让他当状元，把他压到第三名，还是探花。

唉，看来太早当上"学霸"也不见得是好事啊。

▣ 什么人上什么学

现在您孩子算是功成名就成为进士，很快就可以加入咱大明官员的行列了。但是您也得关心咱大明其他孩子受教育的情况，不是吗？

咱先给您说说咱大明朝皇家的孩子。人家老朱家的孩子那叫龙子龙孙，接受最好的教育肯定是当之无愧吧。所以嘛，咱大明朝除了有詹事府专门负责皇太子的教育，还设立宗学。

宗学，就是皇帝本家子弟读书的学校，堪称"贵族学校"。咱明太祖朱元璋最早在皇宫里就搞了个"大本堂"，聘请名儒教导自己的儿子们。而早在宗学设立之前，那些亲王、郡王也在王府里设置"教授"及"伴读"，专门教育他们的孩子。到了嘉靖四十四年（1565），宗学正式成立，招收十岁以上的宗室子弟入学。这些贵族少爷们可不是单单"混文凭"，他们还要通过考试——第一期学习五年考试合格，才给他们本身承袭爵位的三分之一俸禄；第二期再学习五年考试合格，这才算他们"结业"，才发给全部的俸禄。宗学考试和俸禄挂钩，也算是够严厉了吧。

除了宗学，大明还有专门的武学，算是"军事院校"。参加武学的都是军人子弟，也是十岁入学，学制为十年。他们除了要学习文化课，还要训练军事。但他们的军事训练实在是并不多，只是每月初二、十六两日到城外去跑跑马、射射箭了事，可见这样的"军事院校"其实只是给军人子弟一个学文化的机会——他们学了十年要是还学不成，就只好再回军营，该当"大头兵"的当"大头兵"，该当军官的当军官。

咱大明朝最了不起的学校还要数书院，那可是大学级别的。书院专门搞研究、做学问，很多是从大宋朝继承来的，像成化元年（1465）重修的白鹿洞书院，成化十二年（1476）重建的象山书院。当然咱大明人自己也搞书院，咱大明名儒王阳明就搞过龙岗书院，邹守益搞了个复古书院，更别提顾宪成、高攀龙修复出来的大名鼎鼎的东林书院……这么说吧，咱大明朝自成化年间以来，那书院可是像雨后春笋，全天下怕不是有几百间？

啥子？您问书院的学生可不可以考"公务员"？当然可以啦，而且有的书院还有名额呢。

对啦，别说咱普通人和贵族子弟啦，就是大内那些当差的，没错，就是太监内侍们都能接受教育——国家还给他们建了专门的学校，叫内书堂呢。

大明国子监的高价自费生——例监

大明最高学府国子监的学生监生，其中有一种叫作例监。例监是种什么"监"呢？其实就是自费生。这种自费生出现在景泰元年（1450），那时大明朝刚刚经历了土木堡之变，明英宗被瓦剌人俘虏，连京城都险些失陷，于谦发动京师保卫战才保住北京，保住了大明朝江山。

然而现在国家没钱了。怎么办呢？只好多方面想办法。国子监扩招，"纳粟纳马"换取监生身份就是其中一个，这种监生就叫例监。当时例监学费，生员要纳粟八百石，纳马二十匹。后来这个价格有所下降，粟只要五百石，马也只要十匹，甚至七匹也行了。不过，例监毕竟不是正途进入国子监，所以地位很低，被其他的监生看不起，也没什么发展。

69

世代干这行，命运大不同

——明朝兵制

咱明太祖怎么也称得上"马上皇帝"，岂能对军事不重视呢？所以咱大明朝兵强马壮，灭了大元，达到了巅峰。但凡事都不免由盛而衰、盈满则亏——咱大明朝后来是落魄啦，京城几次被围困，皇帝都被人抓去，到最后终于土崩瓦解，让大清夺了天下……这不都是没能保持军力强大的结果吗？唉，不说啦，还是先说说咱大明军人的命运吧——

▫ 有卫所有京营

要说咱大明军人，就要先说咱大明朝的兵制。咱大明太祖皇帝朱元璋是靠军队起家的，他当年率领的起义军，咱这么说吧，刚开始就是不折不扣的杂牌军——招募来的、收编来的、敌方投降的、普通老百姓……什么人都有。那时候起义军里面大大小小的带兵头领们的称号也都不一样——有的叫枢密，有的叫平章，有的叫元帅，有的叫总管，还有的叫万户，他们手下的兵将也有多有少，实在是"名不称实甚无谓"。

但咱明太祖那是什么人？他很快就大刀阔斧地对军队进行了整编。那还是至正二十四年（1364），朱元璋取消了手下各部原来的番号和将领们的称号，设立新的军队建制。首先他在身边设立了武德、龙骧、豹韬、飞熊、威武、广武、兴武、英武、鹰扬、骁骑、神武、雄武、凤翔、天策、振武、宣武、羽林共十七个亲军卫，每卫由指挥使率领，设指挥使司。又把原来的总管府改为千户所，设正副千户各一名。接下来他对军队的建制作出了详细规定——十人为一小旗，五十人为一总旗，百人为一百户，千人为一千户，五千人为一指挥。这样，咱大明以卫、所为军队主要建制的兵制就基本确定下来了。而大明军官的等级也有了序列，即基本战斗部队中有指挥、千户、百户等各级军官。

再后来，咱大明地盘越占越大，军队也越来越多，卫所制度又有了一些变化。如在洪武七年（1374），卫所人数重新确定：每卫五千六百人，辖五所。每千户所一千一百二十人，分为十个百户所。每百户所一百一十二人，有总旗二、小旗十。

比卫再大的军队建制咱在前面其实说过，就是都指挥使司，另外有行都指挥使司，以及保卫京城的留守司。这些都司、行都司、留守司统辖着不同数量的卫所，它们大约相当于现在的省军区和北京卫戍区，而统归中央的五军都督府管辖。到永乐年间，咱大明全国共有都司、行都司二十一个，留守司二个（南北两京各一），卫所四百九十三个，另有负责守御、屯田、屯牧的千户所三百九十三个，总兵力约二百八十万人……

怎么样？惊心吧？但咱大明朝后来不怎么打仗，卫所也就主要屯驻在地方，没事耕田、放牧，自己休养生息了。

> **← 铁索连环被火攻 →**
>
> 话说三国时期曹操水师铁索连环，被孙刘联盟以火攻破之。这战船锁到一起，如果风往自己这边吹，敌人用火攻必然大败我军。可历史上的惨痛教训，在咱大明朝还重演了两次。一次是朱元璋与陈友谅交手，陈友谅水军人多势众，远胜于朱元璋。不过这陈友谅下令将巨舰相连，最终被朱元璋用火攻击败，庞大的舰队全军覆没，陈友谅自己也被乱箭射死。另一次是造反的宁王朱宸濠以连锁的战船与王阳明的水军决战，结果被王阳明一把大火烧得浮尸满江，朱宸濠自己也被生擒。

第二章 当个大明的官，既艰难又危险

▫ 从世军到募兵

说了这么半天，咱大明朝要想国泰民安就得保持强大的军队和强盛的军事力量。但是，到哪儿找那么多人当兵打仗呢？没关系，咱太祖皇帝早都想好了——咱在前面不是说过吗，大明户籍中专门有一种军户，那就是世代从军的大明子民，他们就是世军。

世军从哪里来？根据咱太祖皇帝的考量，世军共有四种来源，那就是：从征、归附、谪发和垛集。

什么叫"从征"？就是从咱太祖皇帝起兵就跟随在他身边的老部下，还有早期投奔太祖皇帝的义军，像俞通海、冯国用、常遇春、缪大亨等人的军队。这部分人资格最老而且绝对属于忠诚骨干，所以他们也是世军中地位最高的一种。

"归附"地位就差了些，他们是后来归顺咱太祖皇帝的。

地位更差的是"谪发"，也就是"恩军"。为什么又叫"恩军"呢？因为这一部分军士来自罪犯。犯了罪不用坐牢杀头却可以戍边杀敌，弄不好还能戴罪立功，他们还不应该感激涕零，口呼"圣主隆恩"吗？当然啦，这部分兵源还可以随时补充，咱《大明律》里可是有不少条"充军律例"呢。

以上三种都是世军，但"垛集"就不完全算——"垛集"实际是征民为军，但属于一种固定的制度，即每三户为一垛，每垛中人丁最多的那家叫正户，要出一丁去当兵，而这家就可以免去一丁的徭役，另外两户叫贴户，负责给那个当兵的提供军费。正户当兵的死了，贴户就补上去。

神火飞鸦（模型）·明

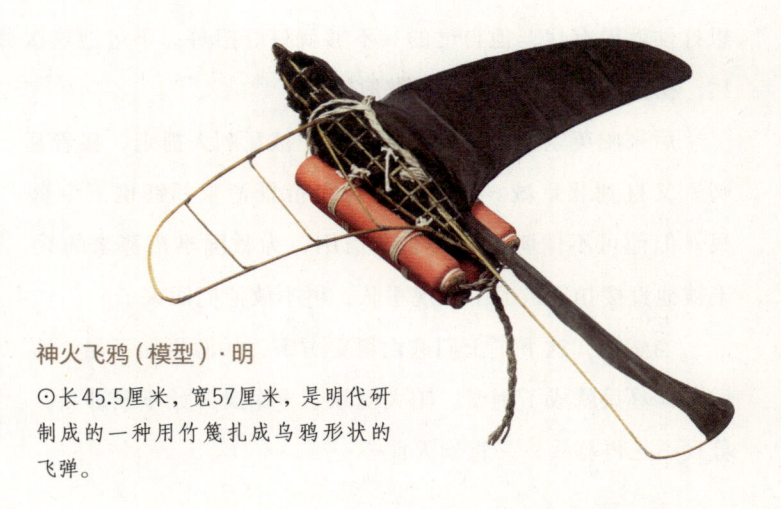

⊙长45.5厘米，宽57厘米，是明代研制成的一种用竹篾扎成乌鸦形状的飞弹。

　　"垛集"的户还是民户，所以不算世军，但他们家里必须有当兵的，所以也算。您说说他们到底算什么呢？这个咱不说，只说这些世军。他们苦啊，一代人当过兵以后世代都要当兵，家里一个成年男子死了、老了、病了，别的成年男子就要顶替上去，根本没得选择。那些地位高点的还行，地位低的，尤其是"恩军"，简直就是给别人做牛做马，怎么受得了呢？

　　那怎么办呢？他们只好逃。逃军虽然有罪，但总算有点生机出路，所以也就成了越来越多的世军的选择——就说正统三年（1438），这一年咱大明兵部统计了一下，全国竟然有一半左右的士兵逃亡，那可是一百二十多万人呐！他们都逃到哪里去了呢？咱大明要是有现代这么多监控摄像头，肯定会把他们一个个都抓回来！

　　然而逃兵毕竟不那么容易抓到，军队兵源又要有保障，毕竟咱还得打仗不是？现在只好募兵，也就是征集雇佣军了。

最早开始募兵的是明成祖朱棣。他要打下南京夺取皇位，想打仗就得有兵，他自己的兵不够就只好招募。不过他这次募的兵，在打败了建文帝之后就解散回家了。

后来咱英宗皇帝在土木堡之变中被瓦剌人抓走，接着瓦剌人又打到北京城。咱大明新任皇帝景帝朱祁钰也下令募兵。但他可不像明成祖那么守信用，为救国难招募来的兵士被他直接扣下，成了正规军队，再不放他们回家了。

当然啦，这下军士们逃亡得更厉害，兵源更加不足。再后来，募兵就成了制度。咱大明除了世军又开始不断募兵，募兵不足再募兵，一直到灭亡……

戚继光像

◘ 这些级别能接班

咱大明军兵有世袭的有招募的，那军官又从哪里来呢？答曰：军官都是世袭。

当然啦，咱这么说也不太确切——确切的说法是：咱大明中低级军官都是世袭，而高级军官要从中低级军官中选拔晋升，就是说也还是那批人，并没有别的来源。下面，咱就给您详细解释解释。

首先，咱大明的部分武职序列和品级可见下表：

部门 官职 品秩	五军都督府	两京留守司	都指挥使司	卫所	仪卫司
正一品	左右都督				
从一品	都督同知				
正二品	都督佥事	正留守	都指挥使		
从二品			都指挥同知		
正三品		副留守	都指挥佥事	指挥使	
从三品			指挥同知	指挥同知	
正四品				指挥佥事	
从四品					
正五品				正千户	仪卫正
从五品				副千户、卫镇抚	仪卫副
正六品				百户	典仗
从六品				所镇抚、试百户	

从上表您很容易看出来咱大明武官共有六等十二级,但其中并没有从四品的官职。那么咱大明有没有从四品武官呢?其实是有的,因为咱这个表格并没有列出宣慰使司、宣抚司、安抚司等部门,不过担任这些部门官员的都是"土官",也就是由边远少数民族地区当地的少数民族首领出任。

好啦,闲话少说,言归正传。那么在这些武官中哪些可以世袭呢?就是表格中红色字体的部分——这些官职叫世官,属中低级军官。那些未标红的则叫作流官,也就是要从世袭的中低级军官中"升授"。

最后要说明的是:咱大明军官还有一个来源是武举,不过那经过考试当上武官的实在不多,咱也就不详细介绍了。

鳌山卫后千户所百户印·明

⊙鳌山卫后千户所百户印,印铜铸,柄钮。印面7.1×7.1厘米,通高8.8厘米,为明代官印。明代官印多为椭圆柄钮,体长,下宽而上敛。鳌山卫为明洪武二十一年(1388)设立,治所在今山东省即墨市东鳌山卫。

戚家军是支"雇佣军"

抗倭名将戚继光,您一定听说过。戚继光可是咱大明的大功臣,他在东南沿海抗击倭寇立下赫赫功勋,又被调遣到北方镇守蓟州、昌平、保定三镇,威震边关数十年,使得北方的少数民族不敢进犯咱大明,那可真是国之柱石啊。

戚继光凭什么那么厉害?凭的就是他手下的戚家军。戚家军哪里来?那是他在浙江招募来的。当年他被调任到浙江一带镇守,见当地卫所的军队根本就不能打仗,于是他招募了三千金华、义乌的勇士并亲自训练他们,这才有了戚家军。这支戚家军跟着他南征北战,成了咱大明最勇武的军队之一。他们这些募兵不就是"雇佣军"吗?

专题

权属他们大，祸国最在行
——厂卫和阉宦

在大明朝，别管您是官儿还是百姓，有两种人您最好敬而远之，有两个地方您最好终生都不要去。您问咱说的是哪两种人、哪两个地方？告诉您，那就是东厂番役、锦衣卫，厂狱和诏狱。听了这几个词，看过各种描写咱大明的影视作品的您一定不会感到陌生，而且一定会感到背脊发凉。没错，这两种人、这两个地方太恐怖了。而在他们背后，还有更加恐怖、更加祸国的——阉宦……

作为锦衣卫，他们够狠

锦衣卫这三个字您一定再熟悉不过，您也一定知道那些被称为"锦衣卫"的多是些飞扬跋扈、残暴狠辣的家伙。但锦衣卫到底是些什么人呢？

"锦衣卫"这个词其实并不指人，而是指咱大明军队卫所中的一个卫，也就是一支军队建制。这锦衣卫最初设置于洪武十五年（1382），其前身是仪鸾司及更早的拱卫司。从它最初的基本职能看，它实际上是皇帝的仪仗队和亲军卫队——根据《明史》的说法，当皇帝出巡的时候，锦衣卫卫士们要负责准备卤簿仪仗，而在一些重要的祭奠仪式上他们则要侍卫在皇帝左右。他们穿的是飞鱼服，佩的是绣春刀，以使他们区别于别的亲军卫队。

然而咱太祖皇帝朱元璋扩大了他们的职权，让他们除了担负侍卫之责又兼"缉捕、刑狱之事"，而且还有治军的使命——抓捕盗贼，审问囚犯，以及各营卫比武较艺这样的事，他们都有权参与。由于责权重大，锦衣卫的首领级别不低，当洪武十五年初建时就是从三品，两年后又升为正三品；而且能统领锦衣卫的人身份也都不一般，通常都是勋臣、外戚，也就是皇帝能信得过或者和皇帝关系密切的人。

既然是这样一个机构，锦衣卫成为实权部门也就不令人意外了。何况锦衣卫担负的职责很特别，相当于皇帝的特务、耳目，所以它才能"势压群臣"，成为咱大明第一个恐怖衙门。锦衣卫下辖有两个部门，一个是经历司，一个是镇抚司。经历司是文职部门还没什么，但是镇抚司就不一样——它是办理诉讼案件的，下设有监狱。这监狱被称为锦衣狱，也叫诏狱。之后，锦衣卫下又增加了一个新的镇抚司。这时原镇抚司称南镇抚司，而新的镇抚司则称北镇抚司，专办诏狱。锦衣卫中最恐怖的就是这个地方。因为锦衣卫权力太大，被抓到诏狱的人往往受到酷刑虐待，以至于朱元璋到晚年时自己都觉得诏狱这个机构太过于暴虐，所以干脆废除了它。然而到了成祖皇帝朱棣的时候，诏狱竟然重新开张了，接着再到成化年间，北镇抚司更被授予独立办案的权力，直接向皇帝负责，就连它的顶头上司锦衣卫长官都不能干涉，更别说别的部门了。

现在咱可以说，成化以前，您理解的锦衣卫就是锦衣卫这个部门和它下面的镇抚司，成化以后其实指的已经是北镇抚司——它几乎等于从锦衣卫独立出来了。

锦衣卫士够狠，无论文武大臣还是草民布衣落在他们手里都难免遭遇酷刑折磨。不知您听没听说过咱大明嘉靖朝有位名臣杨爵，他就因为直言敢谏触怒了世

锦衣卫木印·明

⊙木质印信，印面边宽11.5厘米、印面厚1厘米、通高4厘米。木制的大印看上去普普通通，然而在明代，"锦衣卫"三字却足以令人闻风丧胆，这枚看似普通的木印正是这个让人谈之色变的权力机构的象征。

宗皇帝朱厚熜因而被关进诏狱，被打得"血肉狼藉""死一夕复苏"。而两位为了救他的大臣主事周天佐和御史浦鋐也先后死在狱中。

但锦衣卫士、诏狱这样可怕的人、可怕的地方也还不是咱大明朝最厉害的，因为此外还有个东厂……

作为东厂人，他们更狠

东厂是从咱成祖皇帝朱棣时代开始设置的，时间是永乐十八年（1420）。那时候朱棣已经坐稳了皇帝的宝座，但他还不放心呐，总怀疑有人会反对他。所以他就设了东厂这个机构，专门干些"缉访谋逆妖言大奸恶"的特别任务，也就是把东厂办成了特务机构。

东厂的头目是谁呢？是皇帝宠信的太监，称为提督，下属们都叫他"督主"。但他手下并没有专门办事的官员。在东厂里有两个主管官，一个是掌刑千户，一个是理刑百户，他们其实都来自锦衣卫，而他们的下属也从锦衣卫中挑选。他们手下都有些什么人呢？有掌班、领班、司房四十余名，有按照"子丑寅卯"十二地支分为十二伙，共百余名的档头——他们属于小头目，而在他们之下就是番役，即东厂中最恐怖的"秘密警察"了。

说番役们恐怖是因为他们无孔不入而又无恶不作，并且他们手握特权，平民百姓和普通官员根本惹不起他们。

这些番役怎么会有那么大的特权呢？原来，他们日常的任务主要就有两种：一种是监视内府——各内府衙门和北镇抚司有什么大案会审时，他们都会派人去监督并把情况汇报给皇帝，这种叫作"听记"；另一种叫"坐记"，就是专门到其他的官府衙门和城中各处去打探消息，再从其中找出有用的线索，把"对我大明及皇帝不利"的"奸恶之徒"抓住。正因为这样，北京城中每天发生的大小事情他们都能知道，大小文武官员和所有的百姓也都在他们的监视之下。您说这够不够可怕？

其实东厂的番役只有千余人，但整个京城的流氓地痞恶棍几乎都充当他们的耳目。这些家伙到处探听别人的隐私汇报给番役们，而番役则把这样得来的各种"情报"再报给档头，于是档头就根据"情报"的价值付钱给那些"线人"。他们花钱买来这些"情报"干什么？当然是为了敲诈勒索——他们只要登门到户，

"锦衣卫指挥使马顺"象牙牌·明

⊙马顺，明英宗年间担任锦衣卫指挥使，死于正统十四年（1449）的一次朝堂斗殴，是历史上第一个在朝堂上被文官大臣群殴致死的锦衣卫指挥使。

被揪住小辫子的倒霉蛋就得破财免灾，要是敢不给，立刻就大刑伺候。当然，他们这样做也让文武百官和老百姓们人人自危，谁也不敢乱说话，生怕一不小心被番役们知道，那可就大祸临头了。

咱就讲一件事，您就知道那些番役有多可怕了——那是"九千岁"魏忠贤当权的时候，曾经有四个人夜里在密室中喝酒。您注意：那是夜里，而且还在密室。喝着喝着有一个人大概是喝高了，竟骂起魏忠贤来。另外三个人都吓得不敢说话。那个醉鬼还没骂完，番役们就闯进密室把四个人都抓住，带到了魏忠贤府中。

结果怎么样？魏忠贤命令把胆敢辱骂自己的家伙直接肢解了，而赏钱给另外三个人以表示安慰。那三个人吓得魂飞魄散，连动都动不了了⋯⋯

厂卫背后是阉宦，文武群臣怕廷杖

东厂、西厂、内行厂和锦衣卫的确是咱大明恐怖的特务机构，合称"厂卫"。说起厂卫头目或幕后主使，魏忠贤您一定知道，那是咱大明朝有名的阉宦，也是个大大的奸臣。刘瑾当然也是奸臣，同时是个阉宦。此外，有名的还有汪直和谷大用等。

祸国殃民的宦官，历朝历代差不多都有，咱大明也不例外。何况像东厂、西厂和内行厂这样的特务机构，从一建立就是为了监视臣民、防止谋逆和叛乱，皇帝任用的当然是自己身边信得过的人，也就是宦官。更何况就算锦衣卫不是由太监统领，但咱大明朝阉宦当权的时候实在不少，锦衣卫的长官也就难免是权宦的亲党——石文义不就是一个例子吗？所以说，无论是锦衣卫还是东西厂、内行厂，它们的背后往往都有个更邪恶的身影，那就是阉宦——他们才是真正的罪魁祸首。

说到阉宦祸国，咱就再说说东厂的事。咱大明最后一个皇帝朱由检号称英明之君，刚一继位就干掉了大奸臣魏忠贤。但东厂呢？还是继续由一班阉宦把持着，先后任提督的有王体乾、王永祚、郑之惠、李承芳、曹化淳等人，而东厂那些番役们还是继续着他们敲诈勒索、欺压良善的恶行。有大臣向咱们的崇祯皇帝建议应该稍稍限制东厂的权力。崇祯皇帝倒是"从谏如流"，告诫了东厂一番，让他们只去侦办"谋逆乱伦"的案子，其他案件交给司法部门来处理。但结果如何呢？咱《明史》上只说了一句话："然帝倚厂卫益甚，至国亡乃已。"

看来那结果不大理想——就连朱由检这样一个"英明"皇帝都接受不了臣下正确的意见而取缔厂卫，又何况他那些并不见得"英明"的祖辈以及亲自设立了厂卫并给予他们特权的洪武、永乐、成化、正德那几个皇帝呢？

所以咱现在小点声说：真正的罪魁祸首是谁，你懂的。

说到这儿咱还不得不提一件事，那就是廷杖——这东西简直是咱大明朝官员们的噩梦。廷杖就是把犯了错或者让皇帝不爽的大臣们一个个拖到殿下，单独或者集体打屁股。您想一下，身为朝廷命官，光天化日之下被当众打屁股岂非一种羞辱？而因此送了性命的又有多少呢？咱在这篇最后就举几个例子：

成化十五年（1479），有御史李俊、王濬（xùn）等五十六人被集体打屁股，每人打二十下。

正德十四年（1519），有舒芬、黄巩等一百四十六人被集体打屁股，打死十一人。

嘉靖三年（1524），有丰熙等一百三十四人被集体打屁股，打死十六人……

第三章 经贸一度繁荣，生活也曾美好

有人说汉唐很强大，有人说两宋很富庶，但咱大明差在哪里？咱大明明明也很繁荣嘛。那时候，咱大明有世界最庞大的船队，有最先进的航海技术。咱大明号称『天朝上国』，『四海蛮夷、番邦小国』哪个不称臣纳贡？那时候，咱有世界上最精美的手工艺品，有繁华的市场，有发达的工商业，白银还成了咱的硬通货。而且咱还可以非常负责任地告诉您：咱大明政府实在是对咱老百姓不错……但……但为啥大明亡了呢？唉，那毕竟是『一度』『曾经』嘛。

[历史旅行指南·活在大明]

不搞对外贸易那一套，咱玩儿的是朝贡

——⊙ 朝贡制度

"天朝上国"这个词听过吧？懂不懂？啥叫"天朝"？当时的统治者认为，咱中国最强大，无论哪方面，周边国家都没得比，咱就是"天朝"。啥叫"上国"？咱都"天朝"了，周边国家就是咱的藩属附庸，咱当然就是"上国"，它们只有俯首称臣的份儿。既然咱是"天朝上国"，富有万物，对外贸易那一套当然不能搞，咱要玩儿，就玩儿个有尊有卑的朝贡……

▣ 想朝贡，先称臣

说好的玩儿朝贡，"朝"就是朝觐，"贡"就是进贡，而且当然是那些"四海蛮夷、番邦小国"到咱"天朝上国"来朝贡。所以别管是东南西北、是蛮荒之地还是大漠海外吧，也别管它国家大小，来朝贡只有一个条件：那就是你"四海蛮夷、番邦小国"要先向咱大明称臣，先表示尊奉咱大明朝为天朝上国，效忠咱大明天子，就一切都好办。

那么话说，有多少"四海蛮夷、番邦小国"愿意这么干呢？还真不少。咱太祖皇帝在写《皇明祖训》时就列出"不征诸夷国"十五个——朝鲜、日本、大琉球、小琉球、安南、真腊、暹罗、占城、苏门答剌、西洋、爪哇、湓（pén）

亨、白花、三弗齐和渤泥。它们是咱大明朝的藩属。此外，那些比它们或者远得多或者根本不起眼的就更多——仅仅在咱《明史·外国传》中就记载了政权和地区近百个，另有《明史·西域传》中记载的域外政权和地区约五十个。在咱大明"天朝上国"之外当时有这么多小国，而这些国家中很多都是咱的藩属，要时常前来朝贡呢。

但是咱在这里还要插几句"题外话"：什么叫"不征诸夷国"？就是咱大明不会主动去征讨的政权。您要知道，对咱大明来说，一统天下固然很重要，但并不是要把天下所有的土地全都占领。因为在咱太祖皇帝看来，这些小国"得其地不足以供给，得其民不足以使令"。

咱"天朝上国"正因如此，才要玩儿朝贡。所以咱大明规定各"四海蛮夷、番邦小国"要定期朝贡——路途遥远的可以三五年来一次，路途较近的就要一年来一次。而且每次来还要严守规矩，像在哪里落脚登岸，一路怎么走，到了京城该怎么办，以及整个使团有哪些人、带多少贡品和使用多少交通工具，都要照规矩办，不能出一点差错。

咱就举个例子吧，日本国朝贡的使团，照大明初期的规定是"独限其期为十年，人数为二百，舟为二艘"，就是单独规定了他们十年来一次，每次准许人数二百人，乘坐两艘船。而且他们要在设置有市舶司的宁波登陆，还要递交表文和一种由咱大明事先颁发给他们的勘合作为通行证。

那么其他政权呢？当时规定琉球国是在泉州登陆，而占城、暹罗等"西洋国家"是在广州登陆。另外，咱大明在浙江、福建、广东等地也分别设置了驿站来接待安置这些朝贡使团，三处的驿站分别称"安远""来远""怀远"。

▫ 洋货可居，还能发工资

朝贡要"朝"，也就是觐见咱大明皇帝，同时也要"贡"，就是进贡给咱大明朝。这对咱大明来说当然是既有面子又有实惠的事。

咱先来简单说说"朝"。这觐见皇帝可是件既隆重又麻烦的大事。人家远来是客，咱们咋也得尽地主之谊不是？所以无论哪国使团一到京城，就要先入住会同馆，然后先是应天府同知来设宴款待，接着第二天礼部侍郎又来设宴款

《职贡图卷》（局部）·明·仇英

⊙北京故宫博物院藏。绢本设色，纵29.8厘米，横580.2厘米。作品描绘边疆少数民族进京朝贡的情景。沿途山峰连绵起伏，白云缭绕，山路崎岖，林木掩映，飞瀑流泉。数路朝贡人马身着奇异的各族服装，扛着大旗，牵着骏马、骆驼，抬着宝物徐徐行进。画面人物众多，场面宏大，构图繁而不乱，井井有条。

待，大概算是接风洗尘。款待结束，第三天开始使臣们要"习仪"，就是学习觐见皇帝的礼仪。这么一学可就是三天，三天后皇帝才会择日接见。

这觐见皇帝的礼仪，使者见皇帝要行八拜礼。但这还不算，还得见皇太子，行四拜礼，进献方物后，还要再四拜。此外见丞相、都督、御史大夫，都要行礼。

除了这觐见礼仪，还有赐宴的规矩：像什么座次啦，行几次酒，上几次菜啦，中间如何奏乐啦，全都规定得很细致，但咱就不细说了。

现在咱来说说重点——进贡。进贡的"方物"，即当地的特产，像什么珠宝啦、象牙啦、犀角啦、玳瑁啦，等等，让咱大明的皇帝大臣们都很开心。

珍珠玛瑙、象牙珠宝这些奢侈品咱先不说——它们毕竟很稀罕，数量往往也不多。人家进贡的"方物"有些还真就是土特产，而且数量巨大。例如在永乐二十年（1422），暹罗国一次就进贡了胡椒一万斤、苏木十万斤，而且这还不是仅此一次，也不是独此一国。它自己先后进贡不说，此外还有真腊、满剌加、爪哇等国，也都先后进贡胡椒和苏木。

这么多调味料和中药，咱大明皇帝自己也消受不了啊。怎么办呢？大明皇帝有办法，用这些东西给大臣们发工资——

咱大明有"折俸"制度。"折俸"可以是钱钞、布匹，也可以是胡椒、苏木嘛。于是在永乐年间，咱大明京官的俸禄有段时间就"春夏折钞，秋冬则苏木、胡椒，五品以上折支十之七，以下则十之六，其十之三若四，米也"。就是说，每到秋冬季节，官员俸禄的百分之六十或七十要用胡椒和苏木来发放，剩下的才发给"本俸"，也就是米。

胡椒和苏木除了用来发工资还能用来奖赏大臣，其他藩属国进贡的"方物"也是一样。而且贡品多了，国家还会拿出去官卖，就是卖给老百姓，这样也能创收呢……

▫ "厚往薄来"不是好买卖

您可能在想：咱大明这朝贡贸易真不错，只要请使团吃几顿饭就能收获各种贡品，肯定是稳赚不赔的买卖。咱得跟您说，那您可就真是太天真啦。怎么？您难道没听说过"礼尚往来""来而不往非礼也"？咱大明乃礼仪之邦，怎么能做"非礼"的事呢？不但不能做，而且还要大大地"讲礼"，给朝贡使团大大的"礼遇"！

您问咋个"讲礼""礼遇"？当然是大大的赏赐。咱要让他们切莫觉得咱"天朝上国"贪图他们那点小便宜，要让他们看到咱"天朝上国"的慷慨大度，就要做到"厚往薄来"，也就是"四海蛮夷、番邦小国"可以"千里送鹅毛"，但咱大明一定要给他们丰厚的回报，让他们时时感恩、岁岁来朝。

您问这话谁说的？当然是咱太祖皇帝朱元璋啦。那还是在洪武五年（1372），西洋有个小国琐里派使臣来南京朝贡。咱太祖皇帝说了："西洋诸国素称远蕃，涉海而来，难计岁月。其朝贡无论疏数，厚往薄来可也。"意思就是人家大老远来了，别管进贡多少，咱只管厚厚赏赐就好了。结果怎么样呢？琐里国只是送来了自己的《土地山川图》，咱大明就赏了人家国王"金织文绮、纱罗各四匹"，就连对使者也是"赐币帛有差"，照等级给人家不同数额的钱钞和布帛。

瞧，咱大明关于朝贡贸易的国策不就这样确定下来了吗？太祖皇帝之后的帝王们，岂能不照此原则办理？

那么这么做的结果又是什么呢？那就是"四海蛮夷、番邦小国"更愿意来朝贡了。原因很简单，他们"虽云修贡，实则慕利"，嘴上说着来朝贡，瞻仰咱"天朝上国"的风度，尊奉咱为"天道"，但实际只是为了贪图好处。

这样的"厚往薄来"的确不是好买卖。虽然有咱太祖皇帝的"祖训"，但后世咱大明还是精明起来，渐渐不肯给使团们赏赐太多，也不肯出高价收购他们的"方物"了，直到隆庆年间海禁取消，朝贡才算走到了尽头……

贡品不仅有珍宝特产，还有"神兽"

咱大明搞朝贡收获不小，不单有异域海外的奇珍异宝，还有神话传说中的东西呢。例如您可能也听说过，咱大明永乐十三年（1415）就有麻林国使团进献过麒麟、天马和神鹿。麒麟，那可是神话传说中才有的神兽，几千年来谁见过？天马也了不起，同样是异兽。汉武帝当年把从乌孙国和大宛国夺来的马先后命名为天马，其实不过是臆想。就算是神鹿，至少也还有点神奇，肯定是大家都没见过的东西嘛。但这麻林国进献的真是麒麟、天马和神鹿吗？

其实，这麻林国大约位于今天东非国家肯尼亚的马林迪，那里当然不会有什么神兽啦。麒麟其实很可能就是长颈鹿，而天马和神鹿则可能是斑马及非洲独角羚。

从"国营"到"民营",
制瓷纺织都很厉害

—— 明朝手工业

大明出现了资本萌芽咱知道,但大明也分"国营"和"民营"?这咱还第一回听说。其实大明前期主要是"国营当道",垄断了社会几乎所有主要的产业,到后期"民营"才发展起来,形成最初的资本主义萌芽和商品经济发展大好的形势。

▢ 瓷都和"国营纺织厂"

您肯定知道,咱中国作为"瓷国""丝绸国",那烧制陶瓷和纺织丝绸的技术绝对没的说。咱大明朝在瓷器和丝绸生产这两个领域称得上冠绝天下、举世无双。现在,咱就从景德镇的瓷器和南北两京、苏杭二州的丝绸来说起——

咱大明朝在开国不久就开设了"国营企业"来生产瓷器,而且其规模还不断扩大。这"国营企业"当然就在景德镇,当时被称为官窑。咱大明为啥要建景德镇官窑来产瓷器?因为国家有需求嘛——咱大明最尊贵的"朱家人"自己总得用吧?立功得宠的大臣、远来朝贡的外藩使臣也得赏赐吧?再有剩下的,贩卖到海外还能赚点"外汇"不是?有了这么多实际的需求,景德镇官窑怎么会不应运而生呢?

应运而生的景德镇官窑从洪武末年开始兴建,最初只有窑二十座,到宣德年间已经有窑五十八座，这些窑被称为"御窑"。那么在这些"御窑"工作的共有多少人呢？当时的"景德镇国营陶瓷厂"下设有大碗作、碟作、盘作、印作、钟作……写字作、画作、匣作、泥水作、色作等二十三作，也就是分为二十多道车间工序，共有匠人四百余人，再加上各类办公、财务、后勤和安保人员，总计怎么也有五百人左右。这还不算，因为咱上面说的只是匠人，此外还有编役、雇夫和雇役上千人，算起来总共一千五百多人。

这有一千五百多人的"大企业"每年能烧制出多少件瓷器呢？在景德镇官窑最兴旺红火的宣德年间，它的年产量大概得以十万计。咱就说宣德八年（1433），这一年景德镇官窑就出产了四十四万三千五百件瓷器。

除了瓷器，咱大明朝搞纺织的主要也是"国营企业"。在南北两京，咱有内、外织染局；在苏杭等地，咱也有官办的织造局，它们都是"国营纺织厂"。

设在南北两京的"大明国家纺织厂"以南京的规模为大，最初有织机三百张，"职工"三千多人，北京的规模要小一些，却也有"职工"七百多人。此外，南京还有神帛堂和留京供应机房。而各地的织造局规模也都不小，像苏州"国营纺织厂"就有织机一百七十三张，仅工匠就有六百六十七人，而有的地方"国营纺织厂"甚至有"职工"近万人。

这些"国家"及"国营"纺织厂的生产能力怎么样呢？当然也都不弱——它们一年能产出布料四万多匹……这仅仅是缎，其他的绫、罗、绸、绢等还没计算在内呢。

◘ 私营渐渐兴起

咱大明朝光是瓷器、丝绸这两个行业的"国营企业"就如此实力雄厚，刚刚开创就已经有这么大的规模，想来它们必定是蓬勃发展、蒸蒸日上，更给咱大明朝GDP做出了巨大贡献吧？其实不然——

咱还是从瓷器开始说——虽然咱大明景德镇官窑资金雄厚、技术先进，而且在不同时期出过众多的瓷器精品，像宣德窑的祭红瓷和青花瓷，像成化窑、万历窑的五彩瓷，但它毕竟先天不足、管理不善，也就导致后天无力、人才流失，最后不免难以为继，终于走向衰败……

青花缠枝莲纹葫芦瓶·明嘉靖

⊙明嘉靖（1522—1566）时期，明朝对外贸易扩展，瓷器作为主要外销产品大量外销于国外市场，从而促进了瓷器品种和花样的创新，在原有基础上发展出多种式样，如四方、六方、八方、上圆下方或多棱、带盖等，纹饰多具有道教色彩，如云鹤、八仙、八卦、缠枝莲、松竹梅、福禄寿等。

第三章　经贸一度繁荣，生活也曾美好

事实情况正是如此：尽管咱大明造瓷器手艺高超，在永乐朝就能烧制出极薄的脱胎素白瓷器，还有锥拱形的压手杯，后来更有瓷器发展史上的巅峰之作青花瓷，但咱大明皇帝让宦官来管理官窑。这些太监们当督陶官，怎么会不贪虐残暴、中饱私囊、胡搞一气？例如咱宣德皇帝时的督陶官张善就是个太监，《明宣宗实录》说他"贪黩酷虐，下人不堪，所造御用器多以分馈其同列"，也就是他不仅贪污残暴，虐待工匠，还犯了一条大罪——他竟敢把皇帝御用的瓷器分给别的宦官。这还了得？这个张善最终得了个"斩于都市，枭首以殉"的下场。

但就是这样，后来的中官（即太监）照样贪虐，而朝廷换了其他部门官员或地方官来督陶，仍禁绝不了贪污。再加上"国营陶瓷厂"的"职工"，也就是那些坐匠、轮班匠们不断逃役，到后来官窑简直都无工可用，还谈什么造瓷器？根本满足不了皇家需求嘛。没办法，咱大明只好开始搞"官搭民烧"。什么意思呢？就是让民窑来烧制御用瓷器。

说到这儿咱就不得不说说景德镇的民窑了。其实既然有专供御用的官窑，当然就有提供民用的民窑。实际上，咱大明民窑比官窑多得多——到明朝中期的时候，仅仅在景德镇就有民窑九百多座，不知比官窑多了多少倍。当然啦，这些民窑可不像官窑那样有国家做靠山，但人家技术也不差，因为毕竟自由竞争嘛。所以呢，咱大明"国营陶瓷厂"就把来自皇家的订单外包给民窑，于是就有了"官搭民烧"。

纺织业的情况也一样。南北两京的"国家纺织厂"和地方的"国营纺织厂"在内官太监的管理下那是"蒸蒸日下"，规模越来越小，生产能力也越来越差……

本来嘛，南北两京的内外织染局和各地织造局也都"高手如云"，多的是能工巧匠。人家织出来的绸缎那叫"织金妆花之丽，五彩闪色之华"。这么好的料子做什么用？当然是缝制龙袍。所以咱大明皇帝的衣服"一袍费至百余金，一匹价可十余两"，绝对叫高档货。然而后来呢，也是到咱大明朝的中期以后，皇家年度的绫罗绸缎织造项目也要外包，大半都给了苏州、杭州、常州、徽州、扬州等地的"民营"纺织厂，也就是机户。

机户是啥？其实机户就是纺织工匠，属于匠户的一种。不过机户也可以指纺织工匠里的"个体户""单干户"，而且人家不光傻干活还会"技术革新"，因此能够创造更多的利润，扩大经营规模，也就出现了咱前面说的"资本主义萌芽"……

▣ 再好也只是萌芽

俗话说"有苗不愁长"，民间有了"资本主义萌芽"，为啥后来没"开花结果"？那实在是被明朝官府给害的，因为官府对民营商业不断加征商税，垄断盐、茶等商品的经营，且长期实行海禁，闭关锁国。

以"官搭民烧"为例，这本来只是"项目外包"，如果安排得公平合理，民窑当然就有利可图，而且会是个"双赢"的局面，也有利于资本的发展。但实际上呢，首先在定价上官窑就盘剥、压榨民窑。例如一个鱼缸，官窑估价白银五十五两，却只给民窑白银二十两，自己一下子就赚了接近两倍，那民窑还能有多少利润呢？而另一方面，官窑在原材料供应

青花人物故事图梅瓶·明空白期

⊙此梅瓶呈小口、圆唇、短束颈，近足部略外撇。造型敦实，釉色大多白中闪青，光亮透明。由上至下共有四层纹饰，颈部包口，肩部饰海马瑞兽纹，海水波涛翻滚，极具动感。器身之上绘山水人物故事纹，人物活动在云雾幻境之中。所画云层迷漫天际，或从地上涌起，缭绕其间，造成一种亦仙亦幻的气氛，颇为难得。

的方面也欺压民窑，以次充好，把低档原料给接皇家订单的民窑，却收取高档原料的价格，更进一步限制了民窑的发展。

那么咱不接皇家订单不行吗？答案是不行。因为这是直接摊派给民窑的，您不接也得接。

和陶瓷业一样，咱大明从中期开始在纺织业也搞起了"领织"，就是由那些"殷实机户"，即有点资本的纺织"个体户"来承接订单，为皇家织造布匹和绸缎。这本来是好事。当时有些机户搞纺织已经很成功，早已超越"个体户"，达到了"民企"的规模，像成化末年杭州有个机户叫张毅庵从一台织机干起，很快就发展到拥有二十多台

素三彩缠枝莲纹长方水仙盆·明正德

⊙大英博物馆藏，北京故宫博物院亦有同类藏品。明代宫廷御用瓷器，高7.9厘米，长24.3厘米。盆呈长方体，四面略斜收，下承以六足。盆外壁施紫色釉，绿彩绘制缠枝莲纹。外壁一侧近口沿处长方框内书"正德年制"四字楷书款。此器造型别致，构图简练生动，色调清新明快，色彩搭配协调，给人以古朴雅致之感。

织机的规模，实现了发家致富。既然有那么多织机，当然也就有雇工，所以人家也算"民营企业家"了。

拖后腿的同样是咱大明政府。为什么呢？因为人家要"增造坐派"，就是在原计划的订单基础上不断加码。增加订单不是好事吗？乍听好像是。但是，机户还是这些机户，活儿却根本干不完，而咱大明朝廷又不断地催逼——"各处所欠旧派，仍严行勒限催解，毋许稽延"，就是新加派的也得干，原来欠的还要继续追，一点都不许耽误。这让机户们怎么过？最后他们只好"家家闭户割机""相率改业"，干脆不干了。

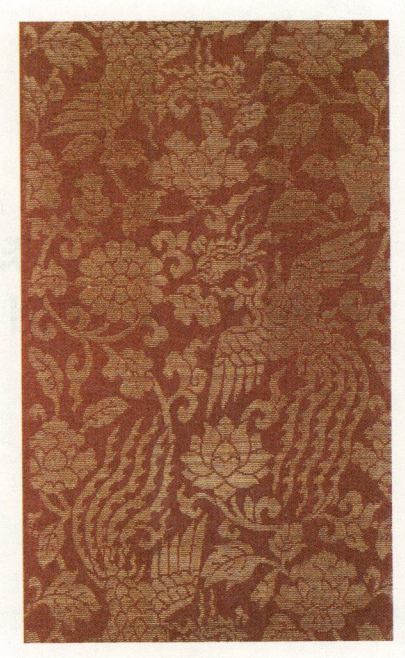

红地凤穿花纹织金罗·明

炼钢铁，造兵器，枪炮都很先进

咱大明朝冶炼钢铁除了为了制造像农具、工匠用的工具等生产工具，主要还是为了造武器。那时候咱造的主要是刀剑箭矢之类，但此外也有枪炮——

像咱前面提过的神机营，就要用神机枪炮。这些枪炮是用生熟赤铜或铁所造，技术来自交趾（今越南）。后来咱大明又造佛郎机炮，也是外国传来的技术。这种炮"巨腹长颈，腹有修孔，以子铳五枚，贮药置腹中，发及百余丈，最利水战"。此外像咱大明末期著名的红夷大炮，长有两丈多，重达三千斤。

咱大明其他枪炮名目还多得很，像什么襄阳炮、盏口炮、流星炮、龙虎炮、毒火飞炮、三出连珠炮、百出先锋炮、手把铜铁铳、神铳、斩马铳、快枪……不一而足。

第三章 经贸一度繁荣，生活也曾美好

93

[历史旅行指南·活在大明]

HUOZAI DAMING

全力抓牢"米袋子"，两京商业规划好

—— 明朝商业

对外咱大明皇帝要"一把抓"，对国内的商品经济也一样。什么盐、茶、粮、铁不用说，就连其他商品行业也都在咱大明王朝的统一管理之内。怎么管？给您讲几项咱太祖皇帝设立的制度您就明白了。当然啦，这些制度有的被咱大明朝坚持得很好，有的也发生了变化。因为经济，毕竟有自己的规律嘛……

▫ 开中法和纳茶中马制

咱大明皇帝，不，应该说历朝历代的大多数皇帝都意识到，有这么几件事物关系到国计民生，国家不能放手不管，一定要牢牢控制住。都是什么事物呢？首先是粮食——"民以食为天"嘛，还有布匹、食盐、钢铁。"开中法"与"纳茶中马制"就和这几件事物中的两项息息相关，也即粮食和食盐。

那么什么是开中法呢？其实开中法就是一种给军队补给粮食的办法。咱大明朝开国之初，主要面临的威胁是北方的蒙古人。要防备不被蒙古人侵扰就要搞好北方的边防。搞边防靠军队，军队要吃饭。本来军队也可以屯田，但边防军屯田种的粮食不够吃。怎么办呢？就要靠后方供应。但是从全国各地调运粮食运费就不少，国家没钱负担呀，于是开中法就应运而生了。

开中法具体是怎么回事，如何运行呢？是这样：咱大明鼓励商人向边防驻地的军队粮仓送粮。商人送了粮，粮仓就给商人发放一种"盐引"，商人可以凭"盐引"到产盐区去领盐再卖给老百姓。要知道，盐虽然是灶户制造出来的，但必须上交咱大明政府。咱大明政府把盐的专卖权给指定的商人，这些人不就有利可图了吗？

所以嘛，开中法从洪武三年（1370）被提出，洪武四年在全国推广，虽然最初的几年因为定价太高（就是送的粮食多但给的盐少）执行得不大顺利，但很快朱元璋就"从善如流"，命令中书省商议降低盐价——这样，开中法终于在洪武十一年（1378）得以正式实施并成为定制。这样一种办法保障了军粮的供应，同时也成就了一批大盐商。

至于纳茶中马制，则是为了给军队提供战马，简单地说就是四个字："以茶易马"。这也是没有办法的办法——咱大明朝中原地区不产好马呀。要买好马，就得去找少数民族。当时蒙古人倒是有好马，但人家哪肯卖给咱们？咱只好另打主意——

那还是在咱大明朝刚开国的洪武年间，经过咱太祖皇帝朱元璋批准，咱大明在秦州（今甘肃省天水市秦州区）、洮州（今甘肃省临潭县）、河州（今甘肃省临夏市）、雅州（今四川省雅安市）四地开设了茶马司。这些茶马司负责用咱大明朝所产的茶叶与当时的藏族部落交换马匹，作为咱大明军队的战马。

但是光靠藏族部落的马显然还不够，所以到了永乐年间，咱大明朝又在开原（今辽宁省铁岭市开原市）、广宁（今辽宁省锦州市北镇市）两地开设马市，用布帛跟女真人交换马匹。这种虽然不叫"纳茶中马"，但也可以叫"纳布中马"吧。

如此一来，就繁荣了历史上著名的"茶马古道"，这条古道同时也是一条文化交流的走廊。

◘ 南京：买卖娱乐有专区

咱太祖皇帝为军队的粮食、战马供给操碎了心，而他为咱大明首都的商业规划和发展也没少费力。您想了解咱大明第一首都南京的商业状况吗？您

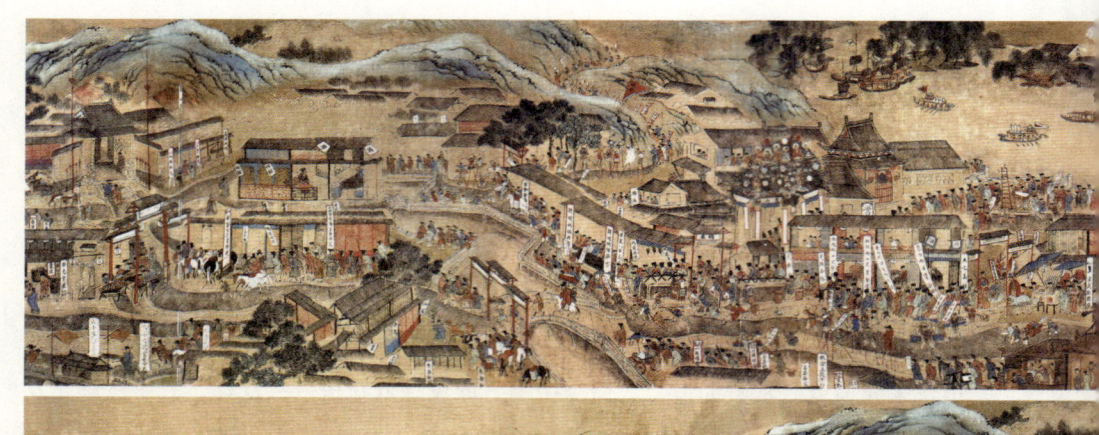

想到南京购物消费娱乐吗？请跟咱来逛一逛明初南京的"手工业园"和"商业街"——

首先说，咱太祖皇帝啥事都喜欢讲规划，对咱首都的工商业要求也是一样。具体来讲，就是根据朱元璋的规定，咱首都南京的工匠商户必须分门别类，各自在指定的区域开设门面店铺，即所谓"百工货物买卖各有区肆"，这就叫铺户当行制。

有了这条线索，咱的南京之旅就变得很简单。怎么呢？想找什么就去哪类地方——"好，那俺先要去打两把戒刀，一根禅杖。"听咱这一说，您也不知为啥竟说出这么一句。没问题呀。您想学花和尚鲁智深，该去找铁匠。咱大明南京城有"居艺之坊九"，分为毡匠、颜料、铜作、银作、铁作、箭匠、弓匠、皮作、鞍辔，这些匠人们就在自己的坊区里工作生活，您找到铁作坊，当

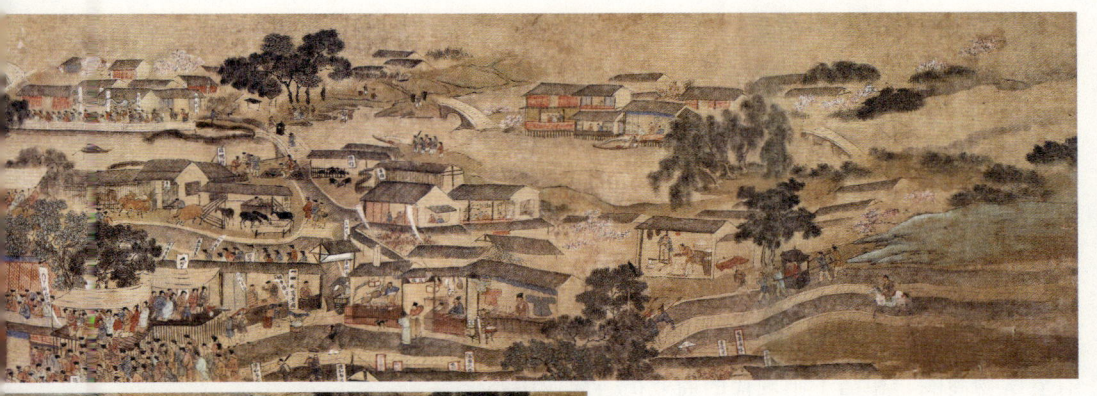

第三章 经贸一度繁荣，生活也曾美好

《南都繁会图》·明·仇英

⊙中国国家博物馆藏。纵44厘米，横350厘米。作品描绘的是明朝陪都南京城市商业兴盛的场面。画中街市纵横，店铺林立，车水马龙，行人摩肩接踵，标牌广告林林总总，生动地描绘了明朝中后期南京秦淮河两岸的繁华盛况。

然就找到铁匠啦。

"这还不够，俺总得来身行头，买点应用穿戴之物吧？"您立刻又提出要求。当然还是没问题。咱刚才不是说了吗？找什么就去哪类地方。您要买应用穿戴的东西，就去各种商家铺户集中的"市之廊十二"，那里有花铺、鼓铺、扇铺、床铺、麻铺、裱褙、手帕、包头、香蜡、生药、纸铺、故衣……

什么？这还不够？日常生活还需要很多东西？那是当然，咱懂了。其实那些东西也都有"市"，就是市集、市场。比如您想买点时令水果吧，您可以到三山门内斗门桥左右两边，在那里的三山街市，什么应季的水果您都能买到。您想买鸡买鹅买鱼？洪武门街口的北门街市是您的首选。当然如果您还想买别的畜、禽，您也可以去江东门外的六畜场。您想买粮食，同样要去江东门外，但要找江东市。您想买烧柴可以去金川门外的龙江市，也可以去聚宝门外的来宾街市……

97

想想看您还需要什么？当然啦，如果是什么爱马仕、路易威登之类的那就只好免谈，咱大明不卖那些东西，和法兰西没有外交关系，这些品牌也还没创立哪。

▫ 北京：逛购物圈，过购物节

咱太祖皇帝把首都南京规划得那么好，到了咱成祖皇帝迁都北京，情况又怎么样呢？咱北京城也有规划，但并不像南京那么分类明确，而是从一开始就有着购物商圈，相当于咱现代的商业街、商业中心。

北京城的商业街、商业中心都在哪儿？排在第一位的要数大明门外的棋盘街。这大明门就是后来的大清门、中华门，现在是没有了，但那时它门前的棋盘街却堪比今天的王府井。全国各行各业的人们带着证件来到这里汇集在一处，他们肩挨着肩，车轮毂撞击着车轮毂，整天喧闹不休——这正是它四方万民汇聚、终日热闹繁华的写照。

比棋盘街略逊一筹的是崇文门外，再差一点的是正阳门外，以下则还有鼓楼大街、东四牌楼、德胜门外、宣武门外……反正这么说吧，咱北京城那时候的商业中心绝不少。这些购物圈、商业中心所有的买卖经营也都和南京差不多，凡是您能想象到的当年生活需要的东西，在这些地方您就都能获得。

不过每天逛商业中心还是满足不了咱大明人的消费欲望，咱大明人也需要有个"双十一""双十二"啥的——但不是在线上，而是线下，那就是各种集市——

咱大明都有啥集市呢？首先是灯市。灯市本是元宵节观灯的节庆活动，地点在东华门外从王府街以东到崇文街以西，每年从正月初八到正月十七连开十天。但灯不是白看，富豪们都借这个机会炫富、斗富。怎么炫又怎么斗？要看灯就要选好位置，居高临下最赏心悦目，所以南北市楼就成了首选——楼上订个包间，饮酒作乐，凭楼观看，包间费就要几百缗钱。光看还不够，看好还要买下来——这些元宵彩灯极尽华美贵重，用的是苏杭的锦绣，装饰着域外珍奇，更经过福建广东的巧手匠人打造，值银百两的比比皆是，不是大款土豪哪里买得起？

灯市除了灯当然也有别的商品，什么珠宝古玩、彩缎锦绣、香料瓷器都有得卖。但这样大好机会一年一次岂不可惜？所以后来灯市就变了每月都有，而且是初五、初十、二十分为三期，这样一年就有三十六期了。

灯市以外还有城西都城隍庙的城隍庙市，称得上是"大明万国博览会"——这里不仅有金玉珠宝、历代古董，也有宫廷珍藏、外国珍奇，还有"碧眼胡商，漂洋番客"来采购咱大明特产茶叶、瓷器，绝对是盛况空前。

城隍庙市也是每月都有，初一、十五、二十五共有三期，同样每年共有三十六期呢。这还没完，咱北京城还有每月初三、十三、二十三开市的土地庙市，初四、十四、二十四开市的崇文门市……这样算下来咱大明北京人差不多全年都有购物节了！

皇宫里也有购物节

北京人天天过购物节，皇宫内院的人怎么办？难道他们要纡尊降贵，将自己混同于普通群众？别担心，宫中自有购物节，人家叫"内市"，就是在皇宫大内办的集市。这"内市"也是每月三期，在初四、十四、二十四，地点在过光禄寺内门，御马监和西海子之间。

购物节卖什么？当然都是稀罕物，"外间不得售者"。谁来买？当然都是皇亲贵胄、嫔妃宫女、中官太监们，就连朝中有权有势的大臣，也会"于其地贸易"，充当卖家和买主，皇帝是不来管束他们的，即"咸听之不禁"也。

[历史旅行指南·活在大明]

资本渐渐萌芽，城镇遍地开花

——新兴工商业城市

南北两京很繁华，其他别的地方又怎么样呢？咱之前不是说了嘛，咱大明经济那是渐渐繁荣，资本主义萌发新芽，所以光是有南京北京怎么够？说实话，咱大明初期也的确"一穷二白"，只有南方比较富裕。但咱大明人勤劳啊，再加上商品汇聚流通，贸易沟通南北西东，那些新兴的工商业城市可谓是遍地开花，密密地织成了咱大明的经济网络……

▫ 外贸富闽粤，运河通苏杭

说咱大明初期"一穷二白"其实没什么好解释的，刚刚经历了战乱嘛。何况太祖皇帝朱元璋死了没多久"靖难之役"就开打，又是一次战乱，导致数年动荡。在这种情况下谁想发展经济都难啊。所以在咱大明朝建立的初期，全国很多地方都没什么人做生意，即使是做生意也没什么利润可图。但凡事都有例外，即使在那个"一穷二白"的时期，咱大明也有富庶的地方，那就是福建和广东。

那两个地方为啥富？因为可以搞外贸嘛。例如对广东，咱大明的理学经世名臣丘濬就说过："盖以境外即西南诸夷，珍异所出，得其物盈握，立可以致富，故人之冒险取利者，视死如假寐，虽伏欧刃者相踵，终不悔也。"

这段话是说西南夷专门出产奇珍异宝，人哪怕只得到握在掌中的一点东西也可以马上发家致富。因此那些不惜冒险只顾发财的人把死就当成睡觉，虽然伏法的一个接一个，还是毫不后悔。

到广东搞外贸利润这么高，令人连死都不怕了，这地方的人还有不富的？福建也一样，可以说是"靠着海，好发财"。

但咱大明朝也不能光这俩好地方啊，别的地方也要发展不是？有句俗话说："要想富，先修路。"所以咱太祖皇帝在位时就大修特修全国的驿站、驿道，到了咱成祖皇帝时更重新疏浚了京杭大运河。京杭大运河是连接北京和杭州的南北交通大动脉。有了它，南方的物产很容易运送到首都，运河沿线的城市全都得利，当然最受益的还是苏杭二州。

咱前面也说了，苏杭二州那可都是咱大明纺织业最发达的城市。不过其实人家哪里只是纺织业发达？就说杭州吧，咱不提它曾经作为南宋"行在"时的繁华，毕竟那都是"过去时"，但在咱大明，"杭州省会""为水陆要冲，盖中外之走集，而百货所辏会"，从明代中期开始就已经是一个工商业都很发达的城市了。苏州也是一样——这座历史名城商贸发达，店铺琳琅满目，货物往来频繁，一派繁华景象。

在苏杭二州，除了纺织业，最值得称道的就是这两个地方的"刻本"，也就是咱大明的书籍印刷行业。您要知道，咱大明还没有现代印刷术，传播传统文化和精神文明全靠刻本。而苏州是大明刻本最为精良的地方，杭州也是大明刻本重要的产地。当然啦，苏州此外还有刺绣，也就是咱平常说的苏绣，杭州又擅酿酒，即所谓"今杭州酒肆最盛"也。

被京杭大运河带动发展起来的当然不只是苏杭二州，沿着这条南北交通大

← 巨富沈万三筑城 →

传说朱元璋平定了天下，定都南京，准备修筑城墙，但经费不足。大富翁沈万三愿意出资并负责监督修筑一长段城墙，可谓与朱元璋对半筑城。结果沈万三这边比皇帝那边早了三天修完，朱元璋感到很没面子。这时，沈万三竟然还提出要替太祖给三军奖励，这一下彻底惹怒了太祖。结果太祖没收了沈万三很多家产，还把他发配云南边陲充军。

动脉还有许多新兴城镇。像山东的临清，那里盛产棉布，光布店就有七十三家，同时还出产皮货、铁器，更"为南北都会，萃四方货物"，聚集了不少商贾，而其中"十九皆徽商"，竟是几乎被徽商垄断占据了。而此外的济宁、扬州、天津甚至通州，它们的兴盛都与大运河脱不开关系。

当然啦，天津自己还有自己的优势，这个咱下面还会提起。

▫ 沿江建重镇，滨海起津沪

在咱大明，沟通南北有京杭大运河，联系东西的，当然就是长江啦。长江自古称天堑，沿着长江有不少重镇。咱大明的首都南京不说，从长江上游算起，在四川就有滨于长江支流岷江的"天府之国"成都，那是咱太祖皇帝朱元璋第十一子蜀献王朱椿的封地，又有巴渝之山城重庆府，它们都是川中的主要城市。到了湖北，有宜昌，有荆州，有武汉三镇的武昌、汉阳和汉口。江西有九江，有长江支流赣江上的南昌，有瓷都景德镇。安徽有芜湖。而进入江苏就更多，有扬州、镇江、常州，有虽不滨于长江却依托长江、大运河优势发展起来的无锡、苏州、湖州、嘉兴等地，当然还有据长江入海口而开始成长的上海……

在咱所举的这些城市中，最有代表性的是武昌、芜湖。武昌，即古之鄂州、江夏，三国时刘备投靠荆州刘表，诸葛亮教刘表的儿子刘琦避祸，刘琦躲出去镇守的，就是江夏。这座古城在元末受到严重的破坏，但是到了咱大明，太祖皇帝把他的六儿子朱桢分封到武昌做了楚王。像南北两京一样有着得天独厚的优势，武昌成为王城自然也就有了发展的便利，于是很快得到恢复。到了万历年

《苏州市井商业图册·其一》·明末清初·无款

⊙图册现存绘画作品36张，描绘了明末清初苏州城的市井商业与风俗人情。画中商号林立，行人如织。各色人物各司其事，如买卖、嫁娶、祭祀、演剧，等等。苏州的名胜，如山塘街、五人墓、北寺等，也都在画中得以呈现。从此图册中，略可窥见当年苏州城中的繁华景象。

第三章 经贸一度繁荣，生活也曾美好

间，武昌已经是"长衢蜿蜒，曲巷逶迤，道上行人，习习如蚁"——达到民居密集、人口繁盛的程度了。而且这里"每一哄之市而百货罗列"，一开市集街头就摆满各种商品，商业变得非常发达。

而另一座小城芜湖，人家"濒大江，据要冲"，交通便利呀，所以也成了徽商的据点。并且芜湖还有一种资源，那就是铜。铜能铸钱币、造器物，铜商们当然也就"辐辏"而至，把铜运到南京或全国其他地方去。这也印证了：资源很重要，位置更重要。

对了，咱前面提到上海。上海在咱大明时还不是国际大都会，没有今天的国际贸易和金融中心地位。但那时上海就已经是棉花、棉布的重要产地，纺织业发达，被称为"小苏州"。全国各地的布商们动辄就带着几万、几十万两白花花的银子到这儿来进货，弄得当地的牙行经纪们"奉布商为王侯，而争布商如对垒"，上演抢"上帝"大战了。

当然啦，除了棉布，上海还有别的特产，如大绒（一种布料，可以制御寒的长袍）每匹"价值百金"，又有露香园的顾氏绣"尺幅之素，精者值银几

103

两",到明末更有谈仲和所制的谈笺为文坛雅物、纸业骄傲。上海有这么多好东西,自然引得商贾蜂拥而至,为它后来开埠打下了基础。

真正靠着大海和运河发展起来的,是咱大明天津卫。为啥叫"卫"？因为那里只是一个军事据点。但它位置很特殊,那叫"北近北京,东连海岱,天下粮艘商舶,鱼贯而进,殆无虚日"——这样繁忙的港口想不发达,怎么可能？所以它"实则即一大都会所莫能过也",是连都会城市都比不了的。

▫ 古都仍繁华，边城也不差

咱前面说的省会、都会城市,其实也都不差。像在咱中国历史上曾经占有重要地位,作为首都的城市,到了咱大明虽然不再是京畿之地,可也照样繁荣昌盛。咱就说十三朝古都西安吧,别看那地方到了咱大明已经是"明日黄花",但它照样占据着西北的交通要道而且有着丰富的物产,正所谓是"左崤函,右陇蜀,沃野千里……此所谓金城千里,天府之国",何况这地方又是咱太祖皇帝次子秦愍王朱樉的封地,当然建王宫,修王城,聚起一批达官贵族,带动了西安经济,使得它很快就"生齿繁盛,百货走集"了。

而在咱大明前朝北宋曾经建都的开封,太祖皇帝分封在这里的是他的第五子,即周定王朱橚。朱橚得到的这处封地就是个好地方——城池坚固、人口众多、交通便利,经济很发达。

繁华的开封,城中街道两边到处都是服装鞋帽、酒醋糖茶、日用杂货、铜铁木匠、书画古董、香料脂粉、中西药材、酒楼旅店等各行各业店铺,还有典当行、说书馆、

"快餐店"（即切面店、素面店、羊肉面店一类的地方），甚至有分科详细的诊所（如骨科、眼科、牙科、跌打损伤科等）。在街头巷尾的寺庙官衙，到处是走街串巷的商贩和货郎，有卖吃食的，有卖花鸟鱼虫宠物的，有卖小物件、小工艺品的，有浆洗衣裳的，有磨刀补锅的，有吹拉弹唱的，还有卖字、相面、卜卦的，真是应有尽有、不一而足。而且开封城照样也有集市庙会，如每年三月二十八的东岳庙会，每月初一、十五的城隍庙会，到那时候，东岳庙、城隍庙就更加热闹了。

像这样的都会、城镇说不尽，咱也不一一举例了。但咱最后要说的是，即使是那些地处偏僻的边城要塞，在咱大明皇恩浩荡之下，也有着别样的繁华——

咱就说北方：例如辽东镇（今辽宁省锦州市北镇市），那是咱大明东北的边关，当地"流民杂居"，有高丽人，也有女真人，但人家有宝贝嘛，那就是东北的人参、貂皮、鹿茸之类，也有松子、木耳等特产——这些都是可以贩卖到关内赚大钱的，当然不愁有关内客商带了南方的丝绸、瓷器来贩卖、交易，再加上咱前面提到的马市，所以这里同样有商品经济和贸易交流。

大明"九边"

咱最后说的这个辽东是镇，即边镇。它属于咱大明"九边"。哪九边？是为：辽东、宣府、大同、延绥、宁夏、甘肃、蓟州、太原、固原，共九个边镇。这里面辽东咱前面说过了，再介绍几个。宣府是哪儿？就是今天河北张家口的宣化区。延绥，最初设置在陕西绥德县，后迁至榆林市。甘肃当然不是指甘肃省，而是甘州（张掖）和肃州（酒泉）的合称。蓟州镇也是屡经"搬迁"，最后的位置在河北迁西县三屯营。而太原镇，起初设在偏头关（今山西省忻州市偏关县）后移驻宁武所（今山西省宁武县）。

为啥要设立这"九边"呢？当然还是为了防备北元，即所谓"元人北归，屡谋兴复"——他们是被打回了北方，却总惦记着打回来。

[历史旅行指南·活在大明]

金银钱钞那些事儿，历来很重要

—— 明朝金融

对历代王朝、任何国家来说货币都是大事，它关系商品流通，更关系经济稳定，咱大明也不例外。那咱大明货币是啥？当然是钱和钞，而且尤其是钞。因为那是咱大明官方指定的货币。但钞票会贬值，通货会膨胀，咱大明"宝钞"渐渐也不那么"宝"，差不多成了废纸，把自己的地位让给了硬通货。而在银钱背后，还有更大的诱惑和更严重的问题……

▫ 大明宝钞，变废纸一张

正像咱在前面说的，咱大明官方货币那叫"宝钞"，属于纸币，全称为"大明通行宝钞"。照咱太祖皇帝朱元璋的意思，这大明通行宝钞那是要"大明宝钞，天下通行"——这八个字就印在咱大明通行宝钞的票面上，分列在左右两边的花纹栏之内。"大明通行宝钞"这六个字则印在票面正中上方。

是纸币当然就要有面值。咱大明通行宝钞从洪武八年（1375）开始发行，当时有一百文、二百文、三百文、四百文、五百文、一贯六种面值。到洪武二十二年（1389）又增加了十文、二十文、三十文、四十文、五十文五种面值。所以咱大明通行宝钞共有十一种面值。

宝钞面值的"文""贯"是相对铜钱而言,"一贯"宝钞也就相当于一贯或一千文铜钱,"五百文"就相当于五百文铜钱,以此类推。

但宝钞还有一个跟金银的比价问题,即宝钞相当于多少金银。根据洪武八年的规定:

一贯宝钞=白银一两

四贯宝钞=黄金一两

那么咱也就可以推算,当时黄金和白银的比价是:

一两黄金=四两白银

为什么要规定宝钞跟黄金和白银的比价呢?因为咱大明政府规定:不管是民间交易还是缴纳税赋都要用宝钞,而一百文以下的交易也可以用铜钱。老百姓要用宝钞和铜钱就要到政府去领取。怎么领取?用金银交换。这也就是说,老百姓只能把金银卖给政府,而不能用作货币。

但是这下问题就来了——咱大明发行宝钞那是真随便啊,根本不考虑经济规律,也不管物价和自己的货币储备,想发多少就发多少。而且咱大明并没有第几套大明通行宝钞的概念和制度,也就是说发行的始终只有一种宝钞,不过是新旧的区别。

这些问题导致的结果是什么呢?就是通货膨胀、宝钞贬值,而且是贬得快、贬得狠,一路下跌不回头,可谓是"跌跌不休""跌死无悔"……前面咱不是说洪武八年咱大明开始发行宝钞吗?实际上才到洪武十三年(1380),宝钞就开始贬值,因为那时老百姓就已经常常把旧宝钞拿

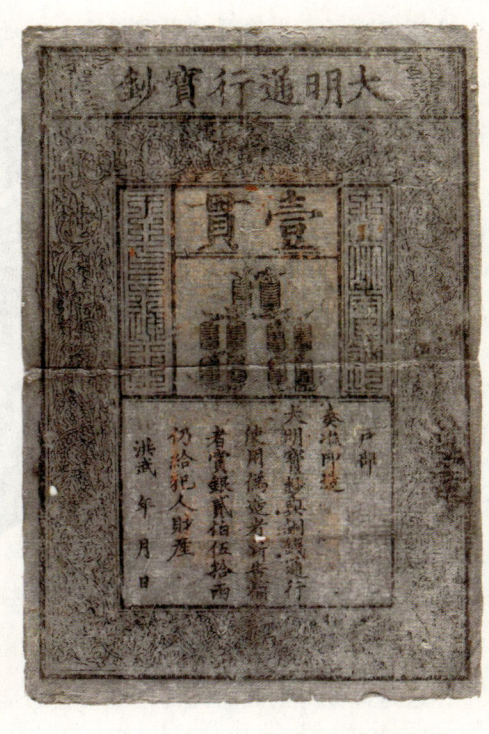

大明通行宝钞·明

⊙大明通行宝钞,纵32.2厘米,横20.6厘米。此钞装裱于缎上,钞面多数文字及图纹均已模糊不清,"壹贯"二字尚依稀可辨。

107

去换新宝钞了。为啥要"以旧换新"？还不是宝钞太多，这实际就是通货膨胀的迹象。

接下来的情况怎么样，咱用几组数据来说明：

到洪武二十三年（1390），地点江浙，一贯宝钞折算二百五十文铜钱。宝钞贬值到原来的四分之一。

洪武二十七年（1394），地点浙赣闽粤，一贯宝钞折算一百六十文铜钱。宝钞贬值到原来的约六分之一。

这是宝钞对铜钱的比价，更严重的是宝钞对白银：

宣德四年（1429）或宣德七年（1432），一两白银=一百贯宝钞，宝钞贬值到了原来的百分之一。

接下来更厉害：

景泰三年（1452），一两白银=五百贯宝钞。

弘治元年（1488），一两白银=七百贯宝钞。

嘉靖十四年（1535），一两白银=二千五百贯宝钞。

嘉靖四十五年（1566），一两白银=五千贯宝钞……

到了这时候，宝钞早就一点都不宝，几乎等于废纸了。

▫ 银钱好用，但造假难防

宝钞政策完全失败，剩下可以流通的货币还有什么呢？当然是黄金、白银和铜钱。黄金太贵重，咱"升斗小民"一般还真用不上，所以咱就说白银和铜钱。

天启通宝钱·明

⊙天启通宝钱，为明熹宗朱由校天启年间（1621—1627）之铸币。该钱总体铸量较大，铸局较多，版别繁复。主铸材质黄铜，亦有少量红铜或青铜者。其形制为初期铸小平钱，后来开始铸当十型大钱。

咱大明朝用来当成货币的白银，在形制上有继承有发展——咱大明人用的主要是银锭，银锭中间鼓肚两头翘起，又叫元宝。咱的元宝最重有五百两的，以下还有五十两、二十两、十两等不同规格，最小还有只重几分、几钱的。银锭上，通常印着重量、产地和工匠的姓名，并不是光溜溜的。

除了银锭（银元宝），咱大明还有银豆、银叶子、银币和银牌。银豆为圆珠形，银叶子是长方片状，银币和铜钱样子差不多，而银牌，那是专门用来和西域人交易的。最有趣的是咱那时候还有"外汇"——从西班牙以及荷兰传来的银元。

对了，咱顺便也说一下，黄金作为货币，和白银的形制差不多。

至于铜钱，咱大明可就多了。因为咱大明好多位皇帝都发行自己的铜钱，所以咱就有：大中通宝［发行于元至正二十一年（1361），时朱元璋为吴国公］、洪武通宝、永乐通宝、宣德通宝、弘治通宝、"正德通宝"、嘉靖通宝、隆庆通宝、万历通宝、泰昌通宝、天启通宝乃至崇祯通宝，就连到咱大明亡国之后，还有大明通宝（由鲁王朱以海发行）、弘光通宝（由福王朱由崧发行）、隆武通宝（由唐王朱聿键发行）和永历通宝（由永明王朱由榔发行）呢。

咱前面没有提到的几位皇帝，像建文帝朱允炆，他可能没发行过自己的"通宝"，但也可能发行过却被成祖朱棣都给销毁了，所以您今天看不到。其他几位则各有原因，不过咱也不多解释了。

但是为啥咱要给"正德通宝"加上引号呢？那是因为史书上没有记载过正德皇帝曾铸造发行自己的"通宝"，所以史学家认为"正德通宝"很可能是"假币"。

没错，咱说的正是"假币"，也就是假铜钱。其实不单"正德通宝"有假的，其他年号通宝以及银锭全都有假的。您说古时候怎么还有假币、假钞这回事？怎么没有？造假成本低、回报高嘛。

像银锭，就有低色银和假银。低色银主要还是银，但加入更多杂质，也就是别的金属。而假银，干脆就只有表面一层是银，里面裹着铁或铅。低色银和假银的名目花样很多，像什么九程饼、八程饼、七程饼、白盐烧、掺铜饼、倒插铅、江山白、死鱼白、赤脚汞银、摇丝、水丝、画丝、吹丝、吸丝……足足有几十种之多。

假铜钱也一样，完全是"私人制造"，而且这些造假者不仅造"正德通宝"，简直什么钱都敢伪造，甚至包括前朝宋代的钱币——原因很简单，咱大明也用宋代的铜钱，就是没听过用元朝的。

▫ 生财有道，开典当钱庄

咱大明货币既然有金银有钱钞，就会有这些货币相互兑换的业务。大明通行宝钞到弘治、正德年间不再通行了，但金银铜钱之间还是需要兑换。谁来完成这样的业务呢？答案是钱庄。

在咱大明，这种后世银行的前身——钱庄，并不都叫钱庄，也有叫钱铺、钱肆、钱桌、钱行或银行的，还可以叫钱店或者兑店，但是意思都差不多，只不过规模可能不同。例如，钱桌大概就是规模最小的钱庄了，可能只是在市集上摆个柜台就算开张营业。但咱在这里，姑且统一把它们都叫作钱庄。

开钱庄，首要的业务是兑换：您可以把金银拿到钱庄去兑换成铜钱，也可以把铜钱拿到钱庄去兑换成金银，就看您的需要。当然啦，咱普通老百姓平常用不上金子，因此把银子换铜钱或把铜钱换银子的时候居多。但这样问题又来了：别管是银子换铜钱还是铜钱换银子，倒霉的总是老百姓。怎么呢？您别忘了，银子、铜钱都有假货——

举例来说，您在街口开个小摊儿卖早点，辛苦一月赚了几千个铜钱，衙门口来人收税，却只收银子。没办法，您只好到钱庄兑换。但是您运气不好，开钱庄这家是本城有名的大户，暗地里更是造假银子的高手。您一千二百文铜钱交进去，却换来十足的"赤脚汞银"，接着又被收税的官老爷识破没收，还威胁说要抓您去坐牢。您是不是有点欲哭无泪的感觉？

反过来也一样，您辛苦送了一车货到城里，客人慷慨赏了您三钱银子。但您回乡买东西还是用铜钱方便，于是也来兑换。钱庄伙计一脸堆笑告诉您今天钱庄大酬宾，您这三钱银子能换九百文铜钱。您喜滋滋地拿了铜钱回去，一买东西才发现到手的都是"私钱"，根本就花不出去。

您是不是要问：为什么受伤的总是我？没办法，能开钱庄的都是有权有势的主儿，而且黑心之辈不少。您除了自认倒霉，什么办法也没有。当然啦，开钱庄还能放贷。虽然咱大明政府规定放贷每月利息不得超过三分，但高利贷还是不少，照样能让您陷入其中无法自拔，最后利滚利，让您倾家荡产。

除了钱庄，还能兼营放贷的地方是当铺，也就是典当行。典当咱不用多解释，您想必明白。但咱要说一下的是，在咱大明，典当行的名称也很多，像什么解库、解铺、典库、典铺、解典库、解当库、解典铺，像什么典当铺、当铺、质库、质铺等，还有叫印子铺的。反正您就记着："解""质""典""当"这四个字往往都和典当有关，而且那地方不是铺就是库，这样看到就明白八九不离十了。

典当这一行，通常也都是有钱有势才能干，和钱庄差不多。所以说，如果您在这类地方吃了亏，通常是叫天天不应，叫地地不灵，毫无办法可想了。

不存钱，只窖藏

咱大明朝的钱庄虽然也有的叫"银行"，却并不是现代意义上的银行。咱大明人到钱庄，可以兑换、贷款、汇款，但没人把钱存进去。也就是说，钱庄并没有存款的功能。为什么没人把钱存进钱庄？咱大明人的钱又都放哪儿了？第一个问题的答案很简单：不安全。第二个更简单：窖藏。但咱可以进一步说明：窖藏的主要是银子。

银子为啥要窖藏呢？当然是为了安全。咱大明名臣王鏊在他的《震泽纪闻》中就记述了这样一则故事：

大明宪宗朝内阁首辅万安收受巨额贿赂，他被罢免离京时送给别人一个菜瓮，里面竟都是银子。买他府第的人，则在地窖里挖到一千两银子。看来，这位大贪官自己在地窖里藏了多少银子，自己也不知道啊。

第三章 经贸一度繁荣，生活也曾美好

111

专题

太祖皇帝很重视，国家社会齐关注
——大明也有社会福利

咱大明朝商业、经济都挺不错，虽然最后亡了国，但那属于"非战之罪也"，不能完全怪到咱大明政府头上。经济发展好，人民生活水平就高。人们有了钱，自然要求生活各方面更有保障。不过身为大明人咱不用担心，咱太祖皇帝早就有了高瞻远瞩的规划和蓝图，社会各界也群策群力——为把咱大明帝国建设成为全面的福利社会而努力……

养济院，谁都管

说到福利社会，您一定先想到社保、医保、公积金这些名词，以为咱要来介绍大明朝如何实现全民社保医保覆盖、全民免费医疗和全民住房保障这些事了。这您可想多了，咱大明毕竟是古代社会，这些现代的社会保障机制在那时候还没出现，全世界都不存在呢。那么咱要介绍的是什么呢？您听好了，首先是咱大明对社会弱势群体的保护和救助。

啥叫弱势群体？包括哪些人？在咱大明，所有"鳏寡孤独废疾不能自养者"，都属于弱势群体，是要"官为存恤"，也就是由政府来保障他们的生活并对他们进行抚恤的。这话是谁说的？当然是咱的太祖皇帝朱元璋。

您别忘了，咱太祖皇帝出身苦啊。他老人家自己当初就是个穷孩子，尝尽了人间冷暖，受尽了苦难折磨，可谓是"苦大仇深"，所以他对社会上的弱者充满了同情。正因为如此，他在洪武八年（1375）的一天满怀深情地说：

昔吾在民间，目击鳏寡孤独饥寒困踣（bó）之徒，常自厌生。乱离遇此，此心恻然，誓清四海以同乐安。若天下民有一失所，非惟代天之工不尽，亦昧朕初志。郡县其访求无告者，给屋舍衣食。

这段话啥意思呢？大意就是说咱太祖皇帝很同情鳏寡孤独和贫苦的人，当年就因此才立志夺取了天下。但现在天下是大明的了，如果还有人流离失所无法生活，那不是咱这个"代天牧民"的天子没干好吗？也对不起咱当初立下的志向啊。所以呢现在咱要下令，让地方政府找到那些穷苦人，给他们住房，给他们衣服，给他们吃的！

有咱太祖皇帝表态，这政策当然就确定了。具体怎么办呢？就是建立养济院，收养那些"民之孤独残病不能自生者"。实际上，咱大明从开国之后不久就开始设立孤老院，后来才改为养济院。这养济院不单京城有，全国各地的府州县城也有，就连边塞地区都有。

养济院开起来了，接着就是收养那些需要帮助的人。前面咱已经说了，咱太祖皇帝多次重申要"存恤"弱势群体，"命有司察穷民无告者，给屋舍衣食"。他还生怕他这项惠民政策落实不到位，干脆为养济院立法。他在《大明律》中规定："凡鳏寡孤独及笃疾之人，贫穷无亲属依倚，不能自存，所在官司应收养而不收养者，杖六十。若应给衣粮而官吏克减者，以监守自盗论。"

怎么样？量刑有了，定罪标准也有了，看谁敢违犯！

事实上，咱大明尤其是建立初期的一段时间，养济院制度实施得非常好。而且呢，咱的养济院实际也不仅是养老院、残疾人救助中心，还是孤儿院。咱看看养济院给各年龄段的人分配的粮食物资就可以知道了：

大口十五岁以上，月支米三斗，柴三十斤，岁支冬夏布各三丈。
小口十四岁以下至五岁，月支米二斗，柴三十斤，岁支冬夏布三丈。

瞧，是不是有小孩子？而且他们分到的东西也并不少呢。

赈粥施药，灾荒有保障

当然啦，建立养济院也不等于能把全天下所有"鳏寡孤独废疾不能自养者"全部都收容进去，因为咱大明政府毕竟财力物力有限，而天下穷人也太多了，根本收不完嘛。再说了，就算收容也得有个地域差别不是？譬如全天下的穷苦人都跑到北京城来，再大的养济院可也装不下他们不是？例如在成化年间，就有大量乞丐涌入北京城，咱宪宗皇帝起初"爱心泛滥"，要求"无问老小男女、有家无家及外来者"，"尽数收入养济院"。但这种办法显然行不通，最后他不得不下令把外来的乞丐"给口粮程送还乡"，都遣送回去了。

养济院无法彻底根除贫困问题，咱大明的穷苦人还不少，难道咱大明朝的福利政策仅此而已，黔驴技穷了吗？当然不是——对老百姓的种种困境灾难，咱大明朝差不多都有一套解决方案，那是绝不会任由他们自生自灭，而政府不闻不问、不理不睬的。譬如说对待灾荒，咱大明朝就有各种救灾措施，像什么免除赋税及徭役，缓征、停征税粮，像什么赈济粮食、钱款和布帛，给灾民贷款，像什么"以工代赈"，就是雇佣灾民干活儿并给以粮食或工钱让他们能够生存，这些都是最基本的"国策"，咱也不去细说。下面咱来说咱大明的"煮赈"和施药。

"煮赈"，就是煮粥给饥民喝。穷人饭菜没得吃，有口粥填上肚子总不至

《流民图》（局部）·明·周臣
⊙此图原共绘流离失所的难民24人，无论老幼病残，均栩栩如生，如徐沁在《明画录》中所评"古貌奇姿，绵密萧散，各极意态"。这种描绘生活在社会最底层人物的绘画在古代是极其罕见的。

于饿死。这是咱大明给老百姓最低同时也是最后的保障，也是咱中国古来就有的传统。

政府要"煮赈"，就要有相应的机构，这个机构就是粥厂。咱大明在全国各地同样设有许多粥厂，由粥长、司积、司簿三个人来管理，设有专门的监察员，负责监察粥煮得熟不熟、稠不稠，有没有掺假。怎么监察？要监察员亲自品尝。

开粥厂是为了救饥，是为了怕人吃不上饭饿死。农耕社会，年年都有青黄不接的时候，也就年年都有饥民，所以粥厂不是灾荒年才会有，而是年年都办，到了青黄不接的时候就办——一年要开上四五个月。

咱大明朝政府为啥这么紧张，怕老百姓饿死？其实屠隆的一句话就能说明原因："（如果救灾不力）民力必不支，不填沟中则起而为盗。"政府如果不救助老百姓，老百姓自己一定活不下去，不是倒毙道旁沟中就是干脆成为盗贼。

没错，您可别忘了咱太祖皇帝朱元璋就是被"逼上梁山"，当了起义军首领，最后终于成为皇帝的。所以他前面说的那些话，也有点防微杜渐的意思，不是吗？

不能让老百姓饿死，当然也不能让他们轻易病死。所以咱大明朝除了广开粥厂之外，还遍地设立惠民药局，给老百姓提供便宜的平价药物，也兼带看病诊治，有时还发放免费的药物，有点像咱现在的社区诊所。

惠民药局政策好，可惜没能坚持住。到了咱大明朝的中后期，全国绝大多数的惠民药局就都荒废，不再发挥作用了。为什么呢？大概是老百姓有点儿病总没有吃不上饭那么可怕和危险的缘故吧……

政策覆盖广，人人乐行善

咱这个"万能的"大明政府，对"鳏寡孤独废疾不能自养者"要管，对遇到灾荒之年、吃不上饭、治不起病的老百姓要管，除此之外还有什么特殊的人群要照顾呢？答案是：多类人群，咱大明社会福利那可叫全方位覆盖。

就拿这尊老敬老来说，咱大明有"存问高年"——就是慰问抚恤老寿星的制度。咱太祖皇帝朱元璋早就规定："贫民年八十以上，月给米五斗、酒三斗、肉五斤；九十以上，岁加帛一匹，絮一斤；有田产者罢给米。"那叫月月送温暖，年年发福利。

还有对咱武官，也有特殊的优抚政策，像咱在前面提到过的武官承袭制度就是一种。而且就算当个武将虽有妻室却无子孙，也一样有优待——"凡武官在任亡故与征伤失陷者，官自指挥至镇抚，其妻给米五石终身。"就是说不光死了伤了给待遇，当了俘虏也有待遇，而且咱大明保障"军婚"，当然只限于保障高级武官。

就连人死了都不必担心曝尸荒野，后事没人管，因为咱大明还有一种机构叫作漏泽园。漏泽园干什么？专门负责埋葬死去的穷苦老百姓。"初，太祖设漏泽园葬贫民，天下府州县设立义冢"——这还是咱太祖皇帝对老百姓的仁慈，而且还有预防瘟疫蔓延的作用。

其他一些例子，像给读书人的待遇，当国子监监生的好处，咱前面已经说过一些，这里咱就暂时不多讲了。不过咱大明朝政府要救济照顾的人这么多，也真是有点力不从心。毕竟，不能凡事靠政府嘛。

那么政府管不到的那些贫苦老百姓怎么办？没关系，咱大明不是还有社会力量吗？譬如说宗族，一族一姓之人就可以自筹资金搞福利、办慈善嘛。像他们可以开设义庄，赡养族中的老人，供养族中子弟读书，还能给女性提供婚前教育抚养费——当然啦，女子出嫁就变成了外姓人，不再归义庄负责。

更能"普度天下苍生"的是僧道寺观，尤其是佛教。和尚要化缘，但人家化了缘还会再施舍给穷人。而且佛教不是劝人向善，教人行善吗？好多人就是因为信奉了佛教，才会热心慈善和公益事业的，要不人家怎么叫"善男信女"呢？

第四章 皇家穷奢极欲，皇帝任性放肆

俗话说，富不过三代。这话用来形容咱大明皇帝家简直太贴切啦！前几任皇帝还算靠谱儿，到了后来，皇帝们一个比一个能『闹妖』——出巡游玩建豹房，信奉长生吃仙丹，玩玩游戏做木工，偏信太监宠乳娘……总之，这些皇帝是吃喝玩乐的一把好手，国事朝政却稀里糊涂，搞得大明朝乌烟瘴气，最后在崇祯帝手里断送了……

[历史旅行指南·活在大明]

HUOZAI DAMING

贤明一二君，"奇葩"三五帝

——明朝帝君相

一旦有机会穿越到古代，相信很多现代人最想去的地方就是皇宫啦。男的当个亲王，女的当个娘娘，享尽荣华富贵，多么威风……不过，在咱大明，穿越到皇宫一定要谨慎。要知道，咱大明的皇帝们，明君少、昏君多，一不留神，搭上的可是自个儿的小命。您看，咱大明皇帝里面，贤德的是真贤德，昏庸也是真昏庸，怎一个"奇葩"可形容……

▫ 明君不多，盛世不长

说起大明王朝的第一明君，在我看来，非开国皇帝朱元璋莫属。一路浏览下来，想必您也注意到了，每个开国皇帝，几乎都有一部励志热血的奋斗史，咱们的明太祖朱元璋也不例外。

这位皇帝呢，可是不折不扣的草根阶层。他出生在濠州钟离东乡，也就是现在的安徽凤阳一带。据《明史》记载，朱元璋"奇骨贯顶"，相貌与一般人大不相同。所谓"奇骨贯顶"，其实就是后脑勺多长了一块骨头，高高凸起像小山丘一样，这就难怪正史实录、稗官野史都会齐赞一句"姿貌雄杰"——长得真是雄姿英发、与众不同啊！

《明太祖坐像》·明·无款

第四章 皇家穷奢极欲，皇帝任性放肆

元朝至正四年（1344），天下闹起饥荒，朱元璋的父母兄长都饿死了，他只好去皇觉寺剃度出家，当了和尚。后来，朱元璋又还俗投戎，加入郭子兴的义军，逐渐建立起自己的势力。至正二十八年（1368）正月初四，朱元璋正式称帝，国号为明，年号洪武，定都应天府（即今南京）。

朱元璋即位后，鼓励百姓开垦荒田，并制定《鱼鳞图册》及黄册，详尽精准地统计出土地状况、亩数及人口数量，还推行《大明律》《大诰》等一系列法典，对贪赃枉法者严惩不贷。很快，在他的治理下，大明天下一扫元末的颓败气息，进入"洪武之治"盛世。不过，他分封藩王的做法，却为大明朝的衰败埋下了隐患。

这不，朱元璋刚去世没多久，燕王朱棣就拉起队伍，直接杀向南京城，把侄子明惠帝朱允炆逼得仓皇出逃，生死不明。建文四年（1402）六月，明成祖朱棣即位，年号永乐。咱先不说朱棣的皇位是否名正言顺，单看他在位期间对大明朝的贡献，朱棣也可以说是一位难得的好皇帝了。

那时候，明朝建立才几十年，位于国境北部的鞑靼和位于西北部的瓦剌非常不安分，多次滋扰边境。朱棣两次御驾亲征，深入苦寒之地，打得鞑靼、瓦剌俯首称臣。对乌斯藏，成祖实行施恩措施，凡是来南京朝贺的喇嘛，都赐予显赫封号。直到明朝覆灭，乌斯藏始终"奉贡不绝"。

眼见已是四海清平，明成祖又将目光投向海外。他委派心腹太监郑和，率领商队出海远航，出使西南各国。郑和七次出使西洋，率领的船队到达过三十多个国家，最远抵达非洲东海岸和红海海口。一时间，大明朝声名远播，很多国家慕名来朝。

永乐十八年（1420），朱棣迁都北京。永乐二十二年（1424），鞑靼首领阿鲁台率部作乱，朱棣在亲征鞑靼途中，病死榆木川。皇太子朱高炽即位，即明仁宗。朱高炽登上皇位后，立即叫停了一系列诸如西洋宝船、北征、工程采买等

《明宣宗马上像》·明·无款

⊙中国台北故宫博物院藏。该画描绘了宣宗骑马出猎,臂上架鹰,奔驰于河边,惊起雁群的情景。史册记载宣宗重视弓马,精于骑射。图中宣宗面容饱满,须眉浓密,穿着薄底白靴与胸、肩、膝盖处织绣纹饰的交领右衽黄袍。所戴帽顶附有顶珠,推测款式受到元代草原游牧民族影响,帽檐两侧也带有装饰,与北京故宫《朱瞻基行乐图》所画的宣宗衣饰相同。

劳民伤财的活动,让百姓得以休养生息。更为难得的是,仁宗开释了一大批曾因支持惠帝而获罪的臣属,解除了他们的奴籍,还把田地还给了他们。但是,这位心地仁善的仁宗的健康情况并不佳。洪熙元年(1425),年仅三十八岁的仁宗薨逝,太子朱瞻基即位,定年号宣德,即明宣宗。

明宣宗延续了父亲仁善治国的理念,在与大臣谈论用人之道的时候,宣宗提出"君子小人知进退,人君之用舍"的观点,认为只有任用贤明君子为臣,君主才会有所作为。他接受蹇义等老臣的举荐,对顾佐、程富、周忱、于谦等贤臣委以要职。周忱在担任江南巡抚期间,创立"平米法",解决了税赋分摊不均的问题,做到了"百姓不知有凶荒,朝廷不知有缺乏"。

成祖开疆拓土,仁宗、宣宗仁政恤民,在这父子孙三代刚柔并济、恩威同施的治理下,明朝经济空前繁荣,史称"永乐盛世""仁宣之治"。但是,宣宗之后，大多数皇族子孙耽于享乐，亲小人而远贤臣，导致国力日益衰落，盛世光景一去不复返。

太子当不稳，为帝命呜呼

论起明朝最悲惨的皇帝，莫过于明光宗朱常洛了。在位时间最短不说，还成为明宫两大疑案的当事人。

朱常洛是明神宗长子，是神宗临幸宫女的"产物"，一直不受父亲待见。神宗最宠爱郑贵妃，好几次要立郑贵妃的儿子为太子，但朝中大臣极力反对。直到万历二十九年（1601），朱常洛已年满二十，神宗才勉强册立他为皇太子。父亲不喜欢，母亲死得早，郑贵妃又宠擅专权，朱常洛这孩子的童年、少年时期过得战战兢兢。好不容易当上太子了，还差点被人杀死。

万历四十三年（1615），一位名叫张差、小名张五儿的男子，手握枣木棍，一路闯入太子居住的慈庆宫前殿。侍卫们追呀，撵呀，好不容易才把他摁住。审讯时，张差说，是同乡叫他来的。同乡还告诉他，进去后，见一个打死一个，如能打死小爷（即太子），以后他一家子就吃穿不愁了。宫禁森严，是谁带张差进宫，又是谁在背后指使呢？多次提审后，张差供出是郑贵妃手下太监指使。朝臣们讨论后，认为"事关东宫，不可不问，事关贵妃，不可深问"。郑贵妃因牵涉到她手下的太监，便跪到明神宗面前，说自己绝无此心。最奇葩的是明神宗明知儿子差点被"小老婆"害死，他不但不追究，还劝说太子接受郑贵妃的行礼。于是，郑贵妃郑重地给太子行了一礼，这件事就算结束了。这就是著名的"梃击案"。

万历四十八年（1620），神宗去世，朱常洛终于熬出头，即位为帝。可是，御座坐了不到十天，光宗就感觉身体不舒服，掌御药房

《明神宗坐像》·明·无款

第四章 皇家穷奢极欲，皇帝任性放肆

的宦官崔文升直接给光宗开了几副泻药。光宗服药后，腹泻不止，一天一夜之间，拉了三四十次。

这时候，鸿胪寺官李可灼站出来，宣称自己有"红丸"仙药，可治百病。一些老成持重的内阁大臣不赞成给光宗乱吃药，认为"红丸"药效不稳，但李可灼托人向光宗进言，极力吹嘘"红丸"效果。光宗腹泻难忍，连连催促取"红丸"食用。服用第一粒红丸时，光宗有所好转。下午，李可灼又让光宗服了第二粒"红丸"。到了晚上，光宗一命呜呼。这就是扑朔迷离的"红丸案"。

啼笑皆非帝王业

如果把皇帝当作一份职业的话，明朝中后期的几位皇帝的职业操守相当欠佳。他们不顾先祖遗训与国家社稷，只顾享乐，过得那叫一个随心所欲，那叫一个任性自在。

来，咱们先认识一下明武宗。论起玩乐，武宗朱厚照若称第二，整个大明皇室绝对无人敢居第一。皇帝迁都不少见，但皇帝从皇宫里搬出来的可不多。您瞧，武宗嫌皇宫太过约束，居然在豹房住了十余年。

豹房嘛，原本是帝王圈养猛兽的地方，后特指明武宗在宫禁中建造的淫乐场所。早在正德二年（1507）秋，武宗就开始大兴土木，"作豹房"，足足建造了两百多间房屋。豹房建好后，武宗立即搬了进去。皇帝都搬家了，文武百官议事处、后妃居所，也都统统搬进了豹房。正德九年（1514），乾清宫失火。武宗在豹房见了，非但没有着急，还笑嘻嘻地说，烧得好，像"一棚大烟火"。

武宗一生放荡不羁，什么皇帝威严、祖宗家法，在他眼里统统都是"浮云"。比如，皇帝这个"职位"明明是天下第一，他非要下旨，把自己封为"总督军务威武大将军总兵官""后军都督府太师镇国公"，自己派自己征剿鞑靼军。

武宗虽然个性很强，但御驾亲征取得应州大捷，还有几分身为皇帝的素养和魄力。反观明熹宗朱由校，却完全没有履行皇帝职责，全身心投入"游艺事业"中了。

游艺呢，当然包括游戏和才艺。明熹宗相当爱玩，"性好走马，又好作水戏"。他不光爱玩，还特别会玩。每到月圆之夜，趁着月色清朗，熹宗总会带领一大帮宫女太监，在乾清宫下面的老虎洞钻来钻去，四处躲藏，玩得不亦乐乎。诸如宴饮、听戏等大型娱乐活动举办得十分频繁，像掏鸟蛋、划船等小型娱乐也为数不少。有一次，熹宗掏鸟蛋的时候还不小心从树上摔下来，磕伤了"龙面"。

就是这样一位顽童皇帝，做起木工活来却极具天分，作品大都"出人意表""虽巧匠不能过也"，妥妥的木匠界领军人物。熹宗手作的木制品颇具巧思。他制作的微缩版宫殿，雕梁画栋，廊腰檐牙，均与现实版宫殿吻合得丝丝入扣，让人叹为观止。熹宗喜欢傀儡戏，经常亲自制作傀儡戏的木偶。熹宗手作的木偶，动作灵活，栩栩如生，衣衫褶皱轻灵流畅，堪为傀儡戏中的精品。

早在天启二年（1622），清兵就已攻下西平堡，度过平阳桥，一度逼得京师戒严。可明熹宗却忙于玩乐，两耳不闻宫外事，一心重用魏忠贤，使朝野上下怨声载道。天启七年（1627）十月，熹宗病逝，年仅二十三岁。

皇帝太荒唐，宫女敢造反

咱明武宗这辈子过得任性随意，但就有一点很遗憾——没有儿子。于是，在他死后，皇位就落到了堂弟朱厚熜头上，即明世宗。这真是"人在藩王府，皇位天上来"，好运气挡都挡不住。

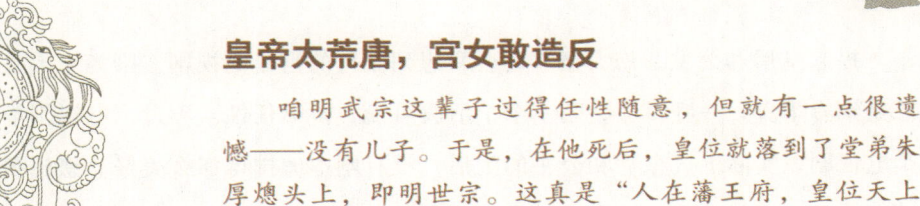

明世宗喜怒无常，多疑暴戾，经常下令鞭打宫女，甚至有两百多名宫女被打死。另外，他喜好修仙问道，命令宫女们每天天不亮就去花园内，用玉杯、玉簪采集花瓣、树叶上的露水。光采露水也就罢了，传说，嘉靖二十一年（1542），奸臣严嵩用五种颜料为乌龟染色，谎称发现五色龟，献给了世宗。世宗非常高兴，命令养在御苑池内，由宫女杨金英、邢翠莲照料。这只五色龟很不争气，没活几天就一命呜呼。

乌龟死了，杨、邢二位宫女傻了眼，这可是杀头的大罪啊！于是，她们一不做二不休，在王宁嫔鼓动下，伙同几位宫女，趁世宗在曹端妃宫中熟睡，将绳索套入世宗脖颈，想要勒死他。不过，由于有宫女临阵脱逃报信，这次宫女造反没能成功。

123

[历史旅行指南·活在大明]

皇后不容易，公主也糟心

皇家女人

提起皇后和公主，您大概立即会联想到流行的宫廷电视剧。剧集中，皇后总是雍容华贵，一呼百应，公主个个活泼可爱，娇纵任性。不过，电视剧毕竟是电视剧，实际上，皇后和公主的生活，没有剧本编排得那么美好。您想啊，咱大明朝还是封建男权社会，防止外戚专权的制度相当严格，皇后的娘家靠不住，只能依附皇帝。皇帝"靠谱"还好，皇帝一旦不"靠谱"，媳妇和闺女的日子就不好过啦。可惜呀，咱大明的皇帝，还是不"靠谱"的多……

宠妃权柄大，皇后成摆设

咱大明朝严防外戚干政，前前后后这么多皇后妃嫔，除了成祖的徐皇后是开国功臣徐达之女外，其余后、妃都是普通人家的女儿。在明朝，选后纳妃必须"慎选良家子而聘"，不得接受大臣进献的女子，以防后宫前朝相互勾结。出身之外，明朝宫廷对皇后、后妃的职责也有明确规定，"皇后之尊，止得治宫中嫔妇之事"，"宫门之外，毫发事不得预也"。没有娘家撑腰，皇后也好，后妃也罢，只能任由皇帝摆布。

最典型的"宠妾灭妻"的例子，发生在明宪宗身上。因父亲明英宗历经被

第四章 皇家穷奢极欲，皇帝任性放肆

《明宪宗及孝贞纯皇后像》·明·无款

俘、退位、复位"三部曲"，明宪宗的少年时期也较为波折——由太子废为沂王，由沂王再复立为太子。期间，宫女万氏始终伴其左右。别看万氏比宪宗大了十九岁，宪宗却对她痴心不改。

宪宗十六岁即位，册立吴氏为皇后、万氏为贵妃。吴皇后"聪明知书，巧能鼓琴"，但是，这样一位才貌兼具的佳人并未让宪宗心动，宪宗对万氏的依恋有增无减。万氏恃宠而骄，行事嚣张，丝毫不把吴皇后放在眼里。

见三十五岁的老宫婢竟然深得皇上欢心，吴皇后愤然不平，找了个过错杖责万氏。万氏向宪宗哭诉，宪宗心疼不已，大怒，废去吴氏皇后之位，令她幽居西宫。吴皇后册立仅一月即被废黜，成为明朝在位时间最短的皇后。

吴氏被废后，宪宗立王氏为皇后。有了吴皇后的前车之鉴，王皇后的后宫生涯过得颇为"佛系"，不但对万氏处处忍让，对宪宗的其他妃嫔也不争不竞，淡然处之。出游时，万贵妃的车驾先皇后车驾出行，日常朝见从不行妃

125

礼，王皇后只当寻常，全不计较。

宪宗卧病在床时，王皇后好几次前去探视，宪宗深受感动，慨叹自己怠慢了皇后。这话一传出来，宠妃们可不乐意了。等到王皇后再去时，宸妃邵氏公然在门外挡驾，告诉皇后"上不耐生人，勿数至"。王皇后对邵妃无礼的言行毫无愠色，默默离开。终其一生，王皇后与宪宗同床的次数没有超过十次，"不十幸，无所妒忌"。但她在去世后广受褒扬，谥号孝贞纯皇后。

▫ 后位稳不稳，还凭皇帝心情

咱都知道，在封建社会，男人可以休妻。但是，休妻也不能平白无故地休，还得有个理由，比如犯了"七出"什么的。不过，普通老百姓能娶上媳妇就谢天谢地了，一般不会休妻。至于富贵人家呢，虽然大小老婆一堆，但牵涉到子女的嫡庶之分，也不会轻易把大老婆撵走。实在过不下去，就多娶几个小老婆呗。照这样推理，皇后贵为国母，更不能轻易变动啦！这您可料错了，咱大明皇帝，就是像明宪宗这样不按常理出牌，换个皇后很随意——

咱大明第一位被废的皇后，就是明宣宗的原配胡皇后啦。您说了，明宣宗不是仁君吗？胡皇后一定犯了不得不废的错误吧？您又料错了，这位胡皇后没啥过错，既贤德又孝顺，还为宣宗生了个闺女。只可惜，咱明宣宗是个"痴情种子"，最喜爱的女人是孙贵妃。爱她，就要给她最好的。所以呢，宣宗找来找去找不到胡皇后的过错，就以无子为由逼迫她自动退位——不是朕要废后，是皇后自己不想当皇后了……退位后，宣宗还赐给胡皇后一个冠冕堂皇的封号：静慈仙师。宣德三年（1428），胡皇后被废，孙贵妃如愿以偿，被册立为皇后。

不过，胡皇后虽然无辜被废，却受到张太后的怜惜，在宫中衣食无忧并寿终正寝。有几位皇后就没有胡皇后这么好的运气了，她们不仅失去了皇帝的宠爱和后位，还丢了小命。

放眼整个大明，最悲惨的皇后莫过于明世宗的皇后们了。这位明世宗呢，一共立过三位皇后，这三位皇后有一个共同特点——不得善终。咱们先来认识一下世宗的结发妻子陈皇后。

嘉靖元年（1522），世宗原配夫人陈氏被册立为皇后。陈皇后知书达礼，貌美贤淑，与明世宗感情很好。嘉靖七年（1528），陈皇后怀孕了。一天，帝后二人正闲坐聊天，有张姓、方姓二位妃子进来奉茶。奉茶倒也是件寻常事，不寻常的是，那位张姓妃子的手长得太美了，世宗盯着这双美手看入了神。见到夫君这副色眯眯的样子，陈皇后十分生气，扔下茶杯站了起来。

这一下可惹恼了明世宗，他冲着陈皇后大发雷霆。陈皇后又伤心又害怕，流产后患重病而死。妻儿齐齐丧命，世宗却仍然余怒未消，竟然追谥陈皇后为"悼灵皇后"，全然不按皇后丧葬礼制，草草下葬。更过分的还在后面，陈皇后崩逝的第二个月，世宗就册立顺妃张氏为后。

这位张皇后，就是当时美手奉茶的张姓妃子了。张皇后上位速度之快，放眼整个大明后宫，可算十分罕有。张皇后吸取前任的教训，对世宗百依百顺，言听计从。可即便如此，张后也没能保住后位。嘉靖十三年（1534），世宗以"不敬不逊屡者"为由，下诏废后，命令张皇后迁居别宫。嘉靖十五年（1536），张皇后郁郁而终。

张皇后刚刚被废，新皇后方氏就闪亮登场了，"张后废，遂立为后"，可谓无间隙替补。有二位皇后的前车之鉴，方皇后对世宗极尽柔顺奉承，帝后二人基本上相安无事。嘉靖二十一年（1542）十月，宫女杨金英等人试图勒死世宗，多亏方皇后及时赶来，世宗才保住性命。因世宗当时已"病悸不能言"，方皇后就借此机会，把最为受宠的端妃曹氏与谋反的嫔妃宫女一并凌迟处死。世宗身体康复后，心疼曹氏，对方皇后心存怨恨。嘉靖二十六年（1547）十一月，坤宁宫失火。世宗阻止宫人施救，任由方皇后困在火海。因烧伤严重，几日后，方皇后薨逝。从方皇后受伤到去世，世宗从未去探望过一次。

▫ 骗婚很可怕，公主要当心

按照太祖朱元璋定下的制度，外戚不得干政，公主出嫁，也必须遵从祖制，只能嫁给门第不高的良家子，以防公主夫婿权柄过大，干预政事。选驸马时，礼部要公开张榜，凡是"在京官员军民子弟"，只要是年龄在十四岁到十六岁之间，容貌整齐、行为端庄、有教养的，都可以参加报名，由司礼内

金凤簪·明

⊙梁庄王墓出土。湖北省博物馆藏。金凤簪共2件，簪首为金凤，昂首展翅，站立在如意云纹之上，下接簪身，通长23.5厘米、24厘米。

臣，即司礼太监先进行选拔。经过选拔，选出三位候选人，最后由皇帝亲自定下一人。选驸马的流程看上去很公平呀？这您就不知道了，到了明朝中期，太监专权，借着选驸马的由头，大开方便之门，谁家给的钱多，谁就能中选……

万历十年（1582），明神宗为妹妹永宁公主选婿。可惜，哥哥是好哥哥，司礼太监冯保却不是个好太监。他收了一户梁姓人家的贿赂，将梁家病危的儿子梁邦瑞选为驸马。公主与驸马行合卺礼的时候，驸马鼻血长流，连站都站不稳了。这不露馅了吗？您可别低估太监瞒天过海的能力，这不，太监们你一言我一语，有说婚礼"见红"好的，有说红色吉利的，轻轻松松，就把这件事遮掩过去啦！婚后不久，梁邦瑞就因病身亡，误了公主终身。

"玉手皇后"缘何失去帝心？

世宗张皇后以一双美手被皇帝看中，取陈皇后后位而代之。可是，不到七年，张氏就遭到废黜。张皇后因何失去世宗欢心，正史中并未记载，仅以寥寥几笔带过这位皇后的生平。不过，后世史料中，对张皇后被废的原因，大体记载了两种。

第一种为因试吃灵芝事件而被废。世宗好道，浙江巡抚进献灵芝十株，说有白色乌龟扶卧在灵芝根部。世宗对灵芝的功效不放心，让张皇后先吃下去试试。张皇后吃了后身体不适，生气地质问世宗，为啥用她来做试验？世宗被说中心事，恼羞成怒，愤而废后。

还一种说法为皇后因妒忌心太强而被废。张皇后册立之初，深得世宗宠爱。随着世宗后宫迅速充盈，张后因嫉妒开始"言辞不顺"。世宗长子哀冲太子降生时，张后"色不豫"，使世宗心生不快。太子出生两月即不幸夭折，有人向世宗进言说太子短命是因为张皇后在诅咒，世宗信以为真，大怒废后。

[历史旅行指南·活在大明]

知识受重视，太子更要学习

—— 宫廷教育

第四章 皇家穷奢极欲，皇帝任性放肆

　　皇帝要心怀天下，太子作为未来的皇帝，他以后是昏君还是明君，直接影响到国家的气运。所以呢，历朝历代对太子的教育培养都是重中之重。那么，咱大明朝是怎样教育太子的？和太子教育相关的机构有哪些？太子的老师多不多？太子需要学什么呢？悄悄告诉您，咱大明朝的太子，书本知识要学，健身技艺要学，不光自己要学，还有一大帮官员领学、陪学、导学……

▫ 侍读人数多，职责分工细

　　无论是古代还是现代，孩子的教育都是一件大事。作为皇帝的儿子，又是未来的皇帝，太子受到的教育更是非同一般。

　　咱们都知道，明太祖朱元璋纯草根出身，没啥文化底子。正因为这样，他对太子的教育格外重视。洪武元年（1368），朱元璋设置了春坊，用来辅佐太子读书。洪武二十二年（1389），朱元璋又设置了詹事院。洪武二十五年（1392），他又把詹事院改成詹事府，统管左、右春坊和司经局。这四个部门的官员品级不同，职责不同，但有一点是相同的：全部为太子服务。

　　咱们先来看看这张表，详细了解一下官职的设置和品秩吧：

部门	官职		人数	品秩
詹事府	詹事		1	正三品
	少詹事		2	正四品
	府丞		2	正六品
	主簿厅	主簿	1	从七品
		录事	2	正九品
		通事舍人	2	
左春坊	大学士		1	正五品
	左庶子		1	正五品
	左谕德		1	从五品
	左中允		2	正六品
	左赞善		2	从六品
	左司直郎		2	从六品
	左清纪郎		1	从八品
	左司谏		2	从九品
右春坊	大学士		1	正五品
	右庶子		1	正五品
	右谕德		1	从五品
	右中允		2	正六品
	右赞善		2	从六品
	右司直郎		2	从六品
	右清纪郎		1	从八品
	右司谏		2	从九品
司经局	洗马		1	从五品
	校书		2	正九品
	正字		2	从九品

您看，辅导太子的官员可真是不少！从品秩可以看出，责任最重的要属詹事啦。他不仅要掌管詹事府、左春坊、右春坊、司经局的所有政务，还要担负起教导辅佐太子的职能。詹事和春坊、司经局的翰林官员一起，轮番为太子讲解《尚书》《春秋》《资治通鉴》《大学衍义》《贞观政要》等书籍。除了典籍外，他们还要把前朝兴亡得失的道理归纳成文章，为太子讲读。

光学习理论知识还不够，学以致用才是关键。像当朝处置军国要事的道理呀，安抚边陲藩王的办法呀，各种政事，也都由詹事负责为太子讲解。总之，要成为詹事，既要通古晓今，又要世情练达。所以呢，能出任詹事的，可都不是一般人。您看，明英宗之前，詹事大多由尚书、侍郎、都御史兼任。到了明宪宗成化年间，只有翰林院出身的礼部尚书、侍郎，才能兼任詹事啦！

咱们再看春坊。春坊中，大学士的职责相当于贴身书记员，主要负责太子"上奏请、下启笺及讲读之事"。奏请是太子要上报皇帝的奏章。启笺呢，就是太子给中宫皇后、诸位藩王写笺信。讲读之事，指的是太子出阁读书时需要遵守的各种规矩礼仪。春坊中的其他官员也不清闲，他们要记录下太子狩猎、监国、抚军、出入朝会等事宜，随时向詹事汇报，还要纠正东宫内的不妥当、不符合礼仪的事务。

别看司经局的人数最少，但事情一点也不少。咱先看洗马。这个洗马呀，可不是把马洗干净。在这

《帝鉴图说之帝舜孝德升闻》· 明 · 无款

⊙由明万历年间内阁首辅、大学士张居正亲自编撰的《帝鉴图说》分为上下两部，是专供小皇帝阅读的教科书。上部题名为《圣哲芳规》，编录上自尧舜，下至唐宋共23个古代帝王的"其善为可法者"事迹共81则；下部题名为《狂愚覆辙》，编录三代以下共20个帝王的"恶可为戒者"劣行共36则。在《帝鉴图说》中，图画部分占有相当的分量，书中每一则事例都配着一幅画，每幅画都占一整页。绘画者虽未署名，但以其为御用图书配画的资格论，想必为一时之选。画面上，以二维空间表现透视关系，线条流畅，造型生动，充分展示了当时绘画艺术的高超技艺。

里，洗，读xiǎn，洗马的职责呢，主要是"掌经史子集、制典、图书刊辑之事"。看，是不是有点像图书管理员呀？实际上，洗马远远不止管理

第四章 皇家穷奢极欲，皇帝任性放肆

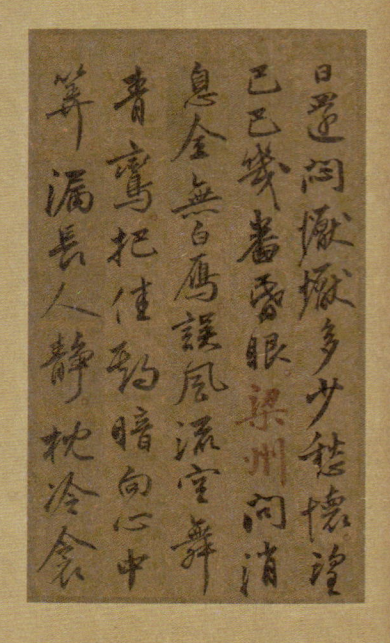

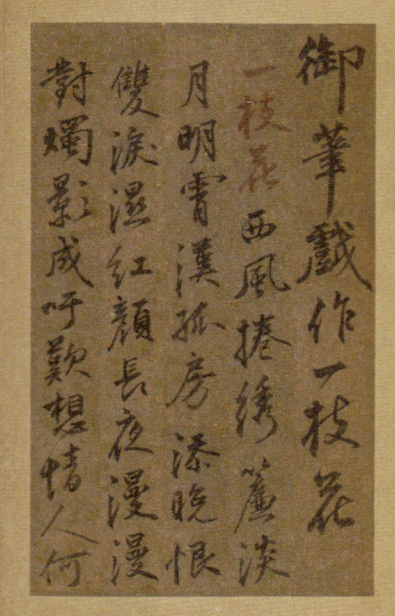

《御笔戏作一枝花》·明·朱瞻基

⊙中国台北故宫博物院藏。这幅作品是明宣宗《书画合璧册》中的一开,为宣宗创作的一首套曲。曲牌名以朱笔书之,余为墨书。曲写闺怨,足证宣宗文学修养。宣宗书法,因当时盛行沈度、沈粲一系书风,此件也如沈氏兄弟所宗法的王羲之传统,规矩法度中,多有洒脱之态。

图书这么简单。他在管理图书的同时,还要把这些书籍整理出正本、副本和贮本,预备随时提供给太子阅读。除此之外,凡是上交东宫的书籍或图册,洗马都要一一筛选收藏。校书和正字的职责主要是校对东宫书籍中的谬误,辅助洗马的工作。

您瞧,辅佐太子的官员不少吧?不过,光有这些官员还不够,皇帝还会为太子选定六位老师,他们被称为"太子三师三少"。三师呢,就是太子太师、太子太傅、太子太保,全都是从一品。三少指的是太子少师、太子少傅、太子少保,品秩为正二品。

咱们明太祖曾经对吏部说过,"辅导太子,必择端重之士"。这一点,从咱大明朝第一位太子朱标的老师配备就能看出来了。您瞧,朱标的太子少师是左丞相李善长,太子少傅是右丞相徐达,太子少保是常遇春、唐铎,名臣宋濂更是以"赞善大夫"的名义，贴身教导朱标长达十余年，老师阵容可谓是豪华顶配。

不过，咱大明朝的东宫老师全都是"兼官、加官及赠官"，也就是说，东宫老师的主要职责在朝堂，东宫师傅只是兼任。到了明朝中后期，"三师""三少"几乎全都是虚衔，担负起辅导太子职责的，依然是詹事府等部门。

▫ 出阁宜趁早，文武都要学

在明朝，太子教育中有个关键环节，就是出阁读书。您别笑，这里的出阁和大闺女出阁可是两码事。太子出阁，需要在特定的宫殿学习，换句话说，就是年龄到了，要接受系统化的学校教育啦。从整个大明朝来看，太子出阁的年龄大致在十岁左右。

洪武初年，咱明太祖朱元璋设立了大本堂，用来放置古往今来的各种图册典籍。随后，朱元璋召集各地儒学名士，为太子和其他皇子讲解经典书籍。每位名儒专门负责讲授一本书，在大本堂分班轮换讲授，白班夜班交替值守，学习气氛相当浓厚。后来，太子搬到文华堂居住，各位名儒又排好班，交替进入文华后殿讲学。不过，从这时起，讲学的对象只有太子一人，其余皇子开始与太子分开教育。

那么太子究竟要学什么呢？您别心急，咱们接下来的安排就是旁观太子出阁啦。时间嘛，就定在天顺二年（1458）吧。天顺二年，明英宗制定了太子出阁读书的礼仪，可热闹啦——

您瞧，最先登场的是主事官，他们正在文华后殿那里行跪拜礼呢，这个跪拜礼一共要行四次，也叫四拜礼。说话工夫，四拜礼就行完啦。直奔着太子去的那位官员叫鸿胪官，他专门负责朝廷礼仪，喏，他正在请太子升殿呢！咦，太子怎么不动弹？别急，还差一个步骤。看，那些师、保官员正在文华殿前面的红色台阶上跪拜呢。一，二，三，四！好啦，这些师、保官员的四拜礼也完毕后，下面该进入正题了。

现在，太子已经坐上文华后殿主位，内侍们也把书桌摆好了。接下来，为太子讲学的官员们一个接一个进入文华后殿，分东、西两列站好。见官员们都到齐了，内侍又上前，把书翻到太子要学习的地方。然后，官员们依次上前讲书或读书，讲完后，再磕头退下。瞧，有抬桌子的，有翻书的，有讲的，有读的，太子只要坐在那里，带着耳朵听就行了，这学得太轻松了吧？您先别忙着下结论，您仔细看下太子的课程表。

每天读书时，太子最先读的是《四书》。先是站在东边的侍读官上前，开始领读。陪读十多遍后，侍读官退回站立的位置。接下来是读经、史时间，陪读的侍读官换成西边这一列，也是读十多遍后，再退回原位。这两次十多遍书读下来，还不算完，等到"巳时"，也就是上午九点至十一点，各位官员依次进殿。官员进殿后，侍读官开始讲解早晨读过的《四书》和经史。讲解完毕，接下来是写字时间。瞧，侍读官们，有铺纸的，有磨墨的，有解说写字章法的，气氛相当热烈。等到太子练完字，之前讲读的官员们才陆续退场，当然，临去时，还要给太子行个磕头礼。

读读书，写写字，一上午很快过去。吃完午饭，太子又要开始下午的课程。咦，太子的神情似乎很雀跃？您没看错，孩子嘛，都喜欢上体育课，这不，太子的下午课程一般是"游息"或"骑射"，也就是游玩或者骑马射箭，太子当然高兴啦。不过，太子学骑马射箭可不是摆花架子。您看，咱明仁宗朱高炽学骑射的时候，"发无不中"。明英宗遭遇土木堡之变后，也要求太子要在骑射本领上多下功夫。

上午文化课，下午体育课，晚上还有晚自习。太子要把当天学过的书本读熟，然后才能去睡觉。偷个懒行不行？当然不行，有内侍看着呢！为了让太子把知识学扎实，每隔三天就有一个复习日。太子要温习学过的书本，直到熟读能诵，温习旧内容的时候不学新课。天气较为和暖的日子，比如"春夏秋日"，太子每天练一百个字。到了冬天，每天练五十个字。当然，太子学习也有假期，到了"朔望节假及大风雨雪、隆寒盛暑"，太子就可以放假啦。

您看，咱大明的太子，学习任务一点也不轻松吧？

▫ 身教更重要，榜样很关键

教育孩子嘛，讲究个言传身教，而身教又胜于言传。从这角度来看，咱大明的几位好太子呢，都有一位负责任的皇帝爹。

咱先看大明第一位太子朱标。至正二十六年（1366），朱标十三岁。当时还是吴王的朱元璋派他去祭扫祖坟，还让中书省官员带他游览京城附近的山川、城池、土地，"观闾阎（百姓）生业以知衣食艰难，察民情好恶以知风俗美恶"。同年冬天，朱元璋又带朱标去郊外祭祀，指着路边长的荆楚告诉朱标，知道古代为什么用这东西执行杖刑吗？因为这个东西能去风邪，打伤人却不会伤及性命，"古人用心仁厚如此，儿念之"。

咱再看明仁宗朱高炽。咱都知道，明成祖朱棣骁勇善战，在位期间经常御驾亲征。他对儿子朱高炽的教育更偏于实战。靖难之役时，朱棣南下夺位，留下当时的燕王世子朱高炽监守北京。永乐七年（1409）至永乐二十二年（1424），朱棣先后六次命令太子朱高炽监国。永乐八年（1410），朱棣还将北京城交给皇太孙朱瞻基监管。儿子孙子齐上阵，明成祖的实战教育可以说十分到位，教育成果也显而易见——明仁宗朱高炽、明宣宗朱瞻基的"仁宣之治"，推动大明朝进入鼎盛时期。

可惜后来太子出阁教育开始有名无实了。

太子朱标投水救师

朱标的老师宋濂是当世大儒，教导朱标极为严格，对朱标的一言一行，都会"以礼法讽劝，使归于道"。朱标也十分敬重宋濂，对他的教诲总是"敛容嘉纳"，"言必称师父"。

后来，宋濂的孙子被牵扯进"胡惟庸案"，朱元璋想要杀掉宋濂，朱标极力哀求。朱元璋非常生气，呵斥他："待尔为天子而矜之！"意思是，等到你当天子的时候再饶他吧！见父亲连这种话都说出来了，朱标不敢再多话，哭喊着要比师父先死，跳入水中。最后，在马皇后和太子的努力下，朱元璋没有处死宋濂，只是把他安置到了茂州。

[历史旅行指南·活在大明]

当个藩王有特权，欺霸乡里招人烦

○ 明朝藩王

咱明太祖朱元璋打下江山后，真是为儿孙们费尽了心血。您瞧，皇帝宝座只有一个，其他的老朱家子孙怎么安排呢？这不，朱元璋大规模分封藩王，确保老朱家子子孙孙有官位有封地，有荣华也有富贵。他还设置了专属机构宗人府，为藩王们提供日常服务。您说了，这些藩王们流淌着皇室血脉，享受着皇家富贵，又不用承担皇帝的责任，日子一定过得超级舒服吧？这个嘛，猜想为虚，眼见为实，咱们还是亲自去看一看吧——

▫ 天潢贵胄，尽享特权

咱大明朝的藩王最有特色的一点，就是没有实权。说到没有实权，您一定不难理解，毕竟，明太祖朱元璋刚去世没多久，燕王朱棣就起兵夺取了皇位，直接违背朱元璋"以藩屏帝室"的本意。因此，朱棣登基后，继续推行削藩政策，对藩王们打压、打压、再打压，防止大家有样学样，威胁到自己的皇位。不过，打压归打压，毕竟都是老朱家的子孙，可以威胁到皇位的实权不能有，但该享受的特权一个也不能少。

再有特权能怎么样，能大得过国法吗？在咱大明，法律面前并不是人人

白玉鹘捕鹅带·明

⊙湖北省博物馆藏。出土于明朝藩王梁庄王墓。这件白玉鹘捕鹅带主题为鹘捕天鹅，是迄今为止所发现的唯一一条完整的鹘捕鹅玉带。它原本是金代或元代的作品，经历过改制和转赐，辗转为梁庄王所有。

平等，藩王们直接凌驾于法律之上。您瞧，咱大明朝的藩王，只要不是"谋逆不赦"的大罪，只允许"发司举奏"，或提交宗人府处理，不得"擅自拿问"，也"不加刑责"。能处置、定罪藩王的，只能是皇帝和宗人府。

如果哪个老百姓要状告藩王呢？朱元璋在《皇明祖训》内明确规定了，"凡庶民敢有讦王之细务"，意思是说，如果有平民百姓胆敢揭发藩王的事情的，那么对不起，这位告状君的结果只有一个——"斩"。光斩首还不算完，他的家人还会被流放到边远地区。

您问了，藩王不受大明律法制约，那还不得为所欲为，满大街横着走啊？您猜得没错，只要不造反，藩王们的小日子过得那是相当恣意。有了天潢贵胄这个金字招牌，藩王府中自然高朋满座，鼓乐终日不歇。您听，这边的藩王宅邸彩声阵阵，蹴鞠正踢得热闹；那边的亲王私园蹄声嘚嘚，马球赛打得相当激烈。咱再去逛逛酒楼、青楼，到处都有这些皇族子弟纵情声色的身影。

好一幅活生生的"纨绔行乐图"啊！确实，藩王中飞扬跋扈的很多，但具备真才实学的也为数不少。远的不说，咱先看朱元璋的第五个儿子，封地在河南开封的周定王朱橚。朱橚文采非常好，能填词作赋，曾经作《元宫词》一百章。朱橚不光文采好，还为百姓做过实事。开封地处中原，各种植物生长茂盛，朱橚研究发现，可以食用的草类有四百多种。于是，朱橚把能吃的草本植物绘出图像，写上注解，编辑成册，命名为《救荒本草》，以备百姓荒年时应急。

第四章　皇家穷奢极欲，皇帝任性放肆

生而富贵，人人领薪

咱大明朝有个职能部门，叫作宗人府。这个部门人员不多，只有五人：宗人令、左宗正、右宗正、左宗人、右宗人。不过，这五人全都是响当当的正一品大员。衙门不大，品秩不低啊！您瞧，宗人府负责"掌皇九族之属籍，以时修其玉牒"，还要"选才能，录罪过"。也就是说，宗人府负责撰写皇帝的家谱，把宗室内有才能的皇族子弟报告给朝廷知晓，将有罪过的皇亲国戚登记上报。

为皇族服务的部门都满堂正一品，皇族子孙的待遇岂不是更加优厚？您猜得没错，每一位皇子、皇女、皇孙，到了十岁就能领取薪饷。至于薪饷多少，咱得先去了解一下大明朝的分封制度——

皇帝的嫡长子不用说了，妥妥的皇太子。至于皇帝的其他儿子，统统都是亲王。亲王的嫡长子封为世子，继承亲王爵位。亲王的其他儿子呢，受封的爵位叫郡王。郡王的嫡长子承袭郡王爵位，其他儿子受封为镇国将军。按照嫡庶有别的惯例，嫡长子承袭镇国将军爵位，其他儿子封辅国将军……以此类推，辅国将军以下，依次是奉国将军、镇国中尉、辅国中尉、奉国中尉。不光儿子有封号，女儿也少不了。皇帝的女儿自然最尊贵，受封为公主。亲王的女儿受封为郡主。郡王的女儿、孙女、曾孙女、玄孙女，分别是郡君、县君、乡君。

好家伙，这又是王又是将军的，名头不小呀。确实，名头不小，薪饷也不少。咱大明朝对这些藩王们实行岁禄制，发放的东西也很实在，直接发米。洪武二十八年（1395），咱明太祖朱元璋制定了宗室薪资新标准。您看，从亲王开始，直到奉国中尉，每年的禄米依次为：亲王一万石，郡王两千石，镇国将军一千石，辅国将军八百石，奉国将军六百石，镇国中尉四百石，辅国中

金镶宝石白玉镂空云龙纹帽顶·明
⊙出土于明朝藩王梁庄王墓。高3.9厘米，底径5.1厘米。冠顶镶嵌一件透雕云龙纹白玉饰，器身作覆莲瓣形，瓣内镶嵌宝石，现存7颗。

尉三百石，奉国中尉二百石。从公主到乡君，每年禄米依次为：公主两千石，郡主八百石，县主六百石，郡君四百石，县君三百石，乡君二百石。即便是废为庶人的宗室人员，每年也有一百石。

显然，儿女越多，禄米越多。于是，每家藩王府生育成风，儿子闺女成群，实在生不出来的，就到处认干儿子记在自己名下……

到了明穆宗隆庆年间，《玉牒》内现存的藩王宗室，从亲王到将军，共有"二万八千九百二十四位"。您再看洪武年间，这个数字是"四十九位"。短短两百年时间，宗室成员直接从两位数跃升到五位数。人多了，禄米自然要多。您瞧，国库一年支出禄米"八百七十万石"，而全国每年运往京城的贡米仅有"四百万石"，还不足藩王禄米的一半！

发不起禄米怎么办呢？您甭替古人着急，他们自有办法。洪熙元年（1425）七月，明仁宗赐给赵王朱高燧田园八十多顷，开启了赐给藩王田地的先例。就这样，藩王们的年薪变成了禄米加地租的形式。禄米仍然由朝廷负担，至于地租呢，自然转嫁到了农民身上……

▫ 圈地占田，霸市克税

地租被藩王收了，朝廷的税款怎么办？其实，这二者一点也不冲突。您看，朝廷赐给藩王的土地性质，大都是"永不起科"的田地。所谓"永不起科"呢，意思就是永远不纳税。种地不交税？这不是一项惠民政策吗？您说的没错，这项政策呢，是咱明太祖朱元璋在开国之初制定的，就是为了鼓励老百姓多多开垦荒地废田，实现安居乐业。

政策是好政策，也确实繁荣了明朝初期的农业经济。可是，这些无税地归为藩王名下后，种地的农民们就遭了殃。您想啊，为了多得禄米，藩王们连干儿子都收，为了多得地租，他们又会怎样呢？当然是想方设法占有田地了！

这个占有呢，也分为两种：一种是"合法"占有，也就是奏报皇帝，请皇帝将一些荒地、滩涂废地、无人耕种的闲置土地赐给自己。当然，这些所谓的闲田荒地，大都是藩王们准备侵吞的民田。另一种呢，就是不奏报朝廷，直接采取强买、抢夺的方式占有民田。

利益当头，藩王们侵占民田的行为相当疯狂。您看，明宪宗成化六年（1470），名臣姚夔在担任巡抚期间，发现山东、河南、河北的无税田地已经被藩王们瓜分得一干二净，"王府及势家多谓空地弃闲，请为己业"，百姓没有土地耕种，只能为藩王打工，当佃户，"人多怨咨"。

禄米加地租，藩王们的日子过得够舒服了吧？可在他们看来，这些远远不够。尤其郑和下西洋后，大明朝经济空前繁荣，藩王们瞅着眼馋，纷纷开始下海经商。您问了，藩王们养尊处优，会经营吗？您这话说得有些外行，藩王们只需要动动特权，占几家官店，去市场收收税，"每于开津都会大张市肆，网罗商税"，就能赚个盆满钵满。

咱再去看个例子。明英宗天顺年间，封地在江西的宁王，竟然"占周围城壕养鱼"，还在沿江地方私下建起粮仓，"起竖仓廒，停商取利，军民不得居息"。啧啧，这位宁王真没把自个儿当外人，城墙呀，江边呀，公共场所全都变成了他的私人地盘。您瞧，咱大明朝的藩王，真是"风光无限、实惠无穷"啊！

皇亲变庶人，子孙仍嚣张

您看，那位在高墙内癫狂哭骂的，就是咱明太祖的第七个儿子，齐王朱榑了。成祖时期，这位齐王因"性凶暴，多行不法"，与儿子一起被废为庶人，接连几代全被圈禁在高墙内。这一圈禁，就到了嘉靖十三年（1534）。

也许是长期圈禁导致性格扭曲，也许是遗传，朱榑的后代大都残暴任性，"齐宗人多凶狡"。按规矩，庶人子孙没有封号。但是，"齐庶人"们自我感觉极为良好，公然白吃白喝，白嫖白拿，到处讹诈钱财。一旦不得志，他们就摆出皇族架子，在院子里设立矮桌，正儿八经地叩谢皇恩，然后穿上皇族服饰，打开大门收取贺礼。

这不是泼皮吗？您说的没错，除了身体里还流淌着老朱家的血，这些皇族子孙，还真和市井无赖没啥区别。

第五章
地位低、限制多，但乐趣也不少

友情提示，女性朋友要想玩穿越，从商到元您随意选，但一定要记住：避开大明。准确地说，是避开大明前中期。您问为啥？天天窝家里不出门，您受得了不？厨艺纺织样样都要强，您学得会不？和爱人闹矛盾时不能发脾气，还得好吃好喝伺候着，您忍得下不？这就是咱大明前中期女性生活的真实写照。朝廷官府呀，社会舆论呀，甚至女性自身，都竭力把女性塞进女教的窄框框里，努力打造着三从四德的「女性标准范本」。

[历史旅行指南·活在大明]

贞节最受表彰，常有妇女寻死

○ 女性贞节观

说好要了解大明女性，咋到现在都没动静？您别急，咱先开个行前动员会，打打预防针。为啥？这个嘛，得先让您提前有个心理准备，比起唐、宋、元，明朝对女性的要求有点高——啊不，准确地说，是非常、极其、特别苛刻，咱现代女性一准接受不了……您有心理准备？好吧，翻开游览手册《与大明女性零距离》第一站《大明贞节观》，请读简介：通晓诗书不正经、死也不改嫁、露胳膊就去死、丈夫死了快去死……哎呀，您生气也别撕手册呀，咱这行程才刚开始……

▣ 树观念：贞节重，性命轻

姐姐妹妹消消气，咱是来旅游的，不是玩穿越的，既然啥都改变不了，就老老实实当个历史看客呗。游览手册太夸张？不不，咱这游览手册可是忠于历史的"良心读物"，您根据史实，自己评判……

先看这位祥符（今浙江杭州一带）的陈氏。她自小被许配给一位叫杨瑄的小伙子当媳妇。还没过门呢，杨瑄就死了。陈氏对父母说，我要随杨瑄去死，父母不让。陈氏又要去哭灵，父母也不让。于是，陈氏就私自剪下头发交给媒

《缝衣课子图》·明·仇珠

⊙仇珠，明代女画家，原籍南直隶太仓，号杜陵内史，绘画大师仇英之女，画风继承其父。画中女子在缝衣的同时，也在督教孩子读书。这幅作品更像是一幅风俗画，从一个女性的视角真实反映了明代家庭妇女的生活情形。

人，让媒人帮忙放到杨瑄怀里。杨瑄的母亲用婚贴包裹住陈氏的头发，与杨瑄一同下葬。此后，陈氏改穿浅颜色衣服，表示自己是个未亡人，为丈夫守孝。过了一段日子，陈氏的父母请媒婆为女儿再配一门婚事，陈氏听说后，一根白绫上了吊……

古代不是结婚前不能见面吗？这妹子应该连丈夫的面都没见过，咋还殉夫了？这点您说错了，小陈妹妹殉的不是夫，而是贞节。像小陈妹妹这样为未婚夫殉情的不在少数，不信您再看——

秀水（今广西贺州一带）有一家姓张的闺女，许配给了同乡秀才刘伯春。这刘伯春说了，不中举人不结婚。那就等吧。可是，等来等去，刘伯春还没中举身先死。小张妹妹得到消息，一剪子剪了自己的头发，从此足不出户，不吃荤菜。三年守丧期满，小张妹妹开始绝食，父母怎么劝都不听，最终活活饿死……

看吧，这事儿不稀罕，在咱大明，讲究"贞白自砥""名节重而蹈义勇"，意思就是，保持贞节很重要，勇敢地去死吧……

说自尽就自尽，未婚夫还不是丈夫呢，父母可是亲生的，养大了闺女，给别人养的？您这话说的没错，在大明，这闺女还真就是给别人养的——

在江夏（今湖北武汉一带），有位官家小姐叫欧阳金贞，许给罗钦仰为妻。还没过门呢，小罗就淹死了。当时，欧阳小姐刚满十四岁，哭着要投河。父母劝她，你还没出嫁呢，为啥要这样呀。欧阳小姐回答"自分无活理"，但

第五章 地位低、限制多，但乐趣也不少

既然父母劝，就不寻死了，一辈子做个未亡人吧。然后，欧阳小姐告别父母，直接去了罗家，以儿媳妇的身份伺候婆婆，帮助罗家管理家事。直到婆婆病逝，欧阳小姐才回到娘家，独自居住在一座小楼上直至去世，终身未嫁。

还有这等事，太不可思议了吧？您别感慨得太早，还有更离谱的，您听说过"眼睛守贞"吗？眼睛咋守贞？咱大明除了女人、太监就是男人，还不能看男人了？看倒是能看，可要看了不该看的，天呐，活不下去了——

这不，无锡成氏跟着丈夫尤辅去靖江游学。游山玩水成双对，红袖添香夜读书，旅途也是十分惬意了。可是，天有不测风云，一天夜里，主仆一家人睡得好好的，轰隆隆，江水突然决堤啦！大家争前恐后地爬上了房顶。等到大伙儿都上去了，发现成氏还没上来，赶紧叫她。没想到，成氏不急着逃命，先问了一句："你们都穿衣服了吗？"家人们面面相觑，傻眼了——光顾着逃命，谁还顾得上穿衣服呀，人人衣冠不整，还有裸奔的。成氏一听是这个情况，说："怎么能有男女赤身裸体相对，还能活下去的呢？我自己死在这吧！"于是，任凭家人们呼喊哀求，成氏只是不理睬，最终淹死在床上。

成氏的做法不是个例。崇祯年间，兴安（今广西桂林一带）发洪水，冲垮了房屋。有人造木筏自救，乡邻们都来投奔，一大帮人聚集在木筏上。这时，远处漂来一截腐朽的树干，树干上还挂着两名十六七岁的小姑娘。只见她俩紧紧抱着树干，在洪水中随波逐流。木筏上的人连忙进行援救，可这俩小姑娘一看，木筏上竟然"有裸者"，叹了口气，说："我们姐妹抱着这根木头挣扎，是想要找个'善地'活下去，竟然碰到了这样的事，还活着干什么！"于是，姐妹俩手拉手，自沉洪水溺死……

不是事急从权吗？咋都不要性命了？您太不了解大明的价值观啦！性命算啥，贞节才是最重要的。为了树立好这个观念，不光文人士子对贞妇大肆宣扬，咱大明朝廷也不遗余力，又是表彰又是奖励，硬生生把守贞捧成了感动明朝第一事，把烈女捧成了全民学习好榜样……

▪ 出政策：免徭役，奖旌表

咱大明对表彰节妇烈女相当热忱。各地巡按、督学官员每年需要上报辖区的节烈榜样。事迹最重大感人的,由朝廷赐"建祠祀"的恩典。次一些的事迹,地方政府要建贞节牌坊,竖起表彰贞节妇女的旗杆,让节妇的事迹光耀乡里。

重视贞节的同时,社会主流舆论发起"女子无才便是德"的论调,认为"妇女只许粗识柴米鱼肉数百字,多识字无益而有损"。所谓的"有损",指的是损害男性利益。显然,一个没啥文化、勤俭持家、忠贞不妒的媳妇更加符合男性需求。

教育史家陈东原教授认为,明代对贞节极力推崇表彰,与明成祖徐皇后也有很大关系。徐皇后认真记录婆婆马皇后的遗言,参考《女诫》等书,编撰出《内训》二十篇;又将古人"嘉言善行"集辑成《劝善书》,颁布发行于天下,成为规范女子言行举止的经典教材。皇后教,舆论赞,朝廷赏,很快,贞烈节妇遍布天下——

慈溪(今杭州一带)有女子杨氏,未婚夫郑子瑛病死后,她常住夫家侍奉公婆,帮助婆婆把几个小叔子抚育成人,"苦节五十余年"。同时,郑氏家族还有三个媳妇张氏、严氏、王氏,都是青年守寡,"皆以节闻"。为表彰这四位郑家寡妇的义烈,当地知府题了一块"郑氏节门"的牌匾,挂上郑家大门。

棠樾牌坊群
⊙位于安徽省歙县郑村镇棠樾村东大道上的棠樾牌坊群,为明清时期古徽州建筑艺术的代表作。它始于明永乐十八年(1420)建的慈孝里坊,明弘治,清乾隆、同治、光绪年间多次整修。七连座牌坊群体现了程朱理学"忠、孝、节、义"伦理道德的概貌。

第五章 地位低、限制多,但乐趣也不少

同样是在慈溪，一位孙姓女子嫁了定海县人黄谊昭，生了个儿子后，黄谊昭就去世了。孙氏守节未嫁。要说这孙氏也真命苦，独生子"继承"了老爸命数，娶亲生子后就一命呜呼，只剩下孙氏婆媳与两个幼子。当时，老百姓需要自行缴纳田赋。孙氏婆媳去南京缴税时，孙氏向尚书蹇义请求修筑海塘，根除百姓的潮患。蹇义见她们婆媳孤苦，问孙氏为什么不改嫁，孙氏回答："饿死事极小，失节事极大。"蹇义十分感慨，将此事上报皇帝，皇帝也深为感动，派遣官吏修筑海堤。感念孙氏对家乡的贡献，慈溪百姓在海堤上修庙祭祀孙氏。

您瞧，在大明做节妇，既迎合趋势，又光耀了门楣，还能惠及家乡。不过，光这些面子上的荣耀还不够，守节还能为家族带来实惠。《明会典》记载："凡孝子顺孙、义夫节妇，志行卓异者，有司正官举名，监察御史按察司体核，转达上司，旌表门闾。""凡民间寡妇，三十以前夫亡守制，五十以后不改节者，旌表门闾，除免本家差役。"

旌表门闾，还能免除差役，简直是名利双收啊！掺杂利益后，守节就不只是女子一个人的事儿，而是牵涉整个家族。

娶了媳妇不落家

看，张灯结彩放鞭炮，有户广东人家正在摆婚宴办喜事呢！咦，这新娘子的眼睛咋肿得跟俩桃子似的？能不肿吗，新娘子不想嫁，更不想与新郎同床共枕……

竟然有这种事？没错，这就是明清时期广东一带盛行的习俗——不落家。啥叫不落家呢，通俗来说，就是娶了媳妇不行房，媳妇归宁后长住娘家，逢年过节或公婆生日，才回夫家打个转。小两口有仇呀？仇倒没有，一个重要原因嘛，还在于咱大明根深蒂固的女贞观念。

守贞守贞，守到极致，一些地方的女子就觉得，被丈夫碰到、与丈夫一起生活都是不干净的。于是，她们出嫁前一天带上守贞带，把私处遮盖得严严实实。

爱学习来爱劳动，才是大明好女性

⊙ 女德和妇功

第五章 地位低、限制多，但乐趣也不少

说完咱大明严苛到极致的贞节观，咱再去了解一下大明的女子教育。啥？女子教育？大明奉行的不是"女子无才便是德"吗？这个嘛，其实，"女子无才"和女子教育的侧重点区别挺大。女子不得参加科举考试，不学习治世之才。女教呢，内容与科举考试的不同，有的是德行教育、仪态教育、言语教育、技能培训等多个方面，也就是咱们通常所说的"德容言功"啦！您别皱眉，女教是封建社会产物不假，但也不都是糟粕，咱得用辩证的眼光看待——

▫ 孝女淑女都要做

说起女教，在咱中国可算是源远流长。毕竟，"欲齐其家者，先修其身；欲修其身者，先正其心"，古代又盛行男主外、女主内，拥有一位心正、身修的贤内助，对男子齐家极为重要。因此，女性教育始终是历朝历代的重点。

早在汉代，学者蔡邕就提出"心一朝不思善则邪恶入之"，教育女儿蔡文姬要时时注意自己的言行举止。《女范捷录》记载，"在男犹可以尊师取友，以成其德。在女又何从择善诚身……是以教女之道，犹胜于男。"意思是说，女子养在深闺难以接触良师益友，因此更要注重对女子的教育。男子幼时送入

147

私塾开蒙，而女子呢，需要六岁开始学习简单的女红，七岁开始诵读《孝经》《论语》，从小开始培养成为大明优秀女性的综合素质……

大体说来，这女性素质可分为女德和妇功两个方面。女德呢，以提升思想认识和自身修养为主，主要包括孝亲、贞淑及持家。《内训》中提到，"孝敬者，事亲之本也。养非难也，敬为难。以饮食供奉为孝，斯末矣。"意思是，孝顺父母公婆，提供饮食不难，难的是发自内心地尊敬他们。

当然，只在心里尊敬还不够，是否真孝顺，还要看行动。您看，浙江余姚有位姓姚的姑娘，她的母亲去河边提水时，被老虎一口叼走。姚氏着急啊，跑过去拉住老虎尾巴。就这样，老虎向前跑，姚氏向后拉，"刺啦"，老虎尾巴根断裂，就松开嘴跑了，姚氏顺利地救下了母亲。

这姑娘真是好样的！在咱大明，像她这样舍身救亲的姑娘可不止一个。成化年间，武康（今浙江德清县一带）有位蔡姓女子，和母亲一起去山上采药，一只老虎蹿出来叼走母亲。蔡氏情急之下，折了段树枝对老虎乱戳乱打，"格斗三百余步"。老虎怒了，放下母亲咬向蔡氏，蔡氏受伤"血喷丈许"，鲜血染红了周围的竹叶。幸运的是，最后母女俩终于虎口逃生。

在全民学女德风气的熏陶下，有些幼女也极有孝心。嘉善（今浙江嘉兴一带）人徐远有一个女儿，小姑娘六岁时，母亲得了臁疮。所谓臁疮，就是小腿臁骨下的慢性皮肤溃疡，俗称老烂腿。小姑娘心疼母亲，问怎样才能治好。母亲逗她说："你吸吮它，它才会好啊"。小姑娘一听，低头就要吸吮母亲的患处。这下子母亲心疼了，连忙阻止。可小姑娘不依，痛哭流涕。没办法，母亲只好任凭女儿吮吸溃疡处的污血脓水。结果，小姑娘连着吸吮了几天，最后痊愈了。

先不说吸吮能治溃疡这个做法是否科学，单说小姑娘这份孝心，放在咱现在，又有几个孩子能做到呢？

咱再看贞淑。贞呢，自然是贞节，咱上一章已经说了不少，这里不再赘述。而淑呢，主要是"贞静幽娴，端庄诚一""德在安静，性在柔顺，不生事以致祸，不娇态以取媚"，也就是笑不露齿啦，小碎步走路啦，不轻易开玩笑啦，诚实守信用啦，面容端庄严肃啦……真是百分之百的淑女啊！对了，还有几条一准儿被现代女性唾弃的要求——"夫主为亲,将夫比天,夫有言语侧耳详听,夫若发怒不可生嗔,退身求让忍气吞声……"

在咱大明,女子孝顺、贞淑还远远不够,夫家更看重的还是女子的持家能力。这里的持家呢,指的是能"修家政、和上下、睦姻戚",也就是女子辅助丈夫、抚育子女、应酬亲戚、打理家业的能力,最佳境界为"动无不协"(协通谐)。要做到"和谐",关键要拿捏好分寸——为丈夫的事业提出合理建议,但还要保持女子的柔顺,不能高声呵斥、唠叨;柔顺地侍奉丈夫,但又不能诱惑丈夫沉溺闺房之乐,要端庄有度;好好教育子女,但又不能过于严厉或溺爱;掌控家中花销,既要保证勤俭,又不能丢面子;对亲戚要热情周到,但又不能过于谄媚;管理奴仆婢女有方法有规矩,但又不能过于严格或宽容……

▫ 烹饪纺织样样强

咱大明的女性,德行要高,手艺更要高。这里的手艺,也就是通常所说的妇功。什么是妇功呢?班昭在《女诫·妇行策四》中说的很明白:"专心纺绩,不好戏笑,洁斋酒食,以奉宾客,是谓妇功。"

您看,这妇功包括两个方面:一个呢,是纺绩的本领;另一个呢,就是厨艺啦。无论是"纺绩缝纫",还是"做茶打饭",都要"干净整齐"。

纺绩主要是女子手作的纺织、编织、缝纫、刺绣等。纺绩技艺中,最具盛名的要数刺绣啦。说到穿针引线,现代女性估计大都比较陌生,但在古代,刺绣可不仅仅是闺阁技艺,更是一门艺术呢!

四大名绣您听说过吧?苏绣、粤绣、蜀绣和湘绣。您看,苏绣讲究的是"人物能有瞻眺生动之情,花鸟能报绰约亲昵之态";粤绣呢,主要绣挂屏、扇套等装饰品,大多以松鹤猿凤为题材;蜀绣以花鸟虫鱼为主,用针"平齐光亮、不加代笔",花纹的边缘像用刀裁剪的一样,很难看出针脚;湘绣素来有"绣花花生香、绣虎能奔跑"的美誉。

早在宋朝,质量高的刺绣品就已"较画更胜",即比画作还要逼真生动。到了明代,刺绣技艺进一步提升,四大名绣之外,又出现了风格独特的顾绣。顾绣起源于上海顾氏家族。顾家是著名的书香世家,当时的家主顾名世为嘉靖

顾绣《东山图》·明

⊙上海博物馆藏。作品长79.5厘米,宽27.1厘米。画面所见山体巍峨,溪水潺潺,古树苍郁,一亭峙立水中,亭内两男子悠闲对弈,两仕女凭栏眺望,石桥边一人一骑匆匆而来。绣卷后有董其昌题跋。绣卷色彩淡雅、画韵浓厚,是顾绣珍品。

年间进士,儒雅潇洒,诗礼传家,在当地颇具盛名。顾绣的创始人缪氏,正是这位顾老爷子的儿媳妇。

不过,这个儿媳妇不是明媒正娶的正室,只是顾名世之子顾汇海的一名小妾。别看缪氏身份不高,在顾家的地位可一点儿都不低,原因呢,自然源于她能做一手好女红。缪氏心灵手巧,尤其擅长刺绣。她将书画艺术与刺绣技法巧妙地结合起来,"刺绣人物,气韵生动,字亦有法"。在缪氏的带动下,顾家上下女眷都开始研习刺绣技艺,甚至连婢女的绣品都非常出色,千金难求。顾家婢女曾绣《停针图》,因"视之穷态极妍,而擘丝了无痕迹",引得人们纷纷赶去顾家观赏,"观者倾一邑",甚至还有人愿意"以汉玉连环及周昉《美人图》易之"。

▫ 能生儿子很重要

您瞧,咱大明女性会的东西挺多吧?既要贤良孝顺能帮夫,又要可纺下厨能旺家。真是各项全能多面手啊!不过,比起下面这件事,会的东西再多也不

第五章 地位低、限制多，但乐趣也不少

重要啦。啥事呀？说出来您别笑——能生儿子。

咱都知道，这古代讲究"不孝有三，无后为大"，用现代人眼光看，这已经是过时的封建思想啦。但是，在大明人看来，能生儿子传宗接代，才是女子最重要的职能。而且，能否生儿子，不仅男人在乎，女性自身也极为重视……

扬州人胡尚纲的妻子程氏，在胡尚纲病重的时候，割下手臂上的肉给他吃，希望能感动上天，"肉到病除"。不过，这个方法没管用，胡尚纲还是死了。当时，程氏已怀孕四个月，她不饮不食，悲痛号哭了两天两夜，想要追随丈夫而去。有人劝她说，你肚子里要是个男孩，就能延续丈夫的香火了，你为什么要死呢？程氏说，可是如果生的是女儿，我不就白活了这几个月吗？不过，为了"万一是男孩"这个希望，程氏不再寻死，安心待产。足月时，果然生下一个男孩。不幸的是，第二年孩子就夭折了。儿子死后，程氏跟公婆、父母道别，自尽身亡。

在咱大明，这种"没儿子就不活"的例子举不胜举。还有的女性，为了让夫家有后，苦苦守寡。您问了，这丈夫都死了，还怎么有后呀？您忘了，丈夫的父亲也是男人，也可以传宗接代——

151

慈溪有位姓凌的姑娘，嫁给张维当媳妇。弘治年间，张维不幸去世。不久后，凌氏四岁的儿子也夭折了，当时凌氏年仅二十五岁。凌氏的哥哥心疼妹妹，劝她再找个人家嫁了，后半生有个依靠。凌氏气得咬破嘴唇，把血喷得满地都是，这辈子再也没回过娘家。公婆安慰她说："我们老两口不幸绝后了，也活不了多久，你的日子还长，靠什么生活呢？"凌氏告诉公婆，别劝了，我宁可饿死也不出这家门。

青年寡妇守着俩老人，日子的艰难可想而知。凌氏觉得，挨饿不要紧，老张家没后才是头等大事。于是，她变卖私房首饰，为公公娶回一位妾室。张老头还算争气，与妾室又生了个儿子。看到小叔子，凌氏比公公还高兴："张氏不绝，亡夫墓门且有寒食矣！"意思是，我老张家不会绝后啦，以后也有人给我死去的丈夫上坟啦！

至于凌氏的公公是否愿意娶妾，婆婆乐意不乐意，对不起，在"无后为大"的主流思想下，个人好恶全部要靠边站……

贤德的马皇后

说起女德，不得不提咱大明朝的"大脚皇后"马氏。在朱元璋参加起义军时，马氏嫁给了朱元璋，那时她就为丈夫分忧代劳，做些整理、保管文书的工作，有时还提醒朱元璋该办的事，省去了朱元璋很多精力。

天下平定后，马皇后经常苦口婆心地规劝朱元璋，让他少做了许多莽撞事，救下了许多性命。在马皇后临终时，身患重病的她竟然拒绝寻求良医。朱元璋焦急地问她原因，她说："如果吃了药救不了我的命，你会治医生死罪的。"她宁愿自己病死，也不叫丈夫枉杀一人。看着气息奄奄的皇后，朱元璋俯身轻声地问："你有什么话要说吗？"马皇后艰难地对他说："希望你改改脾气，求贤纳谏，对待功臣善始善终；把子孙教育好，使天下臣民各安其所。"说完就咽了气。她离世后，朱元璋悲痛不已，终身未立新皇后。

满腹才情在闺中，吟诗作赋传后世

⊙ 明朝才女

前面咱已经了解过，大明女子的教育格外严苛，自皇室到民间，普遍认为女子吟诗作赋会移了性情。到了明朝中后期，皇帝昏庸加上宦官横行，很多读书人不愿走进官场，宁可寄身山水间自在逍遥。一时间，大江南北才子并出，擅书的、擅画的、擅诗的……受当时风气影响，闺中女子也开始吟诗作赋，才情丝毫不输于男子……

◘ 宫廷：深宫幽怨，以诗寄情

要评选大明最神秘的女性群体，宫廷女子称第二，就没有谁敢称第一啦！毕竟，一入宫门深似海，就算立后封妃，也无法时常见到父母家人，这辈子只能生活在宫墙之内。自古以来，以描述宫中女子生活、情绪为主的"宫词"十分流行，但词人一定是亲眼看见过宫中的事情才写得真切。

在咱大明宫廷内，有很多才女站在第一视角，或叙事，或抒情，写出了身在宫中的百般感慨及无奈。

永乐年间，朝鲜向明成祖进献了一位权姓美女。这位美女面容姣好，擅长吹奏玉箫，成祖对其十分宠爱，封为贤妃。明宣宗宣德年间，一位姓王的女官

以权妃为蓝本,写了一首《宫词》:

琼花移入大明宫,一树凝香倚晚风。

赢得君王留步辇,玉箫吹彻月明中。

您瞧,宫闱深处,黄昏时节,晚风丝丝吹拂,琼花暗香浮动。琼树下朗月初升,美人纤手弄箫,箫声清亮动听。美景佳人当前,皇帝怎能不动心呢?

同样是宣宗时期,安徽凤阳出了一位才女,名叫郭爱。宣宗听闻这位才女的名声,把她宣召入宫,封为嫔。不得不说,郭嫔真是太倒霉了!她入宫刚二十天,宣宗就一命呜呼。临死前,郭爱留遗诗如下:

修短有数兮,不足较也;

生而如梦兮,死则觉也;

先吾亲而归兮,独惭予之失孝也;

心凄凄而不能已兮,是则可悼也。

郭爱所作的诗仿自蔡文姬哀古体,《明诗综》评价她的文风"得性情之正"。眼瞅着死到临头了,这位郭才女还能从容落笔,抒发人生无常及生死如梦的感慨,也算得上才气与胆气并重了。

明孝宗时期,有一位叫沈琼莲的女子,"以父兄故得通籍掖庭",即参加了选秀,入宫做宫女。选秀女的时候,孝宗出了个题目,让秀女们作《守宫论》,沈琼莲"援笔立成"。孝宗对沈琼莲的文采极为赞叹,对她另眼相看,称她为"女学士"。沈琼莲写的《宫词》,大都取材于宫中日常生活。您看这

《仕女图卷·弹奏》·明·杜堇

⊙上海博物馆藏。绢本设色,每段纵30.5厘米,横168.9厘米。作品描绘了明代宫廷女子的生活、游戏场景。整幅长卷共分为六个部分,每一部分都是一个单独的场景。包括:捶丸、蹴鞠、戏婴、画像、梳妆、弹奏六组,以树石楼阁加以分割。笔法简洁、意境生动。

第五章 地位低、限制多,但乐趣也不少

句,"中使传宣光禄宴,内家学士作新除",活脱脱一幅皇家赐宴图。再看这句,"昼永帘垂春寂寂,碧桃花映石榴裙",又形象写出了宫中长日寂寥,宫女只能对花自怜的情景。

▫ 深闺:诗文酬答,褒贬不一

大明主流舆论认为,女子有了"才",就会妨碍德行。到了明朝中后期,对这种女子应该无才的论调,一些人开始提出反对意见。明人刘氏的《女范捷录》中,提到"女子无才便是德,此语殊非",她认为,古代贤良的后妃、妇人等,很多都通晓诗书,难道说她们没有德行吗?在她看来,好女子就应该"知书识字,达礼通经"。

您瞧,明朝著名女诗人朱妙端正是这样一位好女子。朱妙端是海宁(今浙江一带)人,出身于书香门第。她"聪慧善诗,博览群书,以诗闻名当世",又恪守礼教,丈夫去世后守节终老,享年八十四岁。朱妙端自号静庵,有《静庵集》十卷流传当世。《历代名媛诗》中,收录了她一首咏史诗《虞姬》,现摘录如下:

力尽重瞳霸气消,楚歌声里恨迢迢。

贞魂化作原头草,不逐东风入汉郊。

还有著名诗人邢侗的妹妹邢慈静,著有《非非草》(诗文集)《之室集帖》(书法集)等,"文笔高古,有班惠姬之风",诗歌、文章、书法、绘画

155

俱都出类拔萃。后人誉曰:"……然高文词不多见,则夫人兼长为尤难矣。"

《历代妇女著作考》中,列出能诗会文的明代文艺女性足有三百余人,数量远超前代。在这些文艺女性中,像朱妙端、邢慈静这样才名卓著的不在少数,但也有一些女诗人名不符实,受到时人诟病。

明朝末期,吴中(今江苏苏州一带)有两位女诗人名噪一时,被称为"吴门二大家"。这两位女诗人一位叫陆卿子,十五岁嫁与赵宦光为妻;另一位叫徐媛,嫁给了范允临。

赵宦光颇具才学,陆卿子嫁入夫家后,在丈夫的指导下学习经史。经史略有小成,又开始学诗。十多年间,陆卿子笔耕不辍,将所写诗文辑刻成《云卧集》。范允临极为擅长书画,与当时著名画家董其昌齐名。徐媛及笄之年嫁入范家,因范允临长期出仕在外,徐媛闲极无聊之下,开始读唐诗,"咿唔短章,遂能成咏",后结集为《络纬吟》。

陆卿子与徐媛的成名,一方面是借助了丈夫的名气,另一方面呢,是因为她们引领了诗文酬答的风潮。明人钟惺辑录的《名媛诗归》中,收录了陆、徐二人的大量酬答诗:陆卿子所著有《赠琅琊王孝廉沈夫人》《赠毗陵安美人》《口占相逢行赠西吴毛夫人周》《赠冯观察夫人》《赠袁参知如夫人》等;徐媛有《送孟年伯母还楚》《赠赵夫人》《赠金云卿》等。

说了这么多,这两位夫人的诗写得到底好不好呀?咱来读读陆卿子的《口占相逢行赠西吴毛夫人周》——

相逢未相识,相别还相忆。

借问此何为?为君好颜色。

意思是,碰到了你,真让我难忘啊,为什么让我难忘呢?因为你长得太漂亮了。您说了,这也没啥毛病呀,多么浅显易懂,大白话似的。您看,就是太口语化啦,这首诗被钟惺批为"强入情来究竟只如陌路相逢耳"。

徐媛流传下来的诗词文赋较多,既有"洞天去人九万里,凉风吹云天似水"(《天上谣》)这样的长诗,也有"美人相望春江曲,门掩春风芳草馥"(《赠孟夫人》)之类的酬答诗。徐媛丈夫对她的作品评价很高,称她"独不喜子美而私心向往长吉",即徐媛不喜欢杜甫的诗,喜爱李贺的诗,创作风格也和李贺类似，"怪怪奇奇多自创"。但是，明末著名女诗人、画家方维仪却认为徐媛徒有虚名，没有领会到诗中真味，只是"偶尔识字，堆积龌龊，信手成篇"。

您看，对这两位夫人的作品，时人、后人有褒有贬，您要感兴趣的话，可以找《名媛诗归》看一看，亲自做个评判吧。

▫ 妓家：向往爱情，叹怀身世

除宫中、闺中女性外，咱大明还有一个特殊的女性群体——青楼女子，也就是妓女啦。您可别小看妓家女子，很多雅妓颇有才情，诗词歌赋样样精通。

《历代妇女著作考》中，记载了一位北里名妓王曼容。您瞧，这位姑娘长得白白净净，神态举止端庄有礼，"白晳而庄"。她虽身在妓家，却极有上进心：向周公瑕学字，向佘宗汉学诗歌，向许太初学琴……学成后，王曼容名噪一时，著有《长扬君集》。后来，因与一位姓张的男子定情，王曼容"绝迹不出"。当时与她经常交往的文人雅士"人人惜之"。

您再瞧，这位娇滴滴的金陵名妓朱斗儿，"风情摇曳，书画皆工"，著有作品集《月波词》。其中，有一句"芙蓉明玉沼，杨柳暗金堤"，受到时人追捧，"传诵之"。还有人夸赞朱斗儿的佳句"明艳可爱"，《玉镜阳秋》曰："斗儿佳句如'芙蓉明玉沼，杨柳暗金堤'明艳可爱。"

咱都知道，自古青楼多薄幸。妓女们身在贱籍，迎来送往，身世飘零。即便遇到情投意合的情郎，能够冲破世俗压力成为眷属的也为数不多。因此，妓家诗多以悲调为主，表达了妓女们向往爱情及感怀命运的情怀。《名媛诗归》中记录了一位淮安妓的《送春试》：

淮草青青淮水浑，安排轻橹送王孙。

明年三月桃花发，君听传胪妾倚门。

您看，与这位淮安妓交好的书生要上京赶考，姑娘在淮水边依依惜别。分别的时候，姑娘已经想象到书生金榜题名后，殿试时听唱名的场景。那个时候姑娘在干什么呢？只能倚着门框，怀想与书生在一起时的甜蜜时光……您问书生还回来看姑娘吗，这个嘛，十有八九是一去不回头啦！

157

咱再看卞赛的这首《醉花阴》：

春到人间能几日，愁过清明节。陌上正繁华，袅袅游丝，杜宇声啼血。

茫茫山水经年别，感事归心切。无计可留春，阵阵杨花，吹起漫天雪。

同样是咏春，前面那位徐媛夫人满怀喜悦地写下"门掩春风芳草馥"，而卞赛姑娘感受的却是杜鹃啼血的哀伤、杨花如雪的凄清。身为"秦淮八艳"之一的名妓卞赛尚且愁绪满怀，更别说那些普通妓女了。

秦淮侠女柳如是

柳如是本名杨爱，改名柳是，字如是，号河东君，是明末"秦淮八艳"之一。关于"秦淮八艳"最早的记录源自《板桥杂记》之"丽品"，经后人品评，最终确定为以下八位：马守贞、卞赛、柳如是、董小宛、顾媚、寇湄、陈圆圆、李香君。这八位姑娘才貌双全，除了李香君外，其余七位的作品在《全明词》中均有收录。

明亡前，柳如是嫁给东林党名士钱谦益为妾。明朝灭亡后，钱谦益先投降为官，又开始暗中反清。柳如是却始终从事抗清活动。钱谦益去世后，柳如是自尽殉夫。陈寅恪先生晚年作《柳如是别传》，对柳如是的诗品、人品大加褒扬，称赞她的作品文采、立意、神韵俱足，"皆工于意内言外者"。

现摘录柳如是《满庭芳》如下：

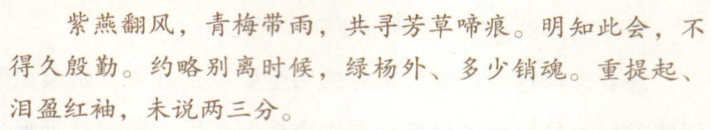

紫燕翻风，青梅带雨，共寻芳草啼痕。明知此会，不得久殷勤。约略别离时候，绿杨外、多少销魂。重提起、泪盈红袖，未说两三分。

纷纷。从去后，瘦憎玉镜，宽损罗裙。念飘零何处，烟水相闻。欲梦故人憔悴，依稀只隔楚山云。无非是、怨花伤柳，一样怕黄昏。

[历史旅行指南·活在大明]

第五章 地位低、限制多，但乐趣也不少

精描细画柳叶眉，轻抹脂粉桃花妆

⊙ 女儿妆

不管是古代还是现代，女人嘛，都喜欢在自己的脸蛋儿上下功夫。同样是化妆扮靓，每一个朝代都有独特的时代印记和流行风尚。走，咱们这就去观赏下明代女子的时新装扮。哎哎，笑啥呢？您说现代化妆产品这么先进，国内、国际大牌云集，明朝的有啥看头？实话告诉您，论起祛斑美白嫩肤修眉，人家大明也一样讲究！您不信？好吧，事实胜于雄辩，您自己去比一比，看一看——

▪ 美容护肤，一应俱全

来到大明这么多天，咱还没正儿八经地逛过街。今儿这日子赶得巧，二月初二龙抬头，城隍庙会好热闹，咱就去逛逛南京城隍庙，顺带看看美

漳州窑绿釉鸭形粉盒·明

⊙漳州窑是对明清时期漳州地区窑业的总称。福建漳州是中国外销瓷的重要产地之一，陶瓷文化源远流长。明清时期，漳州月港兴起，漳州窑瓷器成为重要的输出产品，其独特的文化韵味和艺术魅力蜚声海内外。

159

女吧！咦，那边店铺的生意怎么格外红火？衣香阵阵，鬓影云集，顾客全是窈窕佳人……收一收，口水流出来啦！这有啥稀奇的，美女爱光顾的，不是脂粉店，就是花钿铺呗。咱往跟前儿凑凑，哟，还真是卖脂粉的地方。

脂粉，其实是胭脂和粉的简称。粉嘛，主要效果就是遮瑕增白，对，和您包里揣着的粉底液、粉底饼、气垫BB霜作用差不多。在咱大明，最流行的粉叫作"胡粉"。胡？莫非是从西域进口的？您想多啦，这里的"胡"通"糊"，用粉糊脸的意思，咱平时听到的铅华、定粉、白粉、宫粉、水粉，都是胡粉的别称。

制成胡粉的原料很多，天然原材料中，最高档的要数珍珠粉啦，美容又养颜，令人"润泽好颜色"。次一些的，大蛤的壳也不错，就是润肤效果差一些。论起就地取材，就服岭南端州（今广东肇庆附近）。端州出产白石头，石头嘛，白的，粉嘛，也是白的，那就捡最白的石头磨成粉吧！您别说，这石头粉真能用，被称为"干粉"……至于非天然的胡粉，这原料和现代粉底就很相近了，增白效果棒棒哒，什么肤色暗沉、蜡黄都可以修饰，什么雀斑、痘印，统统遮住没商量。

最会玩儿的还要数皇宫。宫中流行珍珠粉和玉簪粉。不过，这个珍珠粉的原料不是珍珠，而是紫茉莉花的果实。将果实取种子蒸熟，再捣成粉，就是天然香粉啦。玉簪粉呢，就是剪下玉簪花的花蒂，在花中填入胡粉蒸熟。

除了粉之外，胭脂也是咱大明女子的宠儿，画个腮红，点个朱唇，堪称家中常备扮靓必需品。其实呢，胭脂就是被染色的粉。用紫矿染成的胭脂是胭脂中的上品，稍次一等的胭脂由花汁染成，最常用的是胭脂花和山榴花，还有用落葵子汁染的胡胭脂。最次等的胭脂由红花渣滓染成，又称紫粉，价格就比较低廉了。

胭脂制作工艺挺简单呀，摘几朵花，榨出汁，浇在粉上面，不就得了？您这想法太简单，做胭脂可没那么容易！您看这干胭脂的配方：麝香一点点，朱砂二钱，明矾二钱，把它们磨成粉末，加俩生鸡蛋黄搅上一百多下，再滴上几滴花蜜，放到丝绢制成的袋子里，然后挤呀挤，使劲儿挤，过滤出的汁液，才能与粉混合……

这古人起名儿就是风雅,什么十白粉、少颜膏、点痣乐……您看到的这几种呀,都是功能性化妆品,十白粉去"风刺面垢",少颜膏祛皱消水肿,点痣乐"点痣自落",还有祛身上斑的、治酒糟鼻的、消瘊子的、平肉刺的……功效相当不错。

眉儿细弯,粉面淡匀

单看容妆,明代美女都挺温柔的嘛。那当然,咱大明最流行的眉式就是柳叶眉啦。先不说美女们脾气如何,单看这细细弯弯的眉毛,真是纤巧秀丽,我见犹怜。

细眉流行,粗眉咋办?能怎么办,修呗!说到修眉,明代有一位妓女,因天生浓眉,被文人形容成"春山两座如屏障,刀剃了又长,线界了又长",备受讥讽。这文人够损的呀,没办法,主流审美观如此,眉毛浓密的美女们只好时时用刀剃、拿线绞,给眉毛勤"瘦身"啦!

大明传承几百年,难不成美女们个个儿都画柳叶眉?这倒不是,咱大明女子眉妆在承袭前朝的基础上,也颇有些创新。清人徐士俊曾作《十眉谣》,大致展现出明代女子眉妆的别致风情,全文如下:

一、鸳鸯。鸳鸯飞,荡涟漪;鸳鸯集,戢左翼。年几二八尚无良,愁杀阿侬眉际两鸳鸯。

《仕女吹箫图》·明·唐寅
⊙唐寅的这幅作品虽为仕女画,但是从人物的妆容、首饰和服饰上,可以看出明代妇女的容妆特色。

第五章 地位低、限制多,但乐趣也不少

二、小山。春山虽小，能起云头；双眉如许，能载闲愁。山若欲雨，眉亦应语。

三、五岳。群峰参差，五岳君之；秋水之纹波，不为高山之峨峨。岳之图可取负，彼眉之长莫频皱。

四、三峰。海上望三山，缥缈生烟采。移作对面观，光华照银海。银海竭，三峰灭。

五、垂珠。六斛珠，买瑶姬。更加一斛余，买此双蛾眉。借问蛾眉谁与并，犹能照君前后十二乘。

六、月棱。不看眉，只看月。月宫斧痕修后缺，才向美人眉上列。

七、分梢。画山须画双髻峰，画树须画双丫丛，画眉须画双剪峰。双剪峰，何可拟。前梅梢，后燕尾。

八、烟涵。眉，吾语汝，汝作烟涵，侬作烟视。回身见郎旋下帘，郎欲抱，侬若烟然。

九、拂云。梦游高唐观，云气正当眉，晓风吹不断。

十、倒晕。黄者檀，绿者蛾，晓霞一片当心窝。对镜绾约覆纤罗，问郎晕澹宜倒么。

眉毛画好了，接下来就要修饰脸颊了。您看，这位美女双颊各描有一弯新月，衬得她颧骨圆润下巴尖，非常精神；看那位美女，双颊各绘一轮圆圆的满月——啊不，这中间还有个四方孔，原来画的是铜钱。这边三位美女正在嬉笑，面颊涂成深红，这叫酒晕妆；那边吃蜜饯的美女面色淡淡，画了"桃花妆"。还一种流行颊妆名为"飞霞"，模仿云中彩霞，在晕红双颊薄薄罩层胡粉，白里透红，分外可人……

真是粉妆玉砌佳人多啊！您看，十个美人儿，就有七八个脸上贴着装饰品，形状各别，或花朵或昆虫或云纹……这叫花钿，也叫花子，有的贴在眉间，有的贴在面颊，衬得美人儿愈加娇俏可人。金、银、绸、绢、花钿都不稀罕，揪下叶子或花瓣贴脸上的也很常见，您听说过贴鱼鳞的吗？这种鱼鳞钿只南京独有，南京女子喜爱鲥鱼鳞片银光透亮，经常取鲥鱼鳞贴在脸上，漂亮确实漂亮了，但这气味……

第六章
吃喝都成文化，宴饮很讲礼仪

其他文明在发展进步，咱大明朝当然也不能落后，而且要力争上游。就说饮食这事吧，咱大明朝不敢说比前朝先进、比现代科学，但咱绝对吃出了水平，喝出了档次。可以这么讲，在咱大明朝，饮食绝不止柴米油盐酱醋茶那「开门七件事」，而是有层次、有内涵，事事藏学问、样样带讲究，源于吃喝却高于吃喝，体现了色、香、味、形、意完美结合的高端艺术，更有着不仅限于吃喝饮宴的礼仪和文化，称得上小处独具匠心，大处巧夺天工……对不起扯远了，还是听咱慢慢道来——

[历史旅行指南·活在大明]

简单两顿饭，演变成奢华大餐

——宫廷御膳

话说咱太祖皇帝朱元璋，那绝对是高尚简朴、以身作则的好皇帝。人家出身贫寒，矢志不渝地一心为咱大明子民谋福利，哪里在乎一己的口腹之欲、声色之愉？您要是不信，听咱说说咱太祖皇帝每天都吃什么，您马上就会明白。然而可惜，这好品质咱太祖皇帝的子孙却没继承发扬，而是走向了另一个极端……

▫ 从一道豆腐说起

"当！当！当！"咱太祖皇帝要用早膳啦！只见他老人家端坐在中央，几位太监和宫女高举着御膳走了进来，恭恭敬敬地送到咱太祖皇帝的龙书案上。

设想您这时有幸陪坐，啊不，是陪侍在一旁（天子面前哪有您这位布衣平民的座位），您将见到怎样一桌盛宴呢？

您定睛观瞧，只见端上来的御膳一盘盘青的青，绿的绿，都是些平常不过的菜蔬，禁不住一阵失望——难道咱太祖皇帝每天就吃这些？咦，还有这盘白白嫩嫩的又是什么东西？难道竟是豆腐？

没错，这盘白得纯洁、嫩得可爱的菜肴正是最家常不过的豆腐，也是咱太祖皇帝每天御膳餐桌上的必备之物。

青花红彩云龙纹碗·明正德

⊙碗撇口，弧腹，圈足。碗心绘青花五爪云龙，外壁口沿处用回纹装饰，腹部装饰青花行龙纹，并用红彩描绘祥云作为点缀，足部青花弦纹。足底青花双圈书"正德年制"四字楷书款。

难道……咱太祖皇帝竟是个素食主义者？您不禁产生了疑问。

其实嘛，当然不是。咱太祖皇帝戎马一生，当然也吃肉。但是他老人家不是讲究朴素、提倡节俭嘛。所以呀，自从他当上了皇帝，他每天两餐吃得都很简单，早上一般只吃蔬菜，额外加一道豆腐。晚餐呢？别的菜不论，但也必须有豆腐。他为什么要这样呢？清人吴骞的《拜经楼诗话》一书告诉我们："明太祖既定天下，每早晚进膳必列豆腐，示不敢奢也。"

原来这是咱太祖皇帝表明自己不敢忘本、不敢奢侈的意思。您现在应该明白了吧？您对咱太祖皇帝佩服不佩服？崇拜不崇拜？

好吧，您当然会表示同意，毕竟您是咱大明子民。而且既然咱太祖皇帝已经做了表率和榜样，那么他身边的人怎么会不学习，又怎么敢超越他老人家的饮食标准呢？所以嘛，实际上咱大明刚开国的时候宫廷饮食是很简单的，就连"母仪天下"的马皇后都夫唱妇随，跟咱太祖皇帝同心同德，提倡节俭反对浪费，甚至亲自操办宫中的饮食。而咱太祖皇帝其他的大小老婆们和他的儿子们也都生活简朴——他们每天只从光禄寺领一斤羊肉，而且领了羊肉就不领牛肉，或不领牛乳，也就是说，他们要么吃羊肉，要么吃牛肉，要么喝牛奶，"不可得兼"。

还有，咱太祖皇帝顿顿吃豆腐，这是多么伟大的行为，大家怎么能不永远铭记、永远效法，而让这伟大光荣的传统永远继承下去呢？所以，皇帝顿顿要吃豆腐，成了咱大明的一项制度、一项传统，谁也不能更改。

咱太祖皇帝的后代子孙似乎对顿顿吃豆腐这个传统制度有点"小小的腹诽"。他们当然是不敢更改这项传统制度的，但也"小小地"做了一点变通——把做豆腐的原料从豆子改为鸟脑，做出了大明宫廷版鸟脑豆腐。

第六章 吃喝都成文化，宴饮很讲礼仪

斗彩鸡缸杯·明

⊙大英博物馆藏。明代中期之后，侈靡之风日盛，这不但反映在饮食上，也反映在器皿上。就拿这小小的鸡缸杯来说，到万历时期就价值十万，更别说现在动辄上亿的拍卖价格。

鸟脑豆腐当然还叫豆腐，但那价值已经大大不同，味道恐怕也大大地不一样了。那这种豆腐到底是什么味道呢？这咱可不知道，但是据说咱大明皇宫做这样一盘豆腐要用近千只鸟的脑子，这份豪奢您就想象去吧。

这真是：

日上金铺露未干，

膳房承旨进朝餐。

未其旧品何时换，

鸟脑新蒸玉一盘。

皇家都是"大胃王"

咱太祖皇帝的后代子孙在吃豆腐这件事上都敢对他老人家的"祖宗之法"阳奉阴违，他们在饮食的其他方面当然更不会在乎什么"宝训""祖训"，甚或别的不成文的规矩了，这也就理所当然地造成了后来咱历代大明皇帝渐渐在饮食上走上骄奢豪阔的道路。那么他们具体的表现是什么呢？首先是铺张浪费，挥霍无度——咱大明的皇帝、后妃们个个都很能"吃"，简直个个都是"大胃王"。怎么见得？您听咱举两个例子就知道了。

首先请看一份清单的开头：

猪肉一百廿六斤

驴肉十斤

鹅五只

鸡三十三只

鹌鹑六十个

鸽子十个

熏肉五斤

鸡子（即鸡蛋）五十五个

奶子（即牛奶）廿斤

面廿三斤

香油廿斤

白糖八斤

黑糖八两

豆粉八斤

芝麻三升

……

这份清单没完，后面还有许多，像什么核桃、面筋、豆腐、麻菇、豆菜之类，也有茴香、砂仁、花椒、胡椒等调味品。

那么您要问了：难道咱这是要请客？准备请上百号人？

错啦。这不是请客，而是一个人一个月伙食原料的清单。谁的？当然是皇帝——咱大明神宗皇帝朱翊钧的。既然是皇帝吃，当然不能说伙食，而应该说御膳。具体地说，这份清单记录的大约是咱这位神宗皇帝万历三十九年（1611）正月里所用御膳原料的底账，记下这份清单的人叫张鼐（nài），曾经给万历皇帝写过起居注，可能有机会接触到光禄寺底账，所以就随手做了记录，收在他的《宝日堂杂钞》中。

说过这份清单的真实性，咱再来简单分析一下：这份清单上的东西是专供神宗皇帝的。但其中仅猪肉一项平均每天就有四斤多，足够一个人吃饱，甚至根本吃不完。然而这还不是神宗皇帝每天所吃东西的全部，因为张鼐的记录里另有一份"乾清宫膳"清单。乾清宫是谁待的地方？只有皇帝呀。"乾清宫膳"当然也只是给咱神宗皇帝吃，那份清单中仅猪肉一项就有二百廿一斤八两，平均每天七斤多，平常人根本吃不完。

所以您能得出的结论是什么？朱翊钧绝对是个"大胃王"。

但"大胃王"可不仅朱翊钧自己——《宝日堂杂钞》中还有"慈宁宫膳"，其中仅猪肉就有一百五十一斤八两，单这一项就够他妈妈李太后每天分五斤了。又有"坤宁宫膳"，猪肉有七十七斤八两，另外还有"鹅五只、鸡十只……"咱就算鹅每只六斤、鸡每只三斤，这位正宫皇后每天光是肉类也能吃到四斤多了。

所以接下来的结论是什么？太后、皇后也都是"大胃王"。

别的"宫膳"咱不再列举，但您只要看看《宝日堂杂钞》中的"宫膳底账"，就会得出一个结论：大明皇家个个都是"大胃王"。

第六章 吃喝都成文化，宴饮很讲礼仪

167

不过当然啦，您心里一定也明白他们并不是真的大胃王，他们只是太浪费，太能挥霍。

您可能要说了：你这证据实在是不充分，因为只有万历一朝，而且只是其中某一年某一月，不能代表大明所有的皇帝，所有的皇家人。

好吧，这个咱承认。但咱大明宫廷御膳留下的资料本来就不太多，咱也只能将就着根据现有的资料分析。何况有些情况，有人是做出过描述的。像清朝初年的沈元钦就说思宗皇帝朱由检时候的宫中御膳是："皆丰美，其食唯心所欲，顷刻即至，日费三千金为例。"就是说全是好吃的，想吃什么吃什么，要了马上就有，每天要花掉三千金——这三千金就是三千两银子。每天三千两，大概是夸张。有历史学者认为可能是三百两。而根据《宝日堂杂钞》中关于各项膳食所花费的银两计算，万历三十九年一月，宫廷膳食的花费大约是一万两千二百二十七两，平均每天约为四百零八两。咱都知道思宗皇帝比神宗皇帝节俭一些，所以说三百两大概是准确的。

咱大明皇帝每天要吃掉三四百两银子，实在够惊人的。算上三宫六院的妃嫔，大大小小的皇子们，以及所有的宫女太监等，皇宫内每日的饮食花销可真不是个小数目。

另外咱太祖皇帝前期虽然简朴，但后来也成了一个"大胃王"。你不信？且看这份洪武十七年（1384）七月某日咱太祖皇帝早膳和午膳的菜单——

早膳：

羊肉炒

煎烂拖齑鹅

猪肉炒黄菜

素熇（hè）插青汁

蒸猪蹄肚

两熟煎鲜鱼

炉煿（bó）肉

箸子面

撺鸡软脱汤

香米饭

豆汤

泡茶

午膳：

胡椒醋鲜虾

烧鹅

焚羊头蹄

鹅肉巴子

咸豉芥末羊肚盘

蒜醋白血汤

五味蒸鸡

元汁羊骨头

糊辣醋腰子

蒸鲜鱼

五味蒸面筋

羊肉水晶角儿

丝鹅粉汤

三鲜汤

绿豆棋子面

椒末羊肉

香米饭

蒜酪

豆汤

泡茶

怎么样？是不是早餐也不那么素了？而且他早上的饭菜汤共有十二品，中午有二十品，这些就算都用小碟子上估计一个人也吃不完。您还说咱太祖皇帝不是“大胃王”？

接着您再看这份永乐元年（1403）十月某日的御膳——

菜品：

酒四品

焚羊肉

清蒸鸡

椒醋鹅

烧猪肉

猪肉撺汤

用料：

鹅一只

鸡三只

羊肉五斤

猪肉六斤

另有：

白掺米二斗

茶食九斤

香油烧饼九十片

砂馅小馒头（用白面四斤、砂糖八两、赤豆一升、雪梨、鲜菱各二十斤）

这当然是给咱成祖皇帝吃的。这位朱棣同样是个“大胃王”。

饭菜品类多，他们爱吃啥

您要问了：御膳菜单里有些菜咱咋看不懂呢？这么说吧，咱也不全懂，不过能说上个一二：像“熇”大约就是猛火烧制，“煿”则可能是把肉片平铺了烤熟，“算子面”也许是略宽的面条，形如古代的算筹，“撺”则当同“氽”，是用开水来烫熟。

看了朱元璋和朱棣爷儿俩的菜单，您可能觉得咱大明皇帝吃的饭菜也不过如此，烹饪手法无外乎炒、煎、蒸、烤、烧，外加煮汤、泡茶。没错，您要是让光禄寺给您也来一份御膳，包管差不多。

但大明皇帝也爱吃个新鲜不是？

所以后来咱大明的许多皇帝都不用光禄寺了，专让太监给自己备膳。

那您又问了，其余的大明皇帝们都爱吃点啥？这个咱也能说上个一二。您听好了：

咱世宗皇帝朱厚熜爱吃的是：麒麟脯、五色芝。

咱穆宗皇帝朱载坖爱吃的是：驴肠、果饼。

咱熹宗皇帝朱由校爱吃的很多，如炙蛤蜊、炒鲜虾、田鸡腿、笋鸡、笋脯、鲜莲子汤、盐焙西瓜等，而他的最爱是"什锦海鲜脍"，用海参、鳆鱼、鲨鱼筋、肥鸡、猪蹄筋等共烩一道菜。他又爱吃一种鸡鬃菜（或许是鸡枞菌），是滇南进贡的，每斤要几两银子。

咱末代皇帝思宗朱由检则嗜爱燕窝羹，无之不欢。每次御厨给他煮了，还先要有五六个太监尝过了咸淡才能进献给他。您就说他们要喝掉多少燕窝羹吧。难怪他会亡国……

珍珠翡翠白玉汤

相传，朱元璋在一次起义兵败时，与众兄弟失散，在奔逃中又渴又饿，晕了过去，被两位乞丐所救。乞丐用剩饭、豆腐、白菜和菠菜叶熬成了汤送给朱元璋喝。朱元璋喝了之后顿觉恢复了精力，忙问这是什么汤，乞丐临时起了个名字，说这是"珍珠翡翠白玉汤"。

后来，朱元璋当上了皇帝，尝尽了天下美味佳肴。突然有一天，朱元璋身体不舒服，吃山珍海味都味同嚼蜡，于是便想起了当年吃到的"珍珠翡翠白玉汤"。御膳房的厨子们都不知这是什么菜，朱元璋便下令寻找，终于找到了当年的乞丐，让他们又做了这道"珍珠翡翠白玉汤"，可朱元璋再也吃不出当年的味道了。

故事是民间传说，有不同版本。但可以确定的是，朱元璋做皇帝后常吃青菜豆腐以示俭朴。

第六章 吃喝都成文化，宴饮很讲礼仪

五彩鱼藻纹罐·明嘉靖

⊙大英博物馆藏。该罐器形硕大，罐底釉"大明嘉靖年制"六字楷书款。这件五彩鱼藻纹罐构图饱满，画法古拙，色彩浓艳，是中国明代嘉靖年间五彩瓷中的精品。

[历史旅行指南·活在大明]

HUOZAI DAMING

一群人大鱼大肉，
另一撮爱吃青菜

○ 士人饮食

论起饮食，最能吃喝出水平、吃喝出文化、吃喝到上等人境界的，还是咱大明文化人。在这方面，咱大明一代代官员、士子前赴后继，从各个阶层，以不同的社会身份和社会地位各自做出了不同的重大贡献——吃得豪阔奢侈已经不算高明，吃得高贵清雅才算有点身份，吃到自得其乐方臻超凡脱俗……

▫ 当官常饮宴，有钱真豪奢

所谓"上有所好，下必甚焉"，民间又有俗话说"上梁不正下梁歪"。咱大明皇家在饮食这件事上所起到的榜样带头作用绝对是"由俭入奢"，前后截然不同，来了个一百八十度的大转弯。而这种转变带给民间的影响就是"上行下效"：皇家人都能吃大餐，咱当然也不能不讲究。首先开始效仿的，当然是咱大明那些官员们——

本来根据咱太祖皇帝的规定，大明官员不得饮宴，敢随便聚众吃喝即可治罪。但后来这种禁令渐渐放宽，变得形同虚设。而咱大明的官员们真正可以公然吃喝饮宴，大约是从咱孝宗皇帝朱祐樘的弘治年间（1488—1505）开始的。为啥这么说呢？因为这里面有个故事：

话说一天夜里，咱孝宗皇帝还没睡，坐在那里感到很冷。他忽然想起了他的臣子，于是问左右："这时候百官有刚赴完宴喝完酒的吗？"

"有的吧。"左右回答。

"天这么冷，路这么黑。要是有廉洁贫苦的官吏回家的路上连个照亮的灯火都没得，那可怎么办？"咱孝宗皇帝担心起来。

"那种情况也有的吧。"左右又说。

咱孝宗皇帝急了，马上传旨，命令从今以后有在京官员晚上回家，无论官大官小，一路都要有巡城的士兵拿着灯火护送。

您瞧，咱孝宗皇帝是多么爱护他的臣子呀，连他们喝了酒回家别因为天冷路滑摔倒受伤这样的事都关心到了。

但也正因为如此，咱大明官员们再吃喝饮宴也没啥可怕的了。这可是皇帝恩准，还要特别照顾的呢！当然要大张旗鼓，当然要大搞特搞，而且当然要经常搞一搞啦。

官员们常饮宴吃喝，而且往往不用自己花钱。但也有官员饮宴吃喝自己花钱，而且非常豪阔奢侈。原因很简单，人家有钱。

咱大明万历、天启年间的谢肇淛（zhè）在他的《五杂俎》中就记录过这样一件事：他爹谢汝韶被贬官到长沙，一次参加了个宴会，连主人带客人总共只有三席，但他大概是见席上酒菜太丰盛了，就偷偷向厨子打听，这一打听不打紧，吓了一跳，原来这样三席菜共用了：

鹅十八只

鸡七十二只

猪肉一百五十斤

别的东西也都不少……

"乖乖隆地咚"，这不是浪费吗？于是谢肇淛给了四字评语——"良可笑也"。

但他谢肇淛批判也没用，人家照样大张旗鼓地吃喝饮宴，浪费无度。谢肇淛自己就说："今之富家巨室，穷山之珍，竭水之错，南方之蛎房，北方之熊掌，东海之鳆炙，西域之马奶，真昔人所谓富有小四海者，一筵之费，竭中家之产，不能办也……"

有钱人那真是想吃什么吃什么，普通人根本比不了。

然而不想比也不行——到了咱大明的晚期，读书人够得上士大夫身份的，想请客可就得出点血，要提前几天准备，要有好酒好菜，菜少了还不行，怎么也得多得桌子上放不下，否则就叫"鄙吝"，属于又小家子气又抠门，是要被人耻笑的……

▫ 特产人人爱，清雅最自然

别管被不被人耻笑，没钱的人还是不少。毕竟"巧妇难为无米之炊"，有时候经济条件不够，想要摆阔也实现不了。再说了，咱大明读书人那也是讲水平讲境界讲文化的，怎么能光为了摆阔气、显身份呢？更何况大鱼大肉吃腻了，山珍海味也不会总显得稀奇，难道这世上就没有更值得追求的饮食吗？

答案当然是有，而且很多——那就是土特产。土特产有什么值得追求呢？您今天不还讲究个品尝地方特色美食吗？咱大明那可是几百年前，交通都不发达，能尝到各个地方独具特色的特产美食，那还不显得特别有身份？还不值得骄傲？

咱大明晚期著名的文学家、史学家和"杂学家"（就是对什么都爱好，什么都懂一点）张岱就坚信这一点。他在他的著作《陶庵梦忆》中记录了一长串"方物"（即地方特产），咱不妨给您列出一些——

北京：苹婆果、黄鼠（liè）、马牙松（根据周汝昌先生的意见，"黄鼠、马牙松"当为"黄芽马粪菘"之误，"黄芽马粪菘"也就是大白菜。）

白玉螭龙单把杯·明
⊙此杯以白玉为材，掏膛而作，制作规整，椭圆形杯口，深腹。杯侧为一螭龙形把，龙口啄杯沿，后爪探向杯底，形制古朴。

山东：羊肚菜、秋白梨、文官果、甜子

福建：福橘、福橘饼、牛皮糖、红腐乳

江西：青根、丰城脯

山西：天花菜

苏州：带骨鲍螺、山楂丁、山楂糕、松子糖、白圆、橄榄脯

嘉兴：马鲛鱼脯、陶庄黄雀

南京：套樱桃、桃门枣、地栗团、莴笋团、山楂糖

杭州：西瓜、鸡豆子、花下藕、韭芽、元笋、塘栖蜜橘

萧山：杨梅、莼菜、青鲫、方柿

……

这清单咱没列完，后面还有不少。这些东西张岱都吃过吗？当然是吃过的。他说："远则岁致之，近则月致之，日致之。耽耽逐逐，日为口腹谋，罪孽固重……"

这些东西路远的就每年弄来吃一次，路近就每月甚至每天都弄来吃。每天这样沉溺追求不过是为了口腹之欲，他自己都感到罪孽深重……

只为满足口腹之欲不符合读书人的精神追求，所以咱大明还有不少读书人对于饮食讲究的是清雅。怎么算清雅呢？大概首先就要节俭、朴素。咱大明这方面的代表人物可以推"江南四大才子"中的文徵明。这位老先生每天早上只吃一点饼饵，就是糕饼点心之类。中午时吃点米饭、炒菜。晚上吃的是面饭。夜宵呢，则是两小碗粥。这样的饮食很俭朴，好像也很养生。

比文徵明地位高、权势大的还有一位王恕。这位有名的清官在巡抚云南的时候，每天的伙食标准是猪肉一斤、豆腐两块和青菜一把。但人家主要还是为了做出廉洁的榜样，倒不全为了清雅。

当大官儿请客也未必一定奢侈。像撰有《见闻杂记》的咱大明人李乐应邀赴宴，主人是布政司参政张楚城。

这位张楚城请李乐饮宴都有什么菜呢？只有一盘肉。吃着吃着，他才命人又去取来一道"神仙菜"。这"神仙菜"是什么？李乐一尝，原来就是腌菜。

"神仙菜"名字的确很雅，但味道就未必好了。这从李乐一句"即吾乡家

175

常腌菜尔"就可以看出来。不过李乐还是很推崇张楚城的这种作风——另一次张楚城宴请李乐，整桌酒菜"费不须银一二分也"，但李乐一点没认为朋友慢待了自己，而且相信张楚城也无此意，更称颂他"仕宦中绝无而仅有者哉"，把他夸上了天。

苦中能作乐，青菜久生情

张楚城或许不是穷，只是天性俭朴，崇尚清雅自然罢了。但是咱大明朝读书人里也不是没有真穷人啊。像咱大明末年的名人陈确，别看他很有名，可是一点也不富裕。他写过一首五言诗《蒸菜歌》，诗中把蒸菜写得很美、很有意境，但还是掩饰不住自己的窘迫之态。诗不长，也不算太艰涩，大概的意思都能懂，咱就抄下来给您看看：

瓶菜洵已美，蒸制美逾并。尤宜饭锅上，谷气相氤氲。一蒸颜色润，再蒸香味深，况乃蒸不止，妙美难具陈。贫士昧肉味，与菜多平生。因之定久要，白首情弥亲。十日菜一碗，一碗凡十蒸，十蒸尽其性，卤莽安可云！当午饭两盏，薄暮酒半升。相得无间然，千秋流颂声。非敢阿所私，良为惬公论。

怎么样？"贫士昧肉味，与菜多平生"两句，不是把他吃不起肉只能吃菜的情势描述得很清楚了吗？而且"因之定久要，白首情弥亲"，吃了几十年的菜，和菜都产生感情啦。

这也难怪，像江南会籍的读书人，十几个人借住在寺庙里，整天吃的是青菜豆腐，隔上十天半月才能吃点咸鱼，那是根本"不知有肉味也"。而像江西的读书人后来当上大官儿，还叫蔬菜"旧朋友"，显见得他们当初是多么的贫寒。

"与菜多平生""白首情弥亲"，把青菜当成"旧朋友"，这是一种情操，一种风雅。

还有几位士人开始倡导清雅聚会的风气。您瞧，这边冯时办的"林间社"，大家晚宴就吃三荤三素加上两盘水果，一些糕饼。那边李日华办了个"竹懒花鸟会"，也就五样菜品，取时鲜精品做成。这些士人的饮食哲学是：本味、真味。他们认为这是味觉感官的最高境界。大家疏远肥腻，品味清雅，回归饮食的真味。

当然啦，饮食清雅了，聚会依然非常热闹。参加宴席与雅集可是文人、画家社交的敲门砖，当年的文徵明、唐伯虎等人都在师长沈周的带领之下，出席各种宴会和文人雅集，以此扩大交际圈，并且在宴席和雅集上互赠书画，扬名立万。

《辛夷墨菜图》（局部）·明·沈周

⊙北京故宫博物院藏。此图分两段，分别是辛夷花图和墨菜图，此为墨菜图。沈周运用干笔的飞白、水墨的渲染和重笔浓墨的点写将一颗普普通通的白菜表现得栩栩如生。另有吴宽题诗："翠玉晓茏葱，畦间足春雨。咬根莫弄叶，还可作羹煮。"

为母祝寿买了两斤肉，引起轰动

咱大明著名清官海瑞一家十分俭朴，吃穿用度几乎自给自足。这也没办法，谁让咱开国皇帝朱元璋把官员的工资定得那么低呢。海瑞清廉，不贪污，只靠那点儿工资养活一家老小确实困难。所以呢，咱们看到海瑞一家是地自家种，衣服自家织，很少出门购物。

不过有一次啊，海瑞的老母亲过生日，海瑞特地去集市买了两斤肉。肉贩子见到这集市上的稀客，为民做主的青天大老爷，亲自来集市买了自家的肉，激动不已，逢人便讲："海大人买我的肉了！海大人买我的肉了！"不只百姓激动，就连闽浙总督胡宗宪也把这当作一个特大新闻告诉别人："昨天听说海县令为老母祝寿，才买了二斤肉啊。"

[历史旅行指南·活在大明]

离不开的油盐酱醋，吃不尽的粥饭面饼

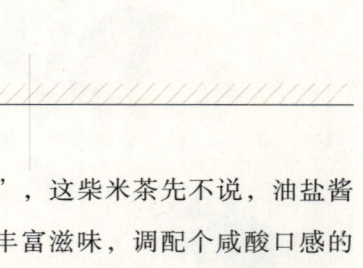

——◉ 调料和主食

俗话说"早上开门七件事，柴米油盐酱醋茶"，这柴米茶先不说，油盐酱醋为什么重要呢？那是咱作为人，吃喝要讲究个丰富滋味，调配个咸酸口感的缘故。有史以来咱人类这"万物之灵"就对饮食有了这种不同于一般动物的追求和需要，大概就是所谓的"食色，性也"吧。所以油盐酱醋很重要，非了解不可。不过吃饱肚子当然更重要，对咱大明人的主食，您也该知道……

▫ 家家生活不能少

有句话说："这世界不止眼前的苟且，还有诗与远方。"不过要让咱来说，那是："生活离不开油盐酱醋。"没错，古人说的"开门七件事"，柴咱现代的许多人是不用了，即使在咱大明，那也是有煤有炭，还能烧蜡烧纸，不见得非要用柴薪。米则不必说，因为不是还有面嘛——这个咱后面再谈。至于茶，当生存艰难、生活窘迫之际，那更是可有可无。但是油盐酱醋在中国的日常生活中却少不了，因为只要活着，这些东西就人人都需要。

咱主要说说油。到了咱大明朝，人们烹饪食物用的油已经不只是先秦时候动物的膏和脂（这里的膏是指猪油，而脂则是指牛油、羊油），而是有了豆

油、香油、麻油等植物油。当然啦，这里的豆油和您理解的差不多，就是用大豆做的油。但香油却并非咱今天说的芝麻香油，而是菜油，也就是菜籽油。《天工开物》中记录的"菜籽油"有莱菔籽油、菘菜籽油、苋菜籽油、芸苔籽油和茶籽油，咱今天的菜籽油是芸苔籽油，而莱菔籽其实就是干萝卜籽，菘菜籽则是白菜籽，茶籽则不好说是种什么植物的果核，因为书中只说那是一种高一丈多的树木，果实像金樱子，要"去肉取仁"从中提取油。

茶籽油是什么油咱先不管，反正它吃起来只比苋菜籽油和大麻油的口感强一点儿，并非最好的。那么最好的油是什么呢？首先有种胡麻油，又叫脂麻油。对了，这脂麻油才是咱今天的芝麻香油。咱大明人用它烹饪，并以之为上品。芝麻为啥叫胡麻？古人从西域带回不少新玩意儿，通常这些玩意儿的名称前面都有个"胡"字，像胡桃、胡椒、胡床……

《天工开物》中还说到一种油叫苏麻油。它的品级低于与胡麻油并列第一的莱菔籽油、黄豆油和菘菜籽油，而与苋菜籽油并列第二。但这苏麻恐怕并非紫苏，因为书中说苏麻"形似紫苏，粒大于胡麻"，那就不知是什么了。

除了这些植物油，咱大明人当然也还吃荤油，其中主要是猪油。而且吃猪油在咱大明朝甚至是一种节俭的行为，因为猪油比植物油要便宜。

如果实在是穷得连猪油都吃不起，那又怎么办呢？咱大明还有一种米油，是从煮饭的米汤中撇出来的黏稠物，这东西在现代据说还很养生呢。

油以外，咱大明的盐、酱、醋种类也都不少。像盐有海盐、池盐、井盐、末盐、崖盐；酱有遏酱，就是豆豉酱，还有酱黄，即黄豆酱，又有蚕豆酱；而醋则分上中下品，更有各种名目，如腊醋、桃花醋、六月六醋……不一而足，但咱也就不多介绍了。

▫ 样样听着很熟悉

油盐酱醋咱就主要说个油，但主食方面咱可不能马虎。前面咱不是说了嘛，主食就是"开门七件事"中的第二件，但其实大明主食除了米还有面，咱先从米说起——

咱大明朝米的种类很多，光是在广东就有香粳、余粳、赤粳、珍珠稻、

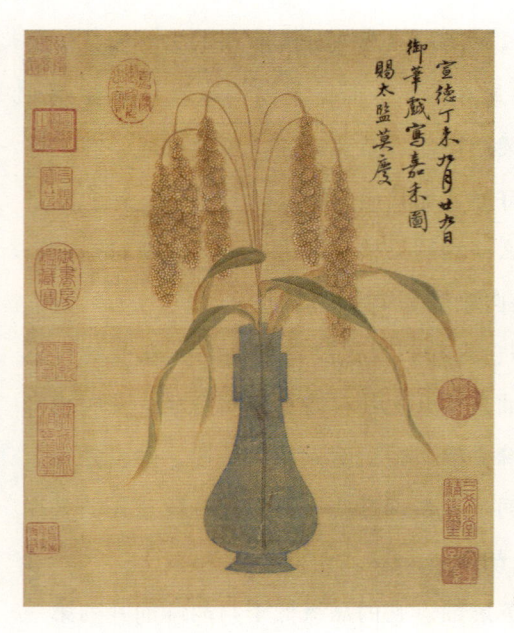

嘉禾图·明·朱瞻基

江西有花红米、蒸稻米,安徽有花白米、花籼米、花红米,江浙又有黄粱米、白米、白晚米、花白米,而在西北长安则有进贡宫廷的线米,西南贵州更出产香稻……

米能煮饭。米饭很普通,但咱大明人也知道把米饭吃出花样来——像西宁人,人家在每年的三月里采来青枫树和乌桕树的嫩叶,浸泡一夜,然后用泡出来的黏稠汁液拌上糯米蒸饭,这样蒸出来的米饭就叫乌饭,"色黑而香"。怎么样?听着像不像黑糯米饭?这个全靠天然的原料染色增香,吃起来绝对让您放心。还有福州人,他们蒸饭用的是香桂皮叶,吃着当然也是香的,但就不知道他们是怎样地处理香桂皮叶,是搅碎了拌在米里还是浸泡取其汁液。

广东的南雄人在寒食节制作一种食物,叫作粔籹(jù rǔ)。这名字您听着可能陌生,但只要稍稍解释您就明白了。粔籹这东西在古时候被称为寒具,又叫捻头。寒具这种食物在古时候可是很有名,大文豪苏东坡还曾专门为之赋诗,题目就叫《寒具诗》,其诗云:

纤手搓来玉数寻,碧油煎出嫩黄深。

夜来春睡无轻重,压扁佳人缠臂金。

什么？说了这么半天您还没明白啥叫寒具？那好吧，咱说它现代的名字——馓子。馓子您总知道吧？就是把面揉拉成细长条，再盘起来用油炸制的食物。而且咱这样一解释，您也应该明白上面那首诗的意思了。也就是说，东坡先生给咱出了个谜语，又是"纤手搓"，又是"碧油煎"，甚至更将寒具比作美人儿缠在手臂上的金钏……

但是您问了，这么说粔籹不是用面吗？和米有啥关系？您真聪明，但这种广东馓子其实用的不是面而是米粉，即用米磨成的粉，还掺入了蜡树叶，颜色也是青黑色。

在广东东莞还有一种饭，用的是香粳米，里面加上鱼、肉，外面包上荷叶来蒸，那味道"表里香透"，荷叶香夹着米香、鱼肉香，实在是美味。

没错，这就是荷叶饭，您是不是更熟悉了？

除了饭，米还可以煮粥。咱大明人煮的粥种类更多，而且差不多现代也都还有，您听着可能觉得几乎样样都熟悉。您不信？咱就随便给您列出十几种来：

芡实粥、莲子粥、竹叶粥、蔓菁粥、牛乳粥、甘蔗粥、枸杞粥、紫苏粥、地黄粥、胡麻粥、山栗粥、菊苗粥、杞叶粥、薏苡粥、梅粥、茯苓粥、扁豆粥、百合粥、山药粥……

不少了吧？不过您可能觉得还缺点什么，好像没有肉类。那好，咱就再举几种：羊肉粥、羊肾粥、鹿肾粥、猪肾粥、肉米粥……

这些粥您就算没听过至少也能明白，但有的粥咱不解释您就未必能猜到。像仙人粥，其实是用何首乌，而且要竹刀刮皮切片，用砂锅煮烂，再加入白米熬制而成的。

这么多种粥，都记载在咱大明人高濂的《遵生八笺》之《饮馔服食笺》中，但高濂没怎么提到海鲜粥，他的四十种粥糜中只有一种河祇粥是用海鲞（xiǎng）肉和米煮成，算得上是海鲜粥吧……

▫ 吃来吃去都是饼

饭和粥有这么多种，但在咱大明，南方人主要还是吃米，北方人则吃面。北方人以面为主食，面的做法当然也少不了。不过有趣的是，无论怎样做出来

清明上河图（局部）·明·仇英

⊙辽宁省博物馆藏。仇英参照张择端《清明上河图》的构图形式，细致描绘了明代苏州城的社会生活情景，其中就绘有一家招牌为"上白细面"的店铺。该场景说明在当时的苏州，面食生意已经专业化，而且当时很流行吃面食。

的面食差不多都可以叫饼，也就是说几乎所有的面食都可以统称为饼。那么咱大明都有哪些种饼呢？按照万历年间名士蒋一葵在他《长安客话》一书中的分类，咱大明的饼有汤饼、索饼、笼饼（亦称炊饼）和胡饼的区别。下面咱就分别简单说说：

汤饼，顾名思义，当然就是用水烫煮的面食。蒋一葵提到当时北京的汤饼有：蝴蝶面、水滑面、托掌面、切面、挂面、馎饦、馄饨、合络、拨鱼、冷淘、温淘和秃秃麻失。这些种面食您有的一看就能明白，有的也大概猜得到，但像秃秃麻失大概就要解释一下了——其实这是一种古人从中亚和南亚带来的面食，元代人忽思慧所著的《饮膳正要》中称为"秃秃麻食"，又注"手撇面"，是用手将面压成小面饼下锅煮熟，再拌上用酥油炒至焦香的羊肉和酸甜汤汁、蒜泥，以竹签插着吃的东西。

这里还该说明的是：蒋一葵说水滑面、切面、挂面又称索饼，索饼的"索"是指形状，大概也就是咱今天说的面条了。

笼饼就是上笼蒸熟来吃的面食，也叫炊饼。北京的笼饼有"毕罗、蒸饼、蒸卷、馒头、包子、兜子"。这其中，毕罗就是馒头、包子之类。而您现在大概也知道，古时的馒头其实也就是包子。但这里又有了包子，大概它们总还有些不同吧。此外，兜子也带馅儿，或许和烧麦类似吧。

胡饼是什么呢？那是"炉熟而食者"，即在炉火上烘烤或者煎炸而成的面食。像烧饼、麻饼、薄脆、酥饼、髓饼、火烧就是胡饼。这几种胡饼中，除了髓饼，其他的今天都还有。而髓饼其实是用动物骨髓的油脂与蜂蜜和面，在烤胡饼的炉中一次烤熟而成的，做法有点像烤馕，而且"饼肥美，可经久"，是味道油腻喷香，又可以长久保存的。

除了前面说的这些，咱大明"老北京城"还有许多面食小吃，像象棋饼、骨牌糕、椿树饺儿、桃花烧麦，等等。再如咱大明"老开封府"自钟楼东往南，又有"大偌卖……蒜面、肉内寻面（肉食爱好者一定喜欢，因为这种面想必肉多面少也）"，"会吉王府"则有"烧饼合檐"（即双层的烧饼），城隍庙大门下，"卖油箅、油糕、煎饼、蒜面、扁食……"这最后的扁食就是饺子，和现代叫法不同而已。

米面搭配的"阁老饼"

大明名臣丘濬是海南琼山人，史称丘琼台。这位丘琼台做过一种用两份糯米面、一份白面掺和在一起，中间加入馅料再摊熟的饼，称得上南北特色结合的美食吧。这种饼口感软腻，味道很不错。

丘濬曾经托太监把这种饼进献给皇帝，皇帝吃了很满意，但身为皇帝，总不好再找丘濬去要吧？于是这位皇帝就命尚膳监学着做。然而尚膳监做出来口味却不对——他们哪里知道丘濬做饼的"独家秘方"呢？

太监们因此受了责罚，再去问丘濬"独家秘方"，丘濬却不肯透露，于是就有太监感叹："把饮食、服饰、车马、器用这些东西进献给皇帝来博得宠信，是我们太监的职责，却不是宰相的工作呀。"这句话传开，时人便鄙夷丘濬，丘濬"独家秘方"的糕饼就有了"阁老饼"的名字。

[历史旅行指南·活在大明]

人家那叫文化风雅，咱就只会喝

——○ 茶与酒

说起来咱就佩服文化人，人家喝茶能喝出文化，喝酒能喝出风雅，实在是厉害。咱就说这茶吧，什么品茶、论茶、讲《茶经》的自古以来也不知有多少，咱大明文化人更精于对茶的研究，专于对茶的品鉴。而酒，则有高下贵贱之分，有琼浆玉露和市酿村烧的差别。但不管怎么说，茶和酒都是"饮"，对咱这种没钱又没闲的俗人来说，还不就是个喝嘛……

▫ 讲品茶，您得有钱又有闲

喝茶不是牛饮，讲究的就是个"品"字。要讲品茶这种事，首先您得有钱，其次您还得有闲，当然啦，您更得有学问。陆羽能作《茶经》，就因为他这三条全都占，否则他整天要忙于生计、四处奔波，而且大字识不得半筐，又怎么会品得到天下名茶，品得出其中滋味，著得出《茶经》，被后世尊为"茶圣"呢？

咱大明有钱的文化人不少，像咱前面提过多次的高濂就品论过茶，还有咱大明袁中郎袁宏道先生也品论过茶。咱就给您讲讲在他们眼中、心目中的名茶是什么——

高濂在他的《遵生八笺》中著以专篇论茶，讲了采、藏、煎茶，又讲试茶、

《茶具十咏图》（局部）·明·文徵明

⊙北京故宫博物院藏。纸本，墨笔。纵136.1厘米，横26.8厘米，是明代文徵明描绘自己品茶的作品。作品绘藩篱之内的两间茅屋，主人安坐于室内，另一间屋内侍茶的童子正在煮水。画面构图充盈，横狭而纵高，蕴藉着浓郁的文人儒雅气息。

第六章 吃喝都成文化，宴饮很讲礼仪

茶效，甚至专门论及喝茶、存茶的器具及烹煮茶的各种水，可谓详尽。咱就先说他的《论茶品》吧。他开篇就说："茶之产于天下多矣，若剑南有蒙顶石花，湖州有顾渚紫笋，峡州有碧涧明月，邛州有火井思安……之数者，其名皆著。品第之，则石花最上，紫笋次之，又次则碧涧明月之类是也。"

瞧，他一下子就提到四种名茶，全是到现代都还有名的，您一定有所了解。而且他还给它们排了名次，蒙顶石花第一，顾渚紫笋第二，碧涧明月第三，火井思安第四……

袁中郎袁宏道并没有提到这四种茶，他品评的是另外几种。您且看他怎么说：

"石篑（kuì）因问龙井茶与天池孰佳。余谓龙井亦佳，但茶少则水气不尽，茶多则涩味尽出，天池殊不尔。大约龙井头茶虽香，尚作草气，天池作豆气，虎丘作花气，唯岕

（jiè）非花非木，稍类金石气，又若无气，所以可贵。岕茶叶粗大，真者每斤至二千余钱。余觅之数年，仅得数两许。近日徽人有送松萝茶者，味在龙井之上，天池之下。"

原来，有人问他杭州龙井茶和苏州天池茶哪个好，他不仅把这两种茶作了比较，还举出同产自苏州的虎丘茶、湖州的岕茶和徽州的松萝茶。照袁中郎的意见，岕茶当为天下第一，其次是天池，再次松萝，虎丘可列第四，龙井只能屈居第五了。

高濂先生不但有提到岕茶、虎丘、天池和龙井，而且他还提到了庐州的六安茶。关于这几种茶他说：

"若近时虎丘山茶，亦可称奇，惜不多得。若天池茶，在谷雨前收细芽，炒得法者，青翠芳馨，嗅亦消渴。若真岕茶，其价甚重，两倍天池，惜乎难得，须用自己令人采收方妙。又如浙之六安，茶品亦精，但不善炒，不能发香而色苦，茶之本性实佳。如杭之龙泓，茶真者，天池不能及也，山中仅有一二家，炒法甚精。近有山僧焙者亦妙，但出龙井者方妙。而龙井之山，不过十数亩，外此有茶，似皆不及……"

高濂没有具体给这几种茶排名，他只是大概说个人的感觉，看来他认为天池不如龙井，而且他很注重炒茶——照他的说法，谷雨前收来的天池茶如果炒得好，闻着就能解渴，实在是神奇。他还说六安茶本是好的，却因为炒得不行，所以"不入流"。对岕茶他也很推崇，却认为太贵，最好是自己派人去采摘。但可惜他没提到松萝茶，不知道他是什么看法。

文化人喝茶，最讲究的是意境、情调。所以咱明末的文学家、书画家陈继儒说："品茶，一人得神，二人得趣，三人得味，七八人是'施茶'。"就是说品茶贵在人少而精，人若多了就成了请客喝茶，不符合品茶的境界了。

至于咱大明喝茶的方法，其实已经和现代差不多。而且咱大明也有茶楼、茶馆，普通人也可以随便去休闲消费、喝茶聊天了。

▫ 酒分三等，各有各好

喝茶主要讲品位，喝酒则主要讲档次，也就是分个高档、低档、好酒、劣酒。咱大明的酒分为三等，但也不是简单的高中低三档，而是各有各的好，各有各的名——

首先说这第一等，那当然是给皇帝喝的酒，也就是御酒。御酒有宫廷太监按照皇家秘方所造的大内酒，有光禄寺同样按皇家秘方所造的内法酒，也有近臣进献的酒。

大内酒和内法酒本是同样的酒，只是造酒的人不同而已。咱大明的皇宫大内，有专门给皇帝造酒的御酒房，"专造竹叶青等各样酒"。那么内法酒大约也是有竹叶青还有"各样酒"的了。但具体是什么呢？咱大明顾起元在他的《客座赘语》书中说："计生平所尝，若大内之满殿香，大官（指光禄寺）之内法酒"，那么，大内酒至少还有一种满殿香，而这位顾先生说"内法酒"而没说名字，说不定别的大内酒、内法酒也是有的。还有另一位咱大明人顾清，他在《傍秋亭杂记》中说"内法酒总名长春……"似乎认为所有的内法酒都叫长春酒。然而这恐怕并不准确，大概是他搞错了。

近臣进献给皇帝的酒都要取个好名目，至少要听起来好听。像咱熹宗皇帝朱由校在位的时候就有位皇亲国戚魏士望常给皇帝进献酒。他进献的都是什么酒呢？有：

秋露白、荷花蕊、佛手汤、桂花醞（yùn，同酝）、菊花浆、芙蓉液、兰花饮、金盆露……五十余种，皆极甘冽。

这大明之酒的第二等，是官宦权势人家自酿的酒。这样的人家都有学问，人家开酒局，酿造酒，同样要个好名目，咱也来给您讲几种，那是有：

王虚窗家的"真一"酒

徐启东家的"凤泉"酒

乌龙潭朱家的"荷花"酒

王澄宇家的"露华清"酒

施凤鸣家的"靠壁清"酒

……

还有二三十种，咱就不一一列举了。

像"真一""凤泉"这样的"二等酒"虽然没有进献给皇帝，估计也不差。因为实际上魏士望也是官宦权势之家，他家的酒若没有进献给皇帝，本来

玉英雄合卺·明末清初

⊙中国台北故宫博物院藏。该杯由一块青白玉石雕成,杯分两管,为婚礼时所用酒器。婚礼时,夫妻用该杯共饮合欢酒。器外饰以一只衔环的凤,凤足下踏着一只瑞兽,似乎是名为辟邪的神兽。

也就是二等嘛。记载"魏氏献酒"一事的梁清远在记下酒名之后就说:

"士望后以殿功告成加玉带,实以其酝酿力也。至今其家仍传佳酿名,京师鬻之常得厚利云。"

从这儿您至少可以知道两件事:魏士望后来升了官,其实是进献御酒的功劳。他的御酒实际就是佳酿,后来不用进献皇帝,就拿到市上去卖,赚了不少钱。

看来会酿酒也不错嘛,尤其是酿出能进献给皇帝的酒,沾上"御用"二字,当然就身价百倍。当然啦,其他那些官宦权势人家的酒也未必不卖。内法酒尚能传到外面，何况他们自己的家酿呢？

民间的酒无论优劣，就都算第三等了。但民间照样有好酒，各地也有名酒。顾起元记过满殿香和内法酒，接着就记"京师之黄米酒，蓟州之薏苡酒，永平之桑落酒，易州之易酒，沧州之沧酒，大名之刁酒、焦酒……多色味冠绝者"。

他又是一口气写了十几种，咱就不都抄下来了，您若有兴趣，可以自己找《客座赘语》来看。

▫ 瓷盏见清雅，玉杯显高贵

饮茶需用茶具，喝酒当有酒具，所以这茶、酒的器具，咱也不能不说一说。

饮茶的器具太复杂。咱现代人都知道有"茶道六君子"，即茶则、茶针、茶漏、茶夹、茶匙和茶筒，然而这还不算最简单和基本的茶壶、茶杯，讲究点还要有公道杯，此外更有着什么茶台、茶海、茶炉、茶布……不一而足。那咱大明人饮茶都要有什么器具呢？

写过专著论茶的高濂先生有一套说法，据他说茶具有"十六器"，是谓："商象、归洁、分盈、递火、降红、执权、团风、漉尘、静沸、注春、运锋、甘钝、啜香、撩云、纳敬、受污。"

这些名字都很古，显得玄而又玄，估计咱要是不解释，您未必知道是什么。但咱也不都解释，只简单说两个——如商象是煎茶的石鼎，归洁是刷茶壶的竹筅（xiǎn，炊帚），分盈是勺，用来量水，递火是铜火斗，搬运柴炭……剩下的留点悬念，您有兴趣的话可以去看《遵生八笺》。而这些又都可以放入器局中——器局是个竹箱，专门用来收贮茶具。和器局同类的收贮用具又有七种，如煎煮茶的"苦节君"，盛炭的乌府，还有贮藏茶叶的品司……

而关于茶壶茶杯，高先生在这里没有说，却在"择品"中说：

"茶铫（diào）、茶瓶，磁砂为上，铜锡次之。磁壶注茶，砂铫煮水为上……铜壶注茶，锡铫煮水次之。"

他又说："茶盏唯宣窑坛盏为最，质厚白莹，式样古雅。有等宣窑，印花白

《惠山茶会图》·明·文徵明

⊙北京故宫博物院藏。该图作于正德十三年（1518），时文徵明四十九岁。据蔡羽序记，正德十三年二月十九日，文徵明与好友蔡羽、王守、王宠、汤珍等到无锡惠山游览，在二泉亭品茗赋诗，十分相得，事后便创作了这幅记事性作品，记录了他们在山间聚会畅叙的情景。

瓯，式样得中，而莹然如玉。次则嘉窑，心内茶字小盏为美。欲试茶色黄白，岂容青花乱之。"

原来煮水最好用砂铫，也就是陶土的砂锅，锡制的就差些。而冲泡茶最好用磁壶，就是瓷壶，铜壶就差些。

他又提出宣德窑有种坛盏是最好的茶盏，另一种印花的白茶杯次之，再次是嘉靖窑里面带有"茶"字的小盏。

为什么呢？因为要看茶色是黄是白，怎么能用青花瓷那种带颜色的瓷器来扰乱呢？

至于喝酒的酒具，那也复杂得很。但咱不想再多说，只简单说说酒杯——

高濂就在刚才论茶盏的一段之后说："注酒亦然，唯纯白色器皿为最上乘品，余皆不取。"看来他认为酒杯也该是白色。但咱大明喝酒的杯子质料种类很多，什么金、银、铜、陶、瓷，甚至海螺壳、椰子壳都有，未必都是纯白的。而且咱大明文化人更喜欢玉杯，玉乃君子之器嘛。

文化人的话，总没有错。

第六章 吃喝都成文化，宴饮很讲礼仪

大明照样有假茶

前面咱提到袁宏道论茶时说岕茶"真者每斤至二千余钱"，高濂也说"若真岕茶，其价甚重""龙泓茶，真者天池不能及也"。他们为什么都要强调一个"真"字呢？那是因为有假茶的关系。袁宏道没有提到假岕茶是怎么回事，高濂却有论及。他在"外此有茶，似皆不及"后面接着说："附近假充，犹之可也，至于北山西溪，俱充龙井，即杭人识龙井茶味者亦少，以乱真多耳。"

原来假龙井不单有龙井产地附近的，还有更远处北山和西溪的，弄得杭州人自己都没几个人知道真正的龙井茶是什么味道，实在是假货比真货还多。

> 专题

皇帝请客，行礼听歌看舞蹈
——记一次大明"国宴"

这一章咱说了这么多饮食方面的事，但还没具体讲讲宴席。说到宴席，规格档次最高、场面最隆重的当然是咱大明"国宴"。"国宴"有大有小，每年好多次，都是皇帝请客，也都设在皇宫里。而且像"国宴"这种场合吃什么其实不重要，但绝对是规矩大、讲究多，外加一套烦琐的礼仪，吃起来一点都不轻松。不信？咱就带您吃一顿最大规模的"国宴"——

啥时请客，您该坐哪儿

听说要参加"国宴"，您眼前一亮，拔腿就要走。但是且慢，还没到时候呐。"国宴"嘛，难道是说参加就参加，随时都有？

"那要什么时候呢？"您问了。

咱大明每年大大小小的"国宴"不少，有些在固定的时间，像立春、元宵、四月初八、五月端午、九九重阳和腊八，这些都算常宴，要"赐宴百官"，但规模不算大。还有像皇太后的生日、东宫皇太子的生日，以及一些祭祀日、皇帝亲耕的日子、读书的日子、皇太子读书的日子也都要设宴，不过这些"国宴"规模更小，不一定每年都有，而且请客有特定的范围，如永乐年间皇太子的生日，只是赐宴给各府部的堂上官（即主管官员）及春坊、科道、近侍锦衣卫和天下进笺官（各地进京呈递文书的官员）。科举考试结束赐宴给新科进士们，当然也算固定的"国宴"，不过范围就限于进士们和相关官员，也不是每年都有，宴会名目叫作"恩荣"。另外，咱大明皇帝们还会不定期地搞搞"国宴"，像咱成祖皇帝朱棣在永乐十九年（1421）就因为北京的皇宫落成，郊社和宗庙也建好了，搞了一次大型"国宴"，称大宴。宣德五年（1430）的冬天，咱宣宗皇帝朱瞻基因为好久没下雪后下了一场大雪，也大宴群臣，还亲自写了一首《喜雪》诗，让赴宴的群臣百官们也都赋诗唱和。但真正够规模而且固定的大宴是在每年的元旦、冬至和皇帝生日这三天……

旧玉蟠龙纹觥·明

听到这儿您早不耐烦了。"那我能去参加哪个？"您问。

好吧，咱就去参加一次冬至日的大宴好啦。

瞧，冬至到了。您现在的身份嘛，就算个从四品的京官吧。咱们立马动身去皇宫，参加今天的大宴。

大内紫禁城到了，您只见文武百官已经纷纷赶至，三两成群、喜气洋洋地走进了皇宫。毕竟是过节嘛，没有点喜庆的气氛哪儿行？咱们跟住群臣走向奉天殿，今天的宴会就设在那里。

来到奉天殿外，皇帝的亲军卫士们早已站好了岗位，那是锦衣卫、金吾等卫的护卫官。奉天殿外的东西两边还立着黄色的大旗，那是代表皇帝的黄麾。又有一些衣着鲜艳的乐舞者列立在殿旁，他们来自教坊司，待会儿将要进行乐舞表演。殿外两边的回廊里已经设下酒宴席位。您探头再向殿内看，殿内也早设下了席位。远远地，您看到御座上空无一人，显然皇帝还没来。而在御座下东西两

边，各有两座小亭子，亭子里放着的东西隐约可见。

"那几个亭子是啥？我又该坐哪儿？"您问了。

那四座亭子，东首的两座是膳亭和珍馐亭，其中摆放着精致饭食和美味佳肴，西首两座则是酒亭和醯醢（xī hǎi）亭，酒亭里当然是宫廷御酒，醯醢则是醋和酱，也就是调味品。

至于您的座位嘛，恭喜您，身为从四品官员，您有幸可以到奉天殿内和皇帝同殿共餐。而五品以下的官员则只好在这殿外两廊下的座位将就了……

宴会开始，赞拜行礼

听说可以进殿和皇帝一起吃饭，您正在兴奋，隐约中就听见有人高喊了一声什么，接着丝竹之声大作，官员们也都列队而立，人人肃穆。

"陛下升座啦。"有人在一旁嘀咕。您远远看去，果然见有一人身着衮服，缓缓从后殿走出来坐上了御座。

"那肯定是大明皇帝啦，但不知是哪一位？"您想着。但是没关系，反正是哪一位您都不认识。

只见现在皇帝落座，音乐声也停了下来。接着殿上传来静鞭之声，文武百官顿时安静。这时候前排开始有人入殿，百官们也分成行列，从东西两边的殿门向殿内走去。您跟着队伍前进，心中想着不知道最先进殿的都是些什么身份的人。

跟您说，最先进殿的当然是皇室宗亲，皇太子排在首位，以下依次是亲王、郡王等人。进到殿里，皇太子坐在御座以下东首第一排的位置，面向西。其他亲王、郡王依照身份高低依次在东西排列，相向而坐。而文武百官们呢？当然也要按照官位品秩的高低排列，到殿上找自己的座席。

您这才明白，跟着队伍走上了奉天殿，远远地走在最后，又跟着太子亲王、文武百官们排班站列，开始行那三拜九叩的大礼。您像模像样地学着匍匐跪拜、大声赞颂，心中却暗骂哪儿来的这么多臭规矩，但为了吃这顿大宴也只好忍耐。

好不容易赞拜行礼结束，大家却还都站着不动。"什么时候才能开宴呢？"

您正想着，只听音乐声再次响起，前面走出来几个人，他们托着桌案走向皇帝的御座前，桌案上摆满了御膳珍馐。告诉您吧，这些人是光禄寺的"供事人"，他们正在进御宴，整个宴会的服务者也都是他们。您只见他们把御宴摆在皇帝面前又恭恭敬敬地退下，音乐声才停下来。接着又有太监上前给皇帝献花。光禄寺又有人出来到酒亭那儿斟酒，斟满了一爵酒先送到皇帝面前。

"我们还没开席，他这就要喝酒？"您心里嘀咕着，却见那皇帝已经端起了酒爵，同时丝竹之声再次响起，还有人大声唱起来。歌曲一起，文武百官立刻又齐齐跪倒。您急忙也跟着跪下，偷眼向上看，只见皇帝端着酒爵凑向嘴边，也不知他有没有喝干，慢慢又把酒爵放下了。

等皇帝喝了这爵酒，歌曲也停下来，大家又开始匍匐、起立、跪倒叩拜，把刚才的赞拜礼仪又重复了一遍，最后站起来才分散两边，各自到各自的席位坐下。接着又有人走过来，给官员们分发花朵，这叫"散花"。

"终于要开席啦。"您暗自想着，见光禄寺的"供事人"果然又给皇帝进献第二爵酒，乐曲、歌唱声也再次响起，同时有"供事人"走出来依次给皇太子、王公大臣们斟酒，同样也给您倒上了酒。这时皇帝端起酒，大家也都跟着端酒。喝过这一杯，歌曲停下来，殿外却传来"咚咚咣咣""呜里哇啦"的鼓号声。鼓号声到了殿门外停下来，大殿上又响起乐曲，文武百官全都站起来。"供事人"纷纷而入，送来的却是一盆盆汤。等汤先进给皇帝，大家才又坐下，接着是"供事人"依次给大家上汤。

汤菜摆好后，皇帝终于举起了筷子。大家急忙也跟着举起筷子，同时还齐声唱诵，这叫"赞馔"。唱诵完毕，音乐也停下来了。

然后开始有教坊司舞蹈队进场跳舞，接着又是奏乐，又是唱歌，同时开始第三轮进酒。接下来再是跳舞、奏乐、唱歌、进酒、上汤……跳舞、奏乐、唱歌、进酒……跳舞、奏乐、进酒、上汤……

您糊里糊涂地跟着大家的节奏，吃的什么、喝的什么完全没注意，光在那儿一遍遍重复站起来、坐下、喝酒这些动作，简直要晕了。

这前前后后总共进了多少次酒？奏了多少次乐？唱了多少次歌？跳了多少次舞？而又上了多少次汤？

吃到最后，皇帝先走

大宴进行到这儿，咱得给您解释一下了。咱大明这种大宴有严格的规矩，那些赞拜行礼不说，这奏乐、奏舞、进酒、进汤也有说道。标准的大宴程序，乐凡九奏、舞凡七奏、进酒九爵、进汤五次，最后进大膳。您瞧，这刚刚不是进过了第九爵酒，奏过了第九曲《驾六龙之曲》吗？这时候皇帝的爵、大家的酒杯就都要被收走，准备上最后一次汤，然后上饭食，也就是主食了。

什么？您问怎么每次奏的乐曲还有曲名？真新鲜，咱大明乃礼仪之邦，大宴之乐曲怎么会没有曲名？不单乐曲有名，乐舞也有名。

这九奏之乐曲分别为：

炎精之曲
皇风之曲
眷皇明之曲
天道传之曲
振皇纲之曲
金陵之曲
长杨之曲
芳醴之曲
驾六龙之曲

而七奏之乐舞分别为：

平定天下之舞
抚安四夷之舞
车书会同之舞
百戏承应舞
八蛮献宝舞
采莲队子舞
……

得，刚说到这儿，文武百官的"饭食"已经吃完，"赞膳"也已经结束，"大乐"终止，皇帝的御膳也撤下去了。现在下场的是最后一支舞——"百花队舞"。接下来，文武百官们要"赞撤案"，皇帝的御案先撤，然后是文武百官的饭桌，文武百官们还要"赞宴成"，随后出席，面向北面再次给皇帝行赞拜礼，礼毕分列东西。

这时候，有仪礼司的官员启奏皇帝整个大宴的礼仪程序结束，于是皇帝就要起驾回宫，这次大宴也就基本结束了。

皇帝先来先走，没什么不好。最后文武百官们也可以像刚才进来的顺序那样依次离开奉天殿，各回各家了。

走出奉天殿，您咂巴着嘴，没觉得这顿大餐有什么好吃，倒是回想起刚

青花茶字碗·明

刚九奏之曲唱的那些"歌"来，偏偏又没记住几句，禁不住遗憾。好吧，咱就给您提个醒——这九奏之曲的第一曲《炎精之曲》唱的是：

炎精开运，笃生圣皇。大明御极，远绍虞唐。
河清海晏，物阜民康。威加夷獠，德被戎羌。
八珍有荐，九鼎馨香。鼓钟鏜鏜，宫征洋洋。
怡神养寿，理阴顺阳。保兹遐福，地久天长。

那么剩下的八曲又都是什么内容呢？您若有兴趣可以找《明太祖实录》来看看，那书中第一百四十一卷记载得很清楚……

皇后设宴，全是女宾

咱大明的"国宴"并不是只有男性才能参加，女性也有参加的机会。那是在咱"母仪天下"的大明皇后"亲蚕"（就是皇后做做样子养养蚕，表示鼓励天下的女人多多养蚕织布）之际，她会请来皇妃、皇太子妃、王妃、公主以及"命妇文四品、武三品以上"（即文官四品以上、武官三品以上之官员的太太们）设宴款待，开办一次全女性参加的"国宴"。

这样的女性"国宴"在嘉靖年间开办过多次，时间是每年四月的某天，地点在坤宁宫。这天"亲蚕"仪式完成，皇后回到坤宁宫，宴会就要开始了。虽然都是女人，但同样要讲个尊卑等级，能在坤宁宫殿内落座的是内命妇（未婚的公主、皇妃、皇太子妃和亲王、郡王的太太们）。而外命妇（官员的太太们等）则只能在殿外了。但外命妇并不是不能进殿——她们到坤宁宫内，宰相夫人要捧着寿花，二品官员的夫人们要举着食案，进献到公主和内命妇们的面前。她们"客串"起服务员来了。

女性"国宴"的程序，要行酒七次，上食五次，同样要有音乐，礼仪规矩一点都不少呢。

第七章 宫廷市井百态，礼仪民俗大观

饮食事大，那关乎咱大明人的生存之道、口腹之欲，不可谓不重要。但在生活中，休闲娱乐、运动游艺的文化活动同样也不可少——谁还没有点精神追求？谁还不向往开心快乐的生活？您说对吧？论起这方面，咱大明人丝毫都不差，而且称得上花样百出。另一方面，咱大明更是个重文化传统、守礼仪道德的社会，从上到下各安其分，对婚丧嫁娶这样的大事恪守着礼法规矩，讲究个传统风俗，有着严格的法律制度，当然也有自己的民俗特色……

过节嘛，少不了吃喝玩乐

——明朝节庆

说到休闲娱乐的传统文化，咱中国人的一大特色就是过节。咱中国人节日多，一年到头不一而足，几乎月月都有节可过，甚至每天都能想出过节的名目来。过节都干什么？当然是吃喝玩乐啦。从宫廷到民间，从皇帝到百姓，从老到少，从男到女，大家过节的内容都一样，就是吃好的、喝好的、玩儿高兴，简单地用八个字总结：饮食第一，娱乐至上！

元旦、元宵两大节

咱大明的人从新年伊始，要过元旦、元宵、清明节、浴佛节、端午节、虫王节……咱们先来说说正月里的两个重要节日——元旦和元宵。元宵不用说，元旦就是现代的春节，即新年是也。这两大节日相差不过半月，皇家、官员和百姓都要怎么过，咱就来简单说说——

宫中过新年，是从前一年的腊月二十四就开始准备了，什么点心肉类，要备下"一二十日之费"，宫眷内臣要穿葫芦景补子的袍服或蟒服，家家门旁要竖立桃符板和将军炭（一种红萝炭碎末制成的将军像，"金装彩画如门神，黑面黑手"），门上要贴门神，屋里要挂福神、判官和钟馗的画像，床上还要悬挂起金银八宝、西番经轮，或者用铜钱编出的龙的形象。这叫什么呢？过年就得有过年的气氛嘛。

到除夕晚上，大家开始互相拜贺辞旧岁，吃一顿年夜大餐。正月初一这一天，宫中人人都要五更起床，焚香、放鞭炮庆祝过年，还要把门栓或木杠在院子里的地上摔上三次，以祈祝吉利，名目叫"跌千金"。这天人们也要相互拜贺，这次是拜新年。

这天人们会吃喝什么呢？是扁食和椒柏酒。椒柏酒咱不管它。扁食，咱前面已经说过就是饺子。咱大明的时候就已经开始在包饺子时包进去一两个银钱，谁吃到就算预示着新的一年大吉大利。这听着是不是很熟悉？现代的北方，还有很多地方保留这样的风俗呢。

这天其他的食物还有很多，像有一种"百事大吉盒儿"，里面装着柿饼、荔枝、圆眼、栗子和熟枣，还有一种小盒装的驴头肉叫作"嚼鬼"。为什么呢？因为民间有的地方把驴叫鬼。

同在这一天，官员们要给皇帝朝贺，相互之间也要拜年。官员们之间拜年很有意思，因为大家都忙着出门，根本没人在家，所以主人就在家中留下笔墨纸砚，客人来了签上名，就算是拜过年了。大家可能根本就见不到面。老百姓同样也要相互拜年，也可能赶上主人不在家。当然啦，大家在大街上见面的可能性也不是没有，在路上就可以互相拜个年。

北京民间和宫中一样，过年吃的是饺子。当然啦，各地民俗不同，河南尉氏县就喝一种蜜汁蒿水，还要连日吃年前蒸的馒头或米饭，杭州人则吃米团，福建建阳人吃糍糕喝果酒。

过了元旦就是立春，这一天宫中要吃萝卜，名目叫"咬春"，还要吃春饼和菜。初七吃的也是春饼和菜。这样的习俗不分贵贱人人同食，大概就是来自民间，所以京城民间当然也一样了。

从初九日起，元宵节就算开始了。元宵，又称上元，是个比元旦还热闹的节日——因为元旦还只是拜年，辞旧迎新，元宵却有灯市，更加方便玩乐了。北京的灯市，其实从初八就开始了，到十六时最热闹繁盛，十七才结束，连续十天。在这期间，皇宫里要高搭起金碧辉煌的鳌山，鳌山上是星罗棋布的彩灯，极尽奢华。民间也到处是彩灯装饰,灯的种类很多,有人物灯、花鸟灯、走兽灯,有琉璃灯、水晶灯,有走马灯、冰灯,还有猜灯谜活动。而且这时候不止京城,全国都有灯市,到处都有烟花、乐舞、吹拉弹唱、游戏杂耍等活动,真是举国欢庆,共度元宵。

元宵节有得看有得玩,当然更有得吃。宫里人要吃元宵不用说,别的美食更数不胜数,咱就随便挑几样说——

四方珍奇之物有:冬笋、银鱼、鸽蛋,塞外的黄鼠,江南的蜜罗柑、凤尾橘……

本地美味佳肴有:爆炒羊肚、大小套肠、带油腰子、黄颡(sǎng)管儿(可能即黄颡鱼)、脆团子、醙醃鹅、卤煮鹌鹑……

更有那滇南的鸡枞菌、五台的天花羊肚菜、鸡腿银盘、东海的石花海白菜、龙须菜……

这样说也说不完,民间吃什么只好略过,您自己想象吧。

龙抬头,到中秋

过了元宵节,正月里还有十九的"燕九"日。这一天宫里信奉道教的勋戚内臣们都要到白云观去。二十五称"填仓"日,这一天"亦醉饱酒肉之期也",要大吃特吃一顿。然后呢,就是二月了。

二月二龙抬头,皇宫内院吃的是"熏虫",那是一种油煎粘面枣糕,或者是白面摊煎饼。民间也要摊煎饼,而且还要熏炕和床,目的是"百虫不生"。

三月里有清明节。清明节当然要祭扫,还要踏青。祭扫踏青在郊外,当然又免不了游玩一回,还可以野餐,实在不错。不过清明前后又是寒食节,只能吃冷酒寒具,不免差了点。宫中女眷当然不方便踏青,她们就在宫里过秋千节,荡秋千,还可以赏海棠、牡丹。

三月还有个东岳大帝的生日。这天是二十八,大家要到东岳庙去进香。宫里吃的是什么呢?有烧笋鹅、凉饼(也就是糍粑),还要吃雄鸭腰子,据说可以补虚损。

到了四月,民间和宫里都忙活浴佛节。咱看看宫里的人儿,要赏芍药花,要去西山寺、香山寺、碧云寺,要逛高梁桥,到涿州娘娘庙、马驹桥娘娘庙、西顶娘娘庙、药王庙进香。这个月吃的是新采的樱桃、不落荚（类似粽子）、笋鸡、白煮猪肉、包儿饭（用莴苣叶裹了精肥肉和姜蒜末的一种食物），要喝白酒、吃冰水酪，还要吃"稔转"（把新麦穗剁去芒壳，搓成细条来吃）……

一进五月，当然就到了端午节。端午节很重要，但咱大明的习俗已经和今天相差无几，所以咱反而没啥可说了。

但六月就不同。在现代，尤其是城市里的六月已经没什么传统节日好过。然而在咱大明，六月六那是天贶节，又称虫王节。这天咱大明人主要的任务是晒书、晒衣服，宫里面把历代皇帝的《实录》《御制文集》都拿出来晒，民间也要晒"老儒破书、贫女蔽缊（yùn，古代穷人穿的乱麻作絮的袍子）"，女人还要洗头发，孩子要洗澡，就连猫狗和皇家的象、马也要洗一洗。这天民间要取井水存起来，以备做酱做醋，腌瓜腌茄子。宫里还是得吃，吃的是过水面和银苗菜（藕的嫩秧苗）。

七月里有七夕和中元节。七夕节也要吃食物，主要是巧食，也不外是饺子、面条、馄饨一类。南方还有花果子，即油炸甜糯米糕。这个月宫里面要吃鲥鱼，赏桂花，中元节还有放河灯的活动。

八月中秋，拜月、赏月、吃月饼、庆团圆，这个古今还是差不多，说了只怕您会烦呢。

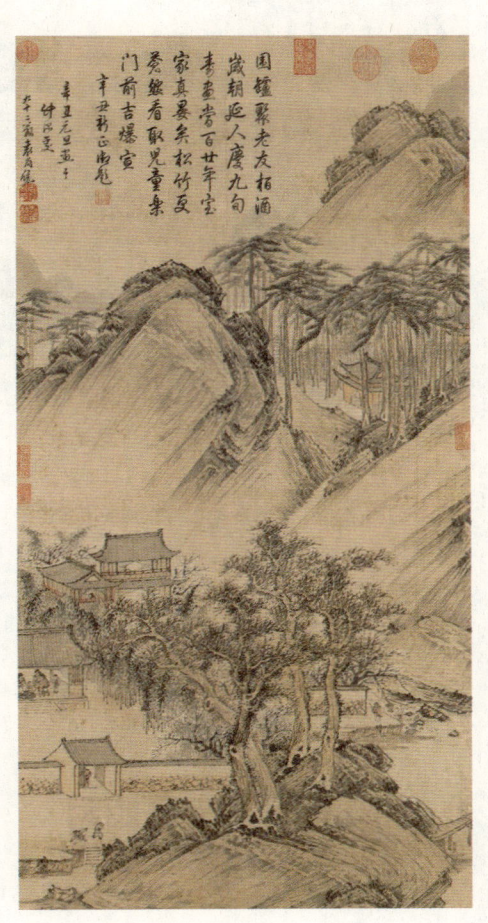

《岁朝图》·明·袁尚统

⊙中国台北故宫博物院藏。纵115.3厘米，横58.2厘米。岁朝，是指一岁之始，此时一元复始，万象更新，历代画家作《岁朝图》含有元旦开笔、预祝一年万事吉利之意。袁尚统的该幅《岁朝图》描绘了山林脚下的院落中，孩童在庭前燃放爆竹，屋内的人们围炉而坐，而院落外，一位持杖者正赶来相聚的情形。

第七章 宫廷市井百态，礼仪民俗大观

《宪宗元宵行乐图》（局部）·明·无款

⊙中国国家博物馆藏。纵37厘米，横624厘米。作品出自明代宫廷画师之手，描绘了明宪宗朱见深着便服檐帽在御园观赏各种体育竞技表演的场面。画面上展示的活动包括射箭、蹴鞠、马球、捶丸、投壶，场面宏大而繁复，是一幅写实性的行乐图，也是一幅明代民俗画的代表作。

重阳节后，十冬腊月

九月有重阳节。这一天宫中和民间的活动当然都是登山，不单要"遍插茱萸"，还要喝菊花酒。而在宫中，从九月初一就开始吃花糕（即重阳糕），初四内臣们就换上了有"重阳景菊花补子"的蟒衣。民间在九月初九才吃花糕，还要把嫁出的女儿迎回门来吃，所以这重阳节又是"女儿节"。咱大明各地的花糕并不相同，像北京的，是在花糕表面铺上枣、栗，大约有点像今天的切糕。河南也

是枣糕。浙江却是蒸米做的五色糕。而在江西，是用百果、肉和米粉蒸菊花糕来吃。福建的也是米粉糕，称为寿糕，听起来大概才和现代把重阳节当作老人节有点关系。咱现在把重阳节作为敬老节，希望老人长长久久、健康长寿，真是非常不错。

十月初一，那是咱中国传统的寒衣节，祭扫是民间必有的活动，咱后面再说。在这一天皇宫里会颁布第二年的历书，指导老百姓了解天时日期，也算一件大事。而十月宫里进行的活动很多，大半和玩乐有关，像什么调鹰、畋猎、斗鸡，这咱也后面再说。咱在这里就单说吃——这个月初四，宫中要吃羊肉，而从这个月开始，大家都吃牛乳、乳饼、奶皮、奶窝、酥糕、鲍螺，一直要吃到第二年的春二月呢。

冬月里，最重大的节日是冬至。这冬至在咱大明重要性仅次于元旦，所以除了叫冬节，还称亚岁、小年。冬至这一天最重大的活动是祭天，这倒和吃喝玩乐没啥关系。但您别忘了，祭天过后皇帝就要请客办"国宴"，让文武百官们吃上一顿。文武百官呢？要相互"贺冬"。民间也要"贺冬"，还有儿媳妇给公公婆婆做鞋、出嫁女回娘家给娘亲洗澡的习俗。

既然是过节，当然还要吃。这时候民间吃的是米圆、米团、馄饨之类，倒没什么好说。宫中就又不一样——早上要喝浑酒、辣汤，吃生炒肉，为的是抵御寒气。这个月大家还要吃糟腌猪蹄、猪尾、鹅脆掌，吃馄饨、饺子、羊肉包。冬笋来了，大家更是不管身份贵贱，都要买来尝鲜。

过了冬月就是腊月，腊月里有腊八节，有祭灶节。腊八要喝腊八粥，祭灶节要吃灶糖。过完二十三祭灶节，就又该准备迎接新的一年，再过元旦了……

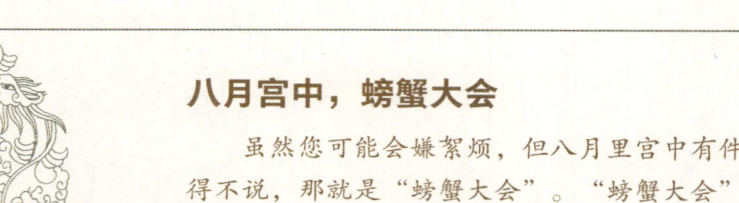

八月宫中，螃蟹大会

虽然您可能会嫌絮烦，但八月里宫中有件盛事咱可不得不说，那就是"螃蟹大会"。"螃蟹大会"当然不是螃蟹来开会，而是吃螃蟹的大会。据《酌中志》的作者刘若愚说："八月……始造新酒。蟹始肥。"美酒有了，蟹有了，八月不吃，更待何时？

所以这时候，宫里的女眷、内臣们要来吃螃蟹啦。他们把活螃蟹洗净、蒸熟，五六人围坐在一起，喝酒吃蟹，高高兴兴。这些人吃蟹是直接手剥的——揭开脐盖，用指甲仔细地将蟹肉挑出来，蘸着醋和蒜，配着新酿的美酒，慢慢品尝。这其中手巧的，还要把蟹壳蟹骨完整地剔出来，摆成蝴蝶样式。蟹吃完了，要喝苏叶汤，用苏叶水等物事洗手，把这吃螃蟹的盛会进行完满。

如此吃蟹，富贵人家当然也可以，但平民百姓就难以想象。而想象一下后宫女眷们纤手玉指剥蟹的形象，实在也是一幅美景图画啊。

听书又看戏，还有乐舞和杂技

⊙ 文娱活动

咱得承认，虽然咱在前面说，过节少不了吃喝玩乐，但咱讲的吃喝多，提的玩乐少。不过您别急，咱这不就要开始介绍了吗——在咱大明朝，甭管您是皇帝后妃、王侯将相还是平民百姓，甭管您在哪个阶层、哪个地方，您都有机会获得精神上的享受。难道不是吗？咱大明各种形式的文艺节目多了去了，有唱戏，有说书，还有乐舞和杂技表演……

▫ 忘了祖训，该玩就玩

与对待吃喝的奢侈之风一样，咱太祖皇帝对玩乐这种事同样深恶痛绝，一心要教导他的黎民百姓全都道德高尚，不要玩物丧志。像清代理学名臣李光地就记述说："明太祖于中街立高楼，令卒侦望其上，闻有弦管饮博者，即缚至，倒悬楼上，饮水三日而死。"那是禁绝民间一切娱乐，什么听曲儿、喝酒、赌博一概不许，抓住就杀掉。咱这位太祖皇帝在洪武二十二年（1389）还颁布过一道圣旨榜文，上面说："在京但有军官军人学唱的，割了舌头；下棋打双陆的，断手；蹴鞠的，卸脚；做买卖的，发边远充军。"这是不许他们娱乐搞文艺，也不许从事经营活动。

从事经营活动的事儿咱不论，在娱乐方面，咱太祖皇帝这么搞实在有点违背人性。李光地评价朱元璋"立法太严"，"但使圣人处之，必当有道，不至如此过于苛急耳"。李光地是清代康熙朝人，他当然不会说咱太祖皇帝好话，而且他并不是认为太祖皇帝完全做错了，只是觉得"苛急"。成祖皇帝在这方面也"不改乃父之志"，颁布榜文禁止收藏、传诵和印卖一切违禁的词曲、驾头（有皇帝出现的杂剧）、杂剧等，"这等词曲，出榜后，限他五日，都要干净将赴官烧毁了，敢有收藏的，全家杀了"，同样立法严峻。不过呢，玩乐是人的天性，再怎么控制也控制不住，终于要爆发。所以到了咱大明中期以后，这种控制就渐渐松弛，无论皇家、百官还是民间都忘了咱太祖皇帝的祖训，该玩就玩，毫不忌讳了。

怎么玩儿呢？当然是皇帝带头。这里最有名的就是咱宪宗皇帝朱见深。因为他留给咱们一幅《宪宗元宵行乐图》（图见第204—205页）——那是他在成化二十一年（1485）观看"大明元宵节文艺晚会"表演时的现场照，生动地给咱再现了宪宗皇帝热爱和鼓励文艺事业的情景。

成化二十一年"大明元宵节文艺晚会"表演的内容都有什么呢？那内容可丰富啦。其中有乐舞，有杂技，有魔术，有竞技，还有人现场燃放烟花爆竹，真是热闹非凡、盛况空前。

其实呢？咱大明宫廷原来就有专门的表演团队。像咱前面提过的教坊司就有乐队和舞队负责宫廷大型礼仪、宴会活动时的乐舞表演。宫中还有钟鼓司，那是皇帝的礼乐队，但同时也是"皇家文工团"——钟鼓司的太监们那可是多才多艺，什么宫廷戏、民间戏、情景剧、傀儡戏、戏剧小曲，啥都能演……

什么？您问啥叫情景剧？那就是咱宫中的"打稻之戏"和"过锦之戏"。这两种戏都在秋收时候上演，当然主要是给皇帝看。"打稻之戏"演的是农家夫妇和地方官吏之间征租、纳粮、打官司的故事；"过锦之戏"就杂了，什么杂剧故事、幽默小品都可以演绎，还可以讲笑话逗乐子，演杂耍变把戏，简直无所不含。说实话这两种情景剧都有点像现代的小品，只不过前一种还对皇帝有一点"知稼穑艰难"的教育意义，后一种就全为了取乐了。

傀儡戏也有趣，竟是在水上表演，大约就是水傀儡。剧目有诸葛亮七擒孟获、三宝太监下西洋、八仙过海、孙行者大闹龙宫之类,听着就让您感到熟悉……

私家堂会,公众社戏

皇帝都带头玩儿,咱大明百姓还不"上行下效"?咱大明的文艺娱乐还不"蔚然成风"?

没错,自明代中期以来,咱大明的文艺事业是越来越繁荣,文艺娱乐活动也越来越多。这其中最兴盛发达、也最令各个阶层喜闻乐见的文艺表演形式,就是戏曲。戏曲得有人唱,唱戏的艺人组成团就是戏班。咱大明早期没戏班这玩意,都是教坊司那种"国家戏剧团"。但文艺事业要发展就得"百花齐放"嘛,所以渐渐就有了戏班。这些新兴的戏班有独享型的"家班",就是由大官富豪们出资创办并完全为他们服务的私人戏剧社,有商业性的大班、小班,就是不同规模的专业商演剧团,也有老百姓为了即兴表演临时组织起来的草台班子,属于业余级别。

"家班"属有钱人独享,所以只要"热爱戏曲"又有条件就可以办。比方您是有钱人,您可以聘几位"戏曲艺术家",培养几个女伎歌童,逢年过节、请客办寿就让他们给您表演,这样您就算有了自己的私人戏剧团了。咱大明办"家班"是很时髦的一件事,《陶庵梦忆》一书的作者张岱祖上就办"家班",咱大明万历朝首辅重臣申时行也办,那位明末大奸臣阮大铖更办过"家班"。

属于商演剧团的大班、小班规模不同但都很兴盛,咱大明南北两京可为代表。在南京,梨园一行有数十个班子,它们大都在水西门和淮清桥营

《苏州市井商业图册之演戏》·明末清初 ·无款

《苏州市井商业图册之杂耍》·明末清初·无款

业，那里有所谓"总寓"，大概就是戏园子。而南京最著名的戏班，则是东肆的"兴化"和西肆的"华林"。在北京，大班主要集中在椿树胡同，而小班则汇集在新、旧帘子胡同。还有咱前面屡次提到的古都开封，那里大小戏班不下百家，分为色艺俱佳的乐户、专在酒馆伴奏唱曲的清唱、擅于舞台动作表演的舞旋，以及正规全本的大戏。

前面咱说的这两种，"家班"专事给主人家唱戏，商演剧团也进行商业表演，也接受邀请到人家里去演戏。别管是"家班"还是商演剧团，在个人家唱戏表演，就属于做堂会。做堂会这种事都是在喜寿婚宴节庆的日子，戏唱得好，主人开心，赏钱自然也就给得多。但堂会未必常有，也不是每个商演剧团都能接到堂会，所以还有些商演剧团必须接更多的生意，例如去唱社戏。

社戏，是民间节庆祭祀之余的大型文艺演出活动，咱前面提到各种灯节、庙会上的各项表演就都是社戏的一部分。但专业的商演剧团当然不能演得太简单，而是要演全本的大戏。像您读鲁迅小说《社戏》读到过的目连戏在咱大明就有，一场下来要演三天三夜，而那其中又有"度索舞组（gēng，粗绳子）、翻桌翻梯、筋斗蜻蜓、蹬坛蹬臼、跳索跳圈、窜火窜剑"等如杂技般的高难动作，又有"天神地祇、牛头马面、鬼母丧门、夜叉罗刹、锯磨鼎镬、刀山寒冰、剑树森罗、铁城血澥"等传说神话中的奇异形象，当然引人观赏，毫不令人烦闷了。

◘ 说书弹词，表演抒情

戏曲之外，咱大明文艺表演的重要形式，还有说书和弹词。说书就是咱现代的说评书，在明初叫说平话。咱大明的"评书表演艺术家"都说什么书？别的咱不敢说，《三国演义》《水浒传》《西游记》的故事一定有。像咱大明南京就有个柳麻子，他每天说一回书，定价是一两银子，而且提前十天就要"送书帕下定"，即预付定金，那他还不见得有空呢。他说《水浒传》，说到"武松景阳冈打虎"一段，模仿武松"蓦地一吼，店中空缸空甓（pì，砖也）皆翁翁有声"，果然是中气十足，也很有膀子力气。

弹词是说唱艺术，兼有伴奏，大概有点像今天的京韵大鼓、三弦一类，基本是由盲人或女子表演（盲人拨鼓击板，女子则弹奏弦乐）。说书是说故事，弹词也要说故事，但讲的却是些唐人传奇小说里的故事，其中主要作品有《仙游录》《梦游录》，又有《侠游录》和《冥游录》，其中的《侠游录》讲的就是剑仙故事，"豪爽激烈（比《仙游录》《梦游录》）大过之"，想来应是很精彩的。

和说书、弹词类似的艺术形式，还有时调小曲、数落和三鼓棒等。时调小曲其实也就是咱前面提到的清唱，有着各种曲目，像什么《耍孩儿》《傍妆台》《闹五更》《皂罗袍》《山坡羊》，等等。数落即"莲花落"，大概是叠唱的，有《四季莲花落》。三鼓棒也是说唱，用三根鼓棒飞舞敲击，同样是盲人和女子惯用的表演方式。

像说书、清唱一类的艺术形式主要是在酒楼、茶馆表演，更多的动作类艺术形式则要在露天环境展示了，那就是百戏。

关于百戏，咱前面已经提到宫中的《宪宗元宵行乐图》，社戏、庙会上也有百戏，那都是些什么内容呢？最精彩和引人注目的是傀儡戏，前面已经说过，就不再提。此外还有影子戏，大概就是皮影。又有"台阁"，那是一种用儿童扮演古戏人物，加上亭台楼阁的背景装饰，在烟雾缭绕中表演的形式。其他像扒杆（爬高杆）、走索、筋斗、钻圈之类的杂技以及像吞剑、筒子（桌上放三筒，给人看是空的，却能变出鸽子、猴子之类，也就是"罗圈献彩"）等戏法更多，咱也不必一一细说。

办"家班"，您不是专家也得是票友

前面咱说如果您有钱就能办"家班"，那其实是说得简单了。想办"家班"，您不是有钱充大款就行，还得有点水平，否则"家班"表演您不过看个热闹，对什么都胡评乱弹更惹人笑话，徒然附庸风雅罢了。

譬如咱前面提到的那个大奸臣阮大铖，别看人家做人不怎么样，办"家班"可是一流。他办的"家班"，戏曲唱词都是他亲自教授，剧目院本也都由他亲自编著。张岱评阮大铖的"家班"："故所搬演，本本出色，脚脚出色，出出出色，句句出色，字字出色"，实在是水平一流。而说实话，阮大铖也真称得上戏剧家。您要想在咱大明办个"家班"，就算没人家那水平，总也该是个票友级别吧？要知道，咱大明读书人中专业的票友可不少，有些还主动去参加戏班到处表演呢。

蹴鞠捶丸加骑射，可惜已衰落

—— ⊙ 体育竞技

体育运动能健身，竞技比赛更吸引人。咱大明人要"德智体美"全面发展，体育和竞技的项目当然少不了。论起这方面，咱大明可以说官民都有骑射、角牴的功夫，男女兼备蹴鞠、捶丸之本领，真个是人人不输李广和燕青。但是可惜，这些运动后来除了摔跤都没落了，不过咱还有别的，像放风筝、赛龙舟和冰上运动……

▫ 官家演骑射，民间赛角牴

咱太祖皇帝是马上得天下，对"武功"这种事自然十分重视，不单要军队加强训练保持战斗力，在皇室中也保持着"演武"的传统。当然啦，咱大明朝历代皇帝中，除了太祖皇帝和成祖皇帝有征战沙场的戎马经历，其他大都是太平皇帝，即使最后的亡国之君崇祯帝朱由检也没有真正带兵骑马打过仗。再说啦，咱大明皇帝那是什么身份？万乘之尊、万金之躯呀！怎么能自己亲自去"演武"？所以说，皇家演武主要是别人演给皇帝看，其中重要的形式就是骑射和击球。

骑射这种事汉唐以来就有，即使"文弱"的大宋皇家也有骑射表演，建立

《朱瞻基行乐图》卷（局部）·明·无款

⊙北京故宫博物院藏。该图卷描绘了明宣宗朱瞻基观赏各种体育竞技表演的场面，包括射箭、蹴鞠、打马球、捶丸和投壶。图中为观赏蹴鞠的场景。

元朝的蒙古人更是精于骑射。咱大明重视"武功"，武举要考骑射不必说，皇家也有例行或不定期的骑射表演或竞技。不信？您且听一首诗：

　　绿杨风里草平铺，跨上雕鞍挽玉弧。

　　鹁鸽一声飞起处，白翎金箭著葫芦。

这其实是一首《永乐宫词》，出自饶智元《明宫杂咏》。写的是什么事呢？"永乐时，禁中有剪柳之戏，即射柳也"。射柳就是骑射的一种形式。这首诗的注释接着介绍："元人以鹁鸽贮葫芦中，悬之柳上，弯弓射之，矢中葫芦，鸽飞出，以飞之高下为胜负，往往会之清明端阳。"原来这是元代留下的

传统，而且咱据此可知，这件事当是发生在永乐某年的清明节或端午节。

成祖皇帝时有骑射，到熹宗皇帝朱由校时还有，您且再听这一首《天启宫词》：

飞凤三花逐电流，例逢蹦（jiè，践踏也）柳拜前旒。

八珠穿得都班赏，夺取头标胜一筹。

这次是朱由校到万岁山去巡视御马监，于是有勇士进行了一次骑射表演，"名曰射柳，即金、元蹦柳之遗"，还是从元代流传下来的，而且又有赏赐，又有"夺得头标"，看来是一场竞技赛。

215

那么"飞凤三花"又是怎么回事呢?注释续说"唐时外牧岁进马,印以三花飞凤,故有马鬣剪三花之语"。原来"飞凤三花"是马的"发型"。

击球也是宫中的礼仪活动。击球就是打马球,同样属于马上运动,"永乐时有击球射柳之制",咱成祖皇帝还曾经在永乐十一年(1413)专门组织过"击球射柳运动会"。当时亲历盛会的大臣兼书画家王绂(fú)作下《端午赐观骑射击球侍宴》诗一首,原诗太长,咱就欣赏击球这一部分吧:

忽闻有诏命分棚,球先到手人夸能。

马蹄四合云雾集,骊珠落地蛟龙争。

彩色球门不盈尺,巧中由来如破的。

割(huò)然一击电光飞,平地风云轰霹雳。

自矜得隽意气粗,万夫夸羡声喧呼。

枞(chuāng,敲击也)金伐鼓助喜色,共言此乐人间无……

瞧,原来这击球是分棚,有球门,要击球入门得胜,也就是两队对抗的竞技赛。

这次运动会在端午,印证了前面"会之清明端阳"的说法。其实民间也有骑射、击球的比赛,像北京天坛端午节有射柳,白云观燕九日(正月十九)有射箭、击球。除这些以外,民间还有角抵。

角抵大约就是相扑、摔跤,历史也很久远了。军队里练角抵是作为搏斗术,不必多说。民间的角抵则主要有表演和比赛,表演热闹又刺激,比赛更刺激,场内场外还能赌博,实在是种精彩的活动。但这个咱也不讲了,因为终究没有水浒故事中描写浪子燕青打相扑擂台的精彩……

▫ 蹴鞠捶丸人人爱

蹴鞠和捶丸都是球类运动,它们可谓家喻户晓,人人喜爱,在咱大明非常流行。

蹴鞠就是踢球,有人说类似今天的足球,其实并不一样。蹴鞠大体可分为两种:有球门的蹴鞠,两拨人直接对抗,和现代足球类似;没有球门的蹴鞠,一个人或几个人一组轮流表演,以表演花样和技艺高低决定胜负。咱大明人爱

《仕女图卷·蹴鞠》（局部）·明·杜堇

《仕女图卷·捶丸》（局部）·明·杜堇

第七章 宫廷市井百态，礼仪民俗大观

蹴鞠那是从上至下，皇帝依然是起到示范带头作用。咱就不说咱武宗皇帝朱厚照作为"深度球迷"的事了，只说熹宗皇帝朱由校，且看一首《天启宫词》如何记述他蹴鞠的事迹：

  青红锦罽（jì，毛毯之类的东西）地衣光，秘殿安排蹴鞠场。

  却见背身惊蹋（踢也）送，彩（彩绸也）珠偏打御肩旁。

这位天启帝踢球要在秘殿，看来是不想太多人知道。和他踢球的是谁呢？正是魏忠贤。据说就算魏忠贤回身一脚球，踢在了熹宗皇帝的肩膀上，熹宗皇帝也不生气，因为他太宠信魏忠贤了。

朱由校能在秘殿和魏忠贤踢球玩耍，可见他对蹴鞠的喜爱。实际上咱大明的蹴鞠爱好者不少。据咱大明文学家沈德符在他的《万历野获编》中说："近年士大夫享太平之乐，以其聪明寄之剩技……近在都下见王驸马昺、张缇帅懋忠诸君蹴鞠俱精绝。"沈德符以为音乐声律、骑射蹴鞠等都是"剩技"，算不上正道。他提到的这两位，王昺是驸马，张懋忠是锦衣卫指挥同知，都是"高

217

端人士"。沈德符对他们还有点尊敬,不好意思说他们蹴鞠不对,为他们辩解说:"此盖蹋掷通于击刺,正彻侯本色,不足异也。"意思是踢球抛掷这些动作和武术的击刺有相通之处,正是封侯列爵者的本色,没什么奇怪。彻侯,是一种爵位,一般都因军功授予。

有身份的人蹴鞠,普通老百姓也蹴鞠,就连女子都要参与。咱大明画家杜堇《仕女图卷》之中就有宫女蹴鞠的场景。同样受女子欢迎和喜爱的体育运动还有捶丸,同样见于杜堇的《仕女图卷》。

捶丸这项运动或许也有很久远的历史了。据介绍捶丸的专著《丸经》说,捶丸在战国时候就有。这种说法未必可靠,但《丸经》说后来宋徽宗和金章宗都喜欢捶丸是可能的。古之捶丸或许是从马球转化而来,也是对抗比赛,渐渐才演变成依次击球入窝的竞技性比赛。

咱说击球入窝您可能没明白。这里"窝"就是球洞。捶丸的具体打法是:球场上有窝,选手以杈(球棒)击球,规定大、中、小筹(分别为二十筹、十五筹、十筹)之计分方法,以先打到筹数者为胜。

您听咱这么一说眼前一亮:这捶丸不就是现代的高尔夫球吗?

的确有点像。而且咱现代还真有人在研究捶丸是否就是高尔夫球,是否是当初由蒙古人传入欧洲这样的问题,而且据说已经有了证据。

您信不信呢?

▫ 乘风破浪时,北方冰冻日

骑射、击球、蹴鞠、捶丸这些运动在咱大明风靡一时,但大明一亡,这些运动也就渐渐没落,终究消失了。为什么呢?或许是后来的大清不大宣扬和继承这些运动的关系吧。尽管建立大清的满族人更精于骑射,但人家那是真刀真枪,并非投壶、射柳之类的玩意。当然,角抵作为与满族摔跤类似的运动保存和发扬了下去,后来清朝的宫廷中更有接受专门训练的布库,这您从康熙捉鳌拜的故事中已经有所了解,也不是本书的内容范围,咱就不多说了。

但是,难道咱大明除了这几种活动就没有别的体育运动了吗?当然不是。咱大明从官方到民间还有许多体育运动的形式。像放风筝,那是在清明前后,通常要在有风的空旷之所，不过参加这项运动的多是儿童。

南方水上可以赛龙舟，北方的江河，到了冬天会结冰，这时就可以进行冰上运动了。

咱大明的冰上运动有冰床。这是一种冰上交通方式，其实也就是冰上爬犁。咱大明熹宗皇帝朱由校就爱好这项运动，又有一首《天启宫词》为证：

北风吹冻液池波，树里遥闻唤渡河。

两岸丝绳齐著力，胡床安稳好经过。

这首诗描写的是大内西苑太掖池，这里冬天湖水结冰，皇帝要来"渡河"了。陛下坐在冰床上，谁来拉呢？"诸珰（太监们）于两岸用绳及杆前引后推，往返数里，瞬息而已。"他朱由校坐爬犁，拉爬犁的是太监，看来他爱好归爱好，做运动的却是"诸珰"……

捶丸能修心养性，还能训将练兵

别管捶丸是不是高尔夫球的"老祖宗"，根据《丸经》一书作者的观点，这运动很是不错。这位作者，无名氏先生在《丸经》的序言里直接引用孔夫子的话："饱食终日，无所用心，不有博弈者乎？为之，犹贤乎已。"他漏掉了"难矣哉"三个字，但意思差不多，反正是说下下棋、玩玩游戏也比什么都不干强，圣人都说了，于是站稳了道德高地。

接下来这无名氏先生经过一番论证，说明打捶丸"诚足以收其放心，养其血脉，而怡怪（yì，欢喜）乎神情者矣"，实在很健身养生又愉悦精神。同时，这运动"不以勇胜，不以力争，斯可以正己而求诸身者也"，还有提高道德修养的神奇功效。这还不算，他又说"由是观之，抑亦卫生之微奥，而训将练兵之一技也"。捶丸还应该推广到军事训练中去，成为一项基本技能呢。

信哉！快来人对捶丸的玩法详加考证，把《丸经》翻译成白话，编到军校教材里去吧。如若不成功，就请尽快推广高尔夫球，庶几近之也！

嫁娶麻烦不少，礼法更严

──○ 婚姻制度

讲了一大堆吃喝玩乐，咱也该说点正事。何谓正事？正经事也。婚姻乃人生大事，您说正经不正经？咱大明婚姻那些事儿，说来很复杂，办着很麻烦，讲究多，礼法更严，不同的阶层更有不同的情况，实在是很难讲清楚。但凡事再复杂总有个线索，咱大明人婚姻相关的线索就是礼和法。那么，咱就从这婚姻的礼说起，再来说说"大明婚姻法"……

▫ 皇家尊礼重规矩

古人的婚姻讲究个礼仪，咱大明那可是礼教社会，当然要尊礼重教，对待婚姻同样毫不含糊。在这方面，咱大明皇家做出了表率——

婚礼婚礼，讲的就是个礼仪程序。婚礼都有哪些程序？曰：纳采、问名、纳吉、纳征、告期、亲迎，是为六礼。咱大明朝从皇帝到皇太子、亲王以下的婚礼，都要遵循六礼，只有皇帝不用亲迎，但也要派一个代表拿着皇帝的信物去迎娶，叫作"遣使持节奉迎"。

关于六礼，咱就简单地介绍一下。像纳采，就是送聘礼求婚。问名，是"娘家人"把新媳妇的名字告诉男方。纳吉是交换生辰八字，取个吉利。纳征是订婚，表示确立婚姻关系。告期，则是确定婚期。至于亲迎，当然是接亲娶媳妇，正式办婚礼了。

既然是礼，当然要送礼物。皇家办婚礼，六礼每个环节都有礼物送给亲家，而且其中的五个环节都要有雁。为什么要送雁呢？古书上有各种解释，《白虎通》的解释最为详细、全面，兹录于下："贽用雁也，取其随时而南北，不失其节。明不夺女子之时也。又是随阳之鸟，妻从夫之义也。又取飞成行，止成列也。明嫁娶之礼，长幼有序，不相踰越也。又婚礼贽不用死雉，故用雁也。"

什么意思呢？大雁随着季节天南地北飞来飞去，很知道时节，又追随着阳气，象征夫唱妇随，还成行成列，很讲规矩。反正，大雁是种好动物，值得新媳妇学习。何况结婚送聘礼不能用死野鸡，只好用雁了。

从皇帝到皇太子、公主的六礼程序仪式都很复杂，要真讲起来几万字也讲不完，咱只好从略，挑一些有趣的来说说。像皇帝大婚，进行纳采、问名、纳征等程序时都有一套说辞。譬如纳采，明明是求婚，皇帝的代表到了皇帝老丈人家，说的却是"朕承天序，钦绍宏图。经国之道，正家为本。夫妇之伦，乾坤之义，实以相宗祀之敬，协奉养之诚，所资惟重。祗遵圣母皇太后命，遣使持节，以礼采择。"先摆出皇帝架子，讲一番"经国之道""乾坤之义"的大道理，又说咱是根据老妈的安排前来挑媳妇，实在是可笑。到了纳征时，使者又替皇帝宣布："卿女有贞静之德，称母仪之选，宜共承天地宗庙……"好像给新媳妇沾了多大荣光——或许，真的是沾了很大荣光。

到皇太子纳采的时候，他的"代表"对皇太子妃娘家人说的是"储宫纳配，属于令德。邦有常典，使某行纳采之礼"，完全是一副公事公办走程序的样子。皇太子妃他爹呢？人家这样回答，"臣某之子，昧于壸仪，不足以备采择。恭承制命，臣某不敢辞"——俺这闺女没啥教养，配不上给储君当媳妇啊。但皇命不可违，俺只好答应。前半句是客气，后半句是实话。

皇太子娶媳妇，媳妇进了门照例要拜姑舅（即公婆，皇帝与皇后也）。这样就基本走完了礼仪程序。

公主下嫁，守的是同样的礼仪，只不过纳采、问名啥的都是驸马来皇帝家办理。不过皇帝就不那么客气，说那些肉麻谦虚的话，《明史·礼志·嘉礼·公主婚礼》甚至都不记述皇帝家回答些什么话。

皇家选驸马也有意思。通常的程序有三道：礼部先做初选，范围是京城十四到十六岁的少年，自愿报名；初选入围，由司礼监太监进行复选，复选只有三人入围，如果没人合格，就要扩大范围，直到选出三个候选人；最后这三位候选人由皇帝考察钦定，闯过"决赛"，就成了驸马。

▫ 民间守礼讲风俗

皇家之外，有官员身份的大明人婚礼也要讲究六礼，那程序礼仪和皇家差不多，只不过中间多了个媒人。当然啦，皇家嫁娶是没有媒人的，人家那是"采择"。

到了老百姓，大概咱太祖皇帝觉得六礼太过繁复，对普通没知识没地位的平民不适用，所以规定平民应该根据《朱子家礼》行四礼，省略问名和纳吉，只需要纳采、纳征、告期和亲迎了。同时，根据咱"大明婚姻法"的规定，咱大明"公民"男女适婚年龄分别为十六岁和十四岁，比现代可是大大提前。

老百姓娶媳妇嫁闺女，新郎新娘要穿结婚礼服。咱大明朝皇帝隆恩，新郎除了穿常服，还可以借九品官的官服来穿，新娘则穿一种花钗大袖服。新郎穿着官服，"新郎官"一词大概就是这么来的吧。

民间婚礼，肯定有些民俗。《明史》中关于"庶民婚礼"就记述了两条：一个是结婚的头一天，新娘家要派人到新郎家二人新婚的卧室去布置，叫作"铺房"；结婚当天，新娘子拜见舅姑，这公公婆婆会给她喝甜酒，但不知道发不发红包。

说到发红包，这民间婚礼纳采、纳征、告期和亲迎之际，男方肯定也要给女方送礼物。礼物的丰俭多寡，当然是由各家的身份地位财产能力而定，不能一概而论，不过各个地方的民俗风尚总还有点规矩——

咱就说在北京，民间嫁娶有相亲、小茶礼和大茶礼。相亲送的礼物，不过是些"簪花、戒指、巾帕之类"，差不多也就是"定情信物"。小茶礼就是个见面礼，送的是羹果，四样或六样，最多十六样，也是根据贫富而定。大茶礼送衣服，如果是有钱有地位的人家还会加送金珠、宝石，"有费百千者"。

为啥叫茶礼呢？因为"种茶下子不可移植，移植则不复生也，故女子受聘谓之吃茶，又聘以茶为礼者，见其从一之义"。这说法出自郎瑛的《七修类稿》，同一条还有另一种说法，谓"种芝麻必须夫妇同下其种，收时倍多，否则结稀而不实也，故俗云'长老种芝麻，未见得'者，以僧无妇耳"。

种芝麻要夫妻两个人下种，种茶不能移植，这也是很神奇的讲究了。

但咱还是书归正传。大茶礼一过，就是正式结亲了。亲迎的头一天，男方家要给女方家送一桌酒席、两只雄鸡和别的礼物，叫"催妆"。婚礼当天，新娘子到男方家门口刚下轿，新郎要摆一副马鞍让新娘跨过去，这叫"平安"。新娘进了门，还有个阴阳家唱"催妆诗"，一边唱一边到处撒五谷和各种果子，这叫"撒帐"。

婚礼结束，礼节却还没结束，新娘家还得请客，婚后第三天一次，叫"三朝"，第九天一次，叫"单九"，第十八天又一次，叫"双九"，请的都是新郎家的亲属。新娘在女婿家过满一个月，新夫妇还得回门，到新娘家住上几天……

前面咱说的都是北京的风俗。咱大明地方广、风俗多，也没法尽述，总之都是大同小异。当然啦，有钱有条件可以遵守礼俗，没钱没条件就只好从权。像新娘子过门要坐轿，但在咱大明乡村，若是没钱，骑牛也是有的——这有《明文海》录顾彦夫《村落嫁娶图记》一文为证。

▪ 各种不许娶，"七出""三不去"

嫁娶这种事，礼仪繁多，风俗各异，咱也不去细说。但婚姻乃人生大事，小了说毕竟是关系着两个人的幸福，大了看更是关系着国家和社会的稳定，不由得咱大明政府不重视。

咱大明朝有礼教规范，同时还有法律规定，对婚姻进行限制、约束和保护，对违背礼教良俗的行为进行惩罚，那就是"大明婚姻法"。

前面咱已经说过咱"大明婚姻法"关于适婚年龄的规定。其实"大明婚姻法"在各方面都规定得很详细，包括结婚、重婚、娶妾、改嫁、入赘、离婚等

223

情况都有。像对婚姻关系，咱大明政府认同的是"父母之命，媒妁之言"，双方有了婚约就算婚姻关系成立，别娶或者别嫁都是重罪，甚至知情的第三方都有罪。譬如已有婚约者，"若再许他人，未成婚者杖七十，已成婚者杖八十。后定娶者，知情与同罪，彩礼入官。不知者，不坐"，意思就是说订婚后男方如果再和别人订婚，没结婚打七十杖，结婚了打八十杖，后来订婚的女方如果知情就是一样的惩罚，彩礼还要被没收，不知情者不受连坐。

《苏州市井商业图册之娶亲》·明末清初·无款

但是要注意，咱大明不许指腹为婚，也就是订娃娃亲。

还有结婚的条件。咱"大明婚姻法"首先规定：不论男女，给祖父母、父母等亲人居丧戴孝的时候不准结婚；祖父母或父母犯下死罪或者被囚禁，不得结婚。这些规定关乎孝道。还有的是关于伦理：如同姓不能通婚（所谓"五百年前是一家"，当然不可以，要判离婚），而男子不得娶外祖父母或自己妻子的近亲（这个算通奸，打八十杖），不得娶同宗亲属或其妻妾（也要打八十杖），不得娶祖父的妾，父亲、叔伯的妻子（要杀头），不得娶兄弟的妻子（要绞死）。伦理孝道都不违背，同样有不可以娶的情况，像地方官不能娶当地人做妻妾，任何人都不能娶犯罪逃亡的女子做妻妾，不能强抢民女，僧人不能结婚，等等。

至于重婚，咱前面说的"若再许他人"一段已经涉及。娶妾呢？根据规定，咱大明子民只有"久婚不育"，也就是有无后的危险才可以娶妾。当然，这一条对皇家不适用——皇帝就有众多小老婆，皇太子、亲王也都可以有两个"妾"。入赘也是，不能将招进门的夫婿轻易赶走，要是赶走了或者再招别的夫婿上门，妻子是要被打一百杖的。

最后咱再说说离婚。您肯定知道古时候有所谓"七出"之条，是丈夫可以休妻的条件，不过"七出"咱就不解释了。您可能不知道，就算做媳妇的犯了"七出"，却还有个"三不去"可以不离婚。哪"三不去"呢？曰：有所娶无所归（就是离婚之后没地方去）、曾与舅姑三年丧（给公公婆婆守过三年孝）、先贫贱后富贵（丈夫有做"陈世美"的嫌疑）。

有这样"三不去"的规定，也算对咱大明女性婚姻的一点保护吧。而明代女子离婚若再婚，当然是受歧视的，那也不必多说了。

消失的新郎

咱大明的心学大儒王阳明十七岁成婚之时，发生了一件趣事。王阳明的老丈人诸养和与他爹王华曾经一同在北京做官，为金兰之交。当时诸养和在王华家里见到小阳明，非常喜欢，就与王华约为儿女亲家。后来，诸养和官升江西布政司参议，从南昌寄来书信，召王阳明前去完婚。于是新郎官从京城赶到了南昌。然而，在拜见过岳父之后，婚礼当天，新郎官却不见了，岳父一家人找了整整一夜！

原来，王阳明在婚礼当天路过一个名叫铁柱宫的道观，进里面闲逛的时候，与一位老道士聊得特别投机，竟聊了整整一夜，就这样忘记了洞房花烛夜。第二天，惭愧的王阳明赶忙向老丈人、丈母娘和新娘子道歉，才完成了婚礼。

[历史旅行指南·活在大明]

归天入土身后事，都是活人做

——丧葬和祭祀

说过婚姻嫁娶，咱再来说说丧葬和祭祀。死者为大、敬死如生，咱中国人对死很重视。所谓生有处、死有地，咱们国人是讲究入土为安的。在咱大明朝，丧葬祭祀与婚姻嫁娶一样，也是礼制的重要部分，有礼法的规定和限制——天子、诸侯、公卿、士庶死后的丧葬规仪和祭祀礼俗都有着这样那样的差异和不同，很值得您了解……

▫ 崩薨卒不禄，统统都是死

常有人说这世界没有人人平等。没错，至少在咱大明是这样，甚至就连死都不能平等。怎么呢？人之死或许是一样的，那名目却不同——在咱大明这古代社会，死的名目要按照等级，"天子死曰'崩'，诸侯曰'薨'，大夫曰'卒'，士曰'不禄'，庶人曰'死'"，这也就是说同样都是死，皇帝、皇后死就得说"崩"，皇妃、皇太子、皇太子妃、亲王和王妃的死则叫"薨"，再以下，有爵位的高官死了叫"卒"，普通官员叫"不禄"，至于平民老百姓，那才叫作"死"。为什么死各有名词，各个不同呢？古书上有一大堆解释，尤其是"崩""薨"比较为人熟知，您可能也知道，咱就讲讲后面三个。

关于大夫的"卒",《礼记正义》说:"卒,毕竟也。大夫是有德之位,仕能至此,亦是毕了平生,故曰卒也。"原来大夫的官位已经很高,能够做到这个位置毕竟也算人生圆满,了却了心愿,可以知足,因此称"死"为"卒"。

那士的"不禄"呢?同书说"士禄以代耕,而今遂死,是不终其禄",意思是普通官员拿着国家俸禄,这一死可就拿不到了。照这样解释,咱现代工薪族死了倒是都可以叫作"不禄"了。

平民老百姓叫"死",是因为低贱。还是《礼记正义》的说法:"死者,澌(sī)也。澌是消尽无余之目,庶人极贱,生无令誉,死绝余芳,精气一去,身名俱尽,故曰死。"

这简直是毫无现代平等观念的论调,说什么平民老百姓都是极为卑贱的人,活着没什么名声,死了也不会青史流芳,一死百了,什么都不剩——完全就是赤裸裸的歧视。其实说什么崩、薨、卒、不禄,人死就是死,什么人死了都一样,哪有什么区别?

但是咱说了也没用,大明朝毕竟还是等级社会嘛,就连人死了待遇都不同。咱就接着说这死——

咱大明皇帝死了,那可是"天崩地裂"的大事。就像洪武三十一年(1398),咱太祖皇帝朱元璋他老人家归天,举国震动。咱大明礼部当即决定:凡是在京官员在听到皇帝驾崩消息的第二天就要穿素服,戴乌纱帽、黑角带到内府听他老人家的遗诏。所有官员全都不准回家,留宿在官署衙门,早晚哭灵。三天后丧服制成,官员全都穿孝,还是早晚哭灵,一直哭到咱太祖皇帝下葬。全体官员的丧服要穿二十七天才可以脱下。全体官员的妻子也要穿丧服,摘掉首饰,从西华门入宫去集体哭丧。

> **←定陵地下宫殿→**
>
> 定陵地下宫殿是咱万历皇帝朱翊钧的陵墓,是明十三陵中唯一被发掘了的陵墓。游览十三陵,主要就是进入定陵地下宫殿进行参观。提醒大家一下,咱们进入地下最好多披件衣服,因为温度可低了好几度。陵墓里面,朱翊钧棺椁的两侧还有两口棺椁,那是孝端皇后和孝靖皇后的棺椁。回想朱翊钧在位头十年,张居正改革开创了中兴局面,但张居正死后,他荒于政事,甚至二十多年都不上朝。

太祖皇帝的亲眷家人呢？他们更惨——"诸王、世子、王妃、郡主、内使、宫人俱斩衰三年，二十七月除"。他们穿的是丧服中最隆重的一种，用粗麻布制成的"斩衰"，要穿戴满二十七个月才可以除去。

接下来大家上朝办公的时候还是穿素服、戴乌纱帽、黑角带，回家继续穿丧服，官员的妻子们也要服丧。这还只是对京城皇亲国戚和官员的要求，京城以外另有规定——当时礼部立即派出"行人"，即通信使者向全国传告这一噩耗，使举国同悲，为咱太祖皇帝治丧。

当然啦，咱大明皇帝驾崩乃是国丧，全国要停止一切娱乐活动，包括音乐、嫁娶，甚至连祭祀都不许的。但这种限制形成制度规定是在咱成祖皇帝朱棣驾崩的时候，在那一次国丧中，咱大明朝规定"凡音乐、祭祀，并辍百日。婚嫁，官停百日，军民停一月""寺观各鸣钟三万杵，禁屠宰四十九日"。

以上咱说的这是皇帝，如果是皇帝以下的人呢？当然这死后的待遇就差些。譬如皇后、皇太子、亲王这些人死了，文武百官也要服丧、哭灵，但是时间短些。皇帝还要辍朝，就是停止办公，也是一天到三天不等。就连有些公侯大臣死了皇帝也会辍朝。但若是普通官员或平民老百姓死，就只有自己家族才会停止音乐、婚嫁，咱大明皇帝可没空……

▫ 神在祠庙体在墓

人死还有一种委婉的说法叫作归天。虽然皇帝之死依然很特别，称为"龙驭宾天"，是乘着龙上天到天帝那里做客去了，但归天也好做客也罢，最后还是要入土为安。入土也就是下葬，皇帝要葬入山陵，王公大臣则要葬入坟茔，至于老百姓，当然只是茔地了。

咱大明在丧葬这方面也有细致的礼制规定。别的不说，单是墓地的大小、坟的高低，以及山陵、坟茔的"配套设施"等问题，咱要说清楚又非有几千字不可。所以咱只好还是简单介绍——

像咱大明皇帝的坟，整体叫作山陵，大小没有特别的规定，但当然比其他所有人都大。如明十三陵，其中就有明楼、祾（líng）恩殿、神库（这个只有献陵，即仁宗皇帝朱高炽的陵寝里没有）、神厨、碑亭、神道和宝城等建筑。

明十三陵全景

⊙明十三陵坐落于天寿山麓，总面积约120平方千米，距离北京市中心约50千米。这里自永乐七年（1409）五月始作长陵，到明朝最后一帝崇祯葬入思陵止，先后修建了十三座皇帝陵墓、七座妃子墓、一座太监墓。共埋葬了十三位皇帝、二十三位皇后、二位太子、三十余名妃嫔、一位太监。十三座皇陵均依山而筑，分别建在东、西、北三面的山麓上，形成了体系完整、规模宏大、气势磅礴的陵寝建筑群。

第七章 宫廷市井百态，礼仪民俗大观

宝城才是真正的坟，下为地宫，上为宝顶，也就是坟头。咱大明皇帝的坟头跟以前历代帝王的方顶封丘不同，是上圆下方。神道是通向陵寝的主道，十三陵共用一条。神道两旁有立狮子、立兽、卧骆驼、卧象、卧麒麟、卧马的石像各两对和"带刀持瓜盔甲将军两对、朝衣冠文像两对、朝衣冠武像两对"，这些也就是"石像生"，共十八对。此外还有"擎天柱四""石望柱二""六柱五架"的石牌坊等。

但皇帝以下，亲王、郡王等和大小官员的坟茔就要有各种限制了。像亲王的坟茔规模为"地五十亩，房十五间"，郡王是"地三十亩，房九间"，郡王子是"地二十亩，房三间"，郡主、县主则只有"地十亩，房三间"了。

而对于各品秩官员，咱大明主要是规定坟的高度和坟前石兽的数目。像公侯、一、二、三品官员分别享受茔地一百步、九十步、八十步、七十步和坟高二丈、一丈八尺、一丈四尺和一丈二尺的待遇。公侯坟前石兽是八只，一、二、三品官坟前的石兽都是六只。四品和五品、六品、七品以下又分三个档次，茔地和坟高递减，石兽也渐渐少到没有。这里的"步"都是从"茔心"，也就是坟墓的中心开始算，"各数至边"，看来是半径。

另外照咱大明朝的规定，五品官以上坟前用螭首碑（长方形石刻），碑下用龟趺（fū，碑下的石座），六品官以下用圆首碣（圆头的碑），碑下用方趺。

那么老百姓呢？简单一句话，"茔地九步"，坟地的半径只有九步。

死者入土，身体算有了安放的地方，可以任由它腐烂了。但据古人的想法，人死后还有"神灵"，即魂魄呢。这人的"神灵"要到哪里去呢？它要随着"神主"到家庙去，在那里被供奉起来，等着享用子孙后代的祭祀。"神主"即神主牌位，供奉在家庙中。

咱大明皇帝的家庙叫作太庙，在南北两京都有。南京的太庙当然是咱太祖皇帝修建的，其中供奉着他老人家四代先祖的神主牌。朱元璋死后，神主牌也进入太庙中。成祖皇帝迁都到北京，同样建了太庙，他和后来历代大明皇帝都是死后进入太庙。太庙之中还有亲王和功臣配享，就是让这些人跟死去的皇帝们一起享受祭祀之物，沾沾皇家的光。这可是极大的荣誉。咱太祖皇帝生前就定下配享的，有他的兄弟子侄封王者共十九人，以及徐达、常遇春等十二人。

皇帝以下，亲王在自己的封地也可以有宗庙，公侯、品官则各有家庙，当然是规模档次越来越低。至于那"极贱"的庶人就只能建祠堂不能建家庙。要是连家庙都没有，则只好在自己家的居室里摆个神主牌位罢了。

◻ 岁时常祭祀，丧事喜庆办

前面咱说了，祭祀祖先主要是在家庙，这才是古人，同时也是咱大明人祭祀之礼的重点所在。

既然祭祀在家庙，咱大明皇家当然是在太庙中祭祀。那祭祀的程序礼仪很繁杂，有禘祫（dì xiá，禘是帝王诸侯对祖先的盛大祭祀，祫则是合祀，即把祖先的神主牌位们请到一起集中祭祀），有时享（就是四季和年终时的祭祀），有荐新（即每月把应季的瓜果时新献祭给祖先），还有小祥、大祥、告祭等说道、讲究，一时也说不清楚。咱就说说时享——

这时享应该是一年五次，年终的那一次好说，其余四季的四次在什么时候呢？咱大明在洪武二年（1369）时订立过一次制度，是四季的献祭分别在清明、端午、中元和冬至。但是第二年就有人提出不同意见，认为四时献祭应该在每个季节的第一月，也就是孟月（古时每季有孟、仲、季三月，以孟月为首），所以对时享的时间又做了调整。到洪武九年（1376），时享的时间定在每年孟春正月的上旬日（月初十天内选择）、孟夏四月、孟秋七月和孟冬十月的朔日（初一日），加上年终除夕，都是合享。

皇家以外，公侯、品官乃至平民老百姓当然也要祭祀。大家祭祀的礼仪差不多，时间也差不多，但都是根据民间风俗，不大讲究礼法的那一套了。民间的风俗是什么时候祭祀呢？您马上就想到清明、中元和寒衣节，没错，这也都是咱大明民俗中祭祀的时候，尤其是清明，大家不单要在家庙、祠堂祭祀，还要去墓祭，就是到祖先的坟地去祭祀。

生死都是忌日，生忌还能请客

在所有祭祀之期中，死者的忌日算个比较特殊的日子。忌日也就是死去的那天。按照礼制，忌日那天后人应该"忌日不用""忌日不乐"，即不该做别的事，更不该办喜庆之事。但在咱大明就偏有特别的例子。

据咱大明人姚旅的《露书》，在江西南昌的大明皇家宗室有给逝去的祖先过两个忌日的传统。这两个忌日一个叫明忌，即逝者的生日，一个叫暗忌，是逝者的死日。他们尤其重视明忌，甚至人已经死了，逢"整十"的生日还要请客办寿，全族的人都准备礼物去拜寿，就像人还活着时一样。

专题

游戏是天性，此理古今同
——大明儿童的幸福童年

过节、听听书、看看戏，还有棋牌博戏竞技体育，咱大明成年人的休闲娱乐可不少。但最该玩儿的不是孩子吗？他们不是更该有个幸福快乐的童年吗？您别着急，咱大明的少年儿童游戏娱乐的活动也很多，而且他们绝没有那么多课外补习班，没有那么大的学习压力。您听咱这一讲后，包管遗憾您孩子怎么没生活在大明，而且还能勾起您不少童年的回忆……

平时玩的都是小玩意儿

咱大明朝没有迪士尼乐园，没有欢乐大世界，小孩子手边也没有手机、平板电脑、任天堂、PS4这些电子设备和游戏机，他们平时玩的都是些小玩意儿，但这些游戏同样给他们的童年创造了欢乐。

这些游戏都是什么呢？咱随口说来就有：抽陀螺、放空钟、踢毽子、打枝儿、跳百索、摸瞎鱼、抓子儿……

陀螺您肯定知道，说不定儿时也玩儿过。咱就不废话了。空钟差不多就是空竹，只不过在咱大明玩法有些不同。在咱大明人刘侗和于奕正合著的《帝京景物略》中，有空钟的制作方法和玩法的详细说明，咱就引述一下：

"空钟者，刳（kū）木中空，旁口，荡以沥青，卓地如仰钟，而柄其上之平。别一绳绕其柄，别一竹尺有孔，度其绳而抵格空钟，绳勒右却，竹勒左却。一勒，空钟轰而疾转，大者声钟，小者蛣蜣（jié qiāng，蜣螂也）飞声，一钟声歇时乃已。制径寸至八九寸。其放之，一人至三人。"

这段话的大概意思是：空钟就是把木头中间挖空，旁边开口，刷上沥青装上柄，柄上绕绳，绳连竹尺缠紧空钟，拉住竹尺急放，空钟就旋转着发出声音，声音大到如钟鸣，小也像蜣螂飞动之声，过一阵才停止。这种空钟直径有寸许到八九寸，要一到三个人来放。

怎么样？您大概明白了吧？这种空钟是在地上放的，不像现代的空竹抖来抖去悬在空中鸣叫。

踢毽子咱也不必多说。而至于打柭儿，同是《帝京景物略》告诉我们：

"小儿以木二寸制如枣核，置地而棒之，一击令起，随一击令远，以近为负，曰打柭柭。"

这游戏听起来有点像打棒球，但不是投球手投来，而是要自己把"球"先从地上打得弹跳起来然后再击打。这到底是种什么游戏呢？作者接着说"古所称击壤者耶"，原来这是古时叫作"击壤"的游戏。

"击壤"就是用棒子打土块，后来变成木制品，即前文所说的"枣核"了。咱大明儿童能玩儿这种游戏，说明很循古风，也同时锻炼了身体。

前面咱说的这四种游戏其实各有玩儿的时候，书中的一首童谣就说明了这一点。其曰：

杨柳儿活，抽陀螺。

杨柳儿青，放空钟。

杨柳儿死，踢毽子。

杨柳发芽儿，打柭柭儿。

跳百索就是跳绳，不过是众人跳的大绳，不是单人的小绳。为什么叫"百索"？只因为那长索"飞摆不定，令难凝视，似乎百索，其实一也"，实在是摇得太快，使人眼花缭乱，像是有上百根绳索一样。

摸瞎鱼是大明版捉迷藏，只不过游戏中两个小孩都要蒙起眼睛，其中一个孩子敲木鱼，另一个孩子循声来捉，所以有这样的名字。

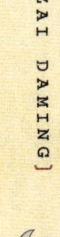

还有抓子儿，那是女孩子的游戏，甚至妇女也玩儿。她们把"子儿"抛起抓住再放下，循环往复，或抓一个或抓二个、三个，也可以一次都抓住，比的是谁手法轻快，反应敏捷。"子儿"是什么呢？是"橡木、银砾"。

这种游戏和后来清朝传到近代的一种游戏类似，那就是"欻（chuā）嘎拉哈"。"嘎拉哈"是猪羊等动物的距骨，形状不规则，可以在抛掷中将桌上的"嘎拉哈"摆放成不同的面朝上，这就给游戏增添了玩法和乐趣。

过节总是最欢乐

前面咱说到的抽陀螺、踢毽子、跳百索这几种游戏都有那么点季节性，尤其是抽陀螺，笔者自己儿时就是冬天在冰上玩，因为冰面平整，陀螺可以长久地旋转不倒。咱大明儿童还有一些不同时节玩儿的游戏，特别是在节庆时，有些游戏有着特别的意义，有些则配合着节日的喜庆，更令小孩子们着迷。

像在正月的元宵节期间孩子们有一种游戏，是一群孩子将一根长绳系在一个孩子腰间，大家都牵着这根绳子，离被系住的孩子一丈多远，然后一个个跳向前出其不意挥拳打过去，打中了急忙跑开。这游戏叫作"打鬼"，被系住的孩子就是"鬼"。打"鬼"者不能被"鬼"抓住，否则就成了"替鬼"，也就是新"鬼"，孩子们继续来打这新"鬼"，游戏也就继续。

这游戏跳跃活动、挥拳出击，很有点练武的意味。但既名"打鬼"又是在上元节进行，大概也有点驱鬼仪式的影响，或者是从某种成人的宗教仪式变化来的吧。《帝京景物略》和另一部大明人沈榜的《宛署杂记》都记载有这个游戏，内容也基本一致。《帝京景物略》说北京的孩子们在正月十三玩"打鬼"，《宛署杂记》则说是在正月十六。"宛"即指宛平，离北京不远。或许两地风俗有点不同，又或许其实元宵节期间都可以玩吧。两书中又都有"终日击，不为代（整天打鬼，不当替鬼），则佻巧矣"和"以此占儿轻佻"的话，大概是这游戏还有比较谁更轻快迅疾的意思，同样是体育锻炼的一部分。

元宵节期间还有一项被孩子们所喜爱，而孩子们也很愿意参与的活动，那就是放烟火。《宛署杂记》里就说烟火是"用生铁粉杂硝、磺、灰等为玩具"，书中记载的烟火种类有：响炮（能发声的）、起火（能腾空而起的）、三级浪（腾

《夏日婴戏图》·明·无款

空而起之际还连声响炮的）、地老鼠（在地上旋转的）、花儿（燃放之际显现出花草人物形象的）等，据说有数百种。书中同时又有按照包装分类的烟火：用泥封装的叫"砂锅儿"，用纸包装的叫"花筒"，用筐装的叫"花篮"，而统称则为"烟火"。

除了"打鬼"、放烟火，过元宵节孩子们还可以"滚灯"，就是用竹子扎起个轮子，里面悬着灯火，滚动抛掷而灯不灭的游戏。此外，到了清明节孩子们可以放风筝，到了端午节，孩子们又能斗百草……

也拼文化，也拼智力

提起端午斗百草，这游戏可是历史悠久、老少咸宜而又"文武双全"。说它历史悠久，是因为它至迟在南北朝时候就已经出现，甚至有人认为《诗经》中

的《芣苢（fú yǐ）》诗就是在描写斗草。说它老少咸宜，是因为它并不限于儿童，而是男女老幼都能玩也都爱玩的游戏。那"文武双全"又怎么讲呢？很简单，斗百草就分为"文斗"和"武斗"。

"武斗"很简单粗暴，您采一株草，咱也采一株草，两株草草茎相交，咱俩再抓住草的两端用力一拉，谁的草断了谁就算输。那么"文斗"又是如何斗呢？

"文斗"斗的是嘴，拼的是文化底蕴。简单地说，"文斗"可以有草也可以没草，双方斗的是草名，可不是草的坚韧程度。具体怎么比呢？咱且来看几句诗：

君有麻与枲（xǐ），妾有葛与藟（lěi）。

君有萧与艾，妾有兰与芷。

君有合欢枝，妾有相思子。

君有拔心生，妾有断肠死。

赢归若个中，输落阿谁里。

这里就有几对相对成仗的草——枲就是雄麻。麻与枲，正是雌雄的麻。藟，藤也。葛与藤也是相对。萧本就是艾蒿，艾也指艾蒿。兰与芷都是香草，也属相对。剩下的不必说，"合欢枝"正配"相思子"，"拔心生"也与"断肠死"对仗。

这几句诗为啥要提出这些相对成仗的草呢？因为这首诗出自咱大明朝布衣诗人吴兆的《秦淮斗草篇》，写的正是斗百草，其中的"君"与"妾"看来正是一对小情侣呢。类似的斗草片段，您在《红楼梦》和《镜花缘》中也可以找到，在这些书中就都是女孩子在斗草啦。

看来古人觉得还是女孩子这样斗草显得文雅一些也有趣一些。当然啦，没读过书，没有这些文化知识的人也没办法这样斗草。这斗百草的"文斗"果然拼的是文化。

第八章

儒学盛、艺术兴，却瞅见文人悲辛

关于大明朝的种种情况咱也说了不少。

您一定感到咱大明是个辉煌灿烂的朝代，有着许多举世瞩目而又难以磨灭的成就。没错，咱大明的确了不起，甚至直到灭亡前不久都还是『世界强国』。当然啦，这样的朝代也一定是一个文学昌明、艺术兴盛的时期，所以尽管咱大明也有着许多皇权社会的通病，比如文化人的真实地位并没有那么高，思想还是受到钳制，学术交流也受到限制，但咱大明仍然在文学艺术方面给后代留下了不朽的遗产。

[历史旅行指南·活在大明]

写字读书很危险，考试讲学也艰难

——"知识分子"的困境

写字是件很危险的事吗？当然，那可是生命危险。讲学也是很艰难的事？当然，想办学当导师绝对不容易。您可能还要问为什么。但是……难道您不懂？咱太祖皇帝那是什么人？咱大明又是什么社会？有点文化就自以为了不起，就想乱来？怎么可能？难道您光听说后来大清朝有文字狱，就没听说咱大明也有？难道您不知道话不能乱说，学问不能乱讲？

太祖啥出身，你还敢"作则"？

咱大明尊重知识、重视学问，也尊重知识分子。但是有一点，对那些反对大明朝统治，反对太祖皇帝，借一切机会影射和攻击大明政权的，明朝政府坚决予以消灭。更何况您也知道，咱太祖皇帝当年本来就出身贫寒，不单要过饭，还当过和尚，做过……

究竟做过啥，估计您心里也知道。咱就先举几个例子：

浙江府学教授林元亮替海门卫写《谢增俸表》，有句："作则垂宪。"

北平府学训导赵伯宁，代替都司写《万寿表》，其中有句："垂子孙而作则。"

第八章 儒学盛、艺术兴，却瞅见文人悲辛

覆宋珍本"九经"·明

福州府学训导林伯璟替按察使写《贺冬表》，有句："仪则天下。"

桂林府学训导蒋质替布政使等写《正旦贺表》，有句："建中作则。"

这几位都是儒生，也就是知识分子啦。他们替地方将领和军政大员写谢表、贺表，什么感谢涨工资啦，祝皇帝生日快乐、冬至节快乐、元旦快乐之类的。为什么要他们写？因为这些位官员自己都是大老粗，没啥文化。写给谁呢？当然是写给咱太祖皇帝。那他们的结局怎么样？全都是"诛"，也就是被杀掉了。

杀他们的理由是什么呢？您可能也注意到了，这些句子都有个"则"字——正是这个字犯了忌讳。盖"则""贼"同音，老朱同志听了很不爽，感到别人是在骂他做过贼。

明白了吧？这就是影射，这就是攻击！咱太祖就算真的曾"占山为王，落草为寇"，又岂是你说得的？

当然啦，咱太祖皇帝的忌讳可并不止一个"则"字，别的也还不少。像下面这几句赞颂咱太祖皇帝的话，您看得出有什么问题吗？

"睿性生知"

"遥瞻帝扉"

"取法像魏"

"藻饰太平"

"天下有道"

您大概看来看去也看不出毛病，但肯定知道有哪里不对。没错，"睿性生知"本无事，但"生"音近于"僧"，这就是问题了。咱太祖他老人家当过和尚啊；"帝扉"者，皇家宫廷门户也，远远看去也显得很恭敬。但"帝扉"听起来不是很像"帝非"吗？分明是说咱太祖有过错；"取法"也不行，因为读音很像"去发"，去了头发，还是当和尚；"藻饰太平"呢？读不好就是"早失太平"，这是诅咒咱大明兵荒马乱啊；"有道"更不好，谁知道你是不是说"有盗"？"盗"不就是"贼"？又骂了咱太祖，又说天下盗贼四起不得太平，简直可恶！

写下如此可恶的话，咱也不说他们都是谁了。这些人下场当然还是"诛"，都被杀掉了。

写字作贺表如此危险，还是别作了。咱自己写点诗词自娱自乐、抒发感慨总可以吧。您这样想。

那也不行！一次咱太祖皇帝游览一座寺庙，见墙上有题诗云："大千世界浩茫茫，收拾都将一袋藏。毕竟有收还有散，放宽些子又何妨？"这本是描写布袋和尚的诗句，但他老人家就疑心是讽刺他的严刑峻法，所以要抓那写诗的人，只是幸好没抓到，不然抓到就杀了。不过也有一种说法，太祖"因尽诛僧"，把寺里的和尚们都杀掉了。

咱太祖皇帝这么狠，他老人家"龙驭宾天"之后会不会好些呢？当然好了些，但危险也不是完全没有，譬如在

剔红梅花纹笔·明

正统十四年（1449），有位福建剿贼都御史张楷作了首除夕诗，其中有这样的诗句："静夜深山动鼓鼙，生民何苦际斯时""乱离何处觅屠苏，浊酒三杯也胜无""庭院不须烧爆竹，四山烽火照人红"。这位张楷不当先剿贼杀敌，反而把咱大明的天下写得生灵涂炭，这还了得？于是他被弹劾罢官，丢了乌纱帽。

后来咱大明文化人因言获罪甚至丢了性命的也不是没有，但咱就从略，不细说了吧。

▫ 古往今来书，存废我做主

写字、作诗有杀头、丢官的危险，但读书总没错，尤其是读儒家的书，肯定只有好处。别管怎么说，咱大明还是尊重知识、尊崇孔孟之道嘛。您这么说倒没错，但也不尽然。咱大明的确像汉以来的历代皇权王朝一样"独尊儒术"，把儒家思想推崇到至高无上的地位。但是您要知道咱太祖皇帝那也是有自己的思想的人，儒家的话他可未必都同意。所以读儒家孔孟的书可以，但千万别全信。所以在咱大明，有些儒家的书可以读，有些就不能读。即使对同一位儒家圣贤的书，咱也要"取其精华去其糟粕"，不能都奉为经典。您问咱这么说到底是什么意思？且听咱简单地介绍介绍——

就说这儒家圣贤的思想吧，如果说孔老夫子的《论语》排在第一位，那第二位肯定就是孟老夫子的《孟子》啦。咱太祖皇帝对《论语》怎么看咱不好说，但他老人家对《孟子》就很有意见——《孟子·离娄章句下》不是有这样一句话吗？"君之视臣如土芥，则臣视君如寇仇。"就是对这句话，咱太祖皇帝认为"非臣子所宜言"，即不是当臣下所该说的话。所谓"天地君亲师"，在太祖看来，皇帝就是老大，就是权威，你就是个臣子，有什么资格"视君如寇仇"呢？据说就因为这件事，他老人家差点不准孟子配享孔庙。

当然啦，"去其（孟子）配享"这件事终究没有发生。但咱太祖皇帝在洪武二十七年（1394）做了另外一件事，那就是命人删节《孟子》，把自己不喜欢和认为对咱大明政权不利的话统统删掉。于是就有了"洁本"的《孟子》。

《孟子》被删了哪些内容呢？总计八十五条。其中有"土芥"和"寇仇"那句当然没有了，"民为贵，社稷次之，君为轻"也不许有，还有像"行一不义，杀一不辜，而得天下，皆不为也"这样的话也删掉。

连亚圣孟子的书都敢删改，咱大明还有什么书不敢禁不敢毁？所以自咱太祖皇帝以下，成祖皇帝禁毁方孝孺的书和神宗皇帝禁毁李贽的书已经算不得什么大事，而后来的历代皇帝看到不顺眼的书就禁之毁之，甚至连写小说都不许，同时把写书写小说的人治罪，那就更加不足道了。

▫ 科场有风险，书院也难办

读书、写字、搞创作都有危险，主持科举或者搞搞教育为国家征召、培养人才总可以吧？还是不行。在科举考场上，"知识分子"同样会犯错获罪，而个人搞书院讲学更是为皇家所不容——

咱先说这科场。您可能觉得俺身为主考官，只要公正无私、唯才是取，不贪污不受贿，又能出什么错？

您要是真这么想就太天真啦。您不知道"欲加之罪，何患无辞"吗？您不知道鸡蛋里面也能够挑出骨头吗？何况就算您啥错都没犯，但您做的事不合咱大明皇帝的心意，您不就有罪？

关于这一点咱就举一个例子吧。那是在洪武三十年（1397）——这一年是丁丑年，咱大明朝例行举办科举考试，称为丁丑科。在这次科考中咱大明一共录取了五十二名进士，全部都是南方人。到了最后殿试的时候，录取的状元陈䢿（ān）是闽县（今福建省福州市东部及闽侯县）人，榜眼尹昌隆是吉安人，而探花刘谔则是会稽人。这下名落孙山的考生们可不干了，他们给咱太祖皇帝写信控告主考官偏袒南方人，对北方的考生不公平。

这次丁丑科考试的主考官是谁呢？他叫刘三吾，属于咱太祖皇帝从前朝"收编"过来的老"知识分子"，湖南茶陵人。而当时的副主考白信蹈大约也是南方人。正因为他们都来自南方，这才引起了北方士子的不满。

那咱太祖皇帝他老人家又是什么主张呢？他知道南方人都很有文才，但出于安抚北方士子、稳定北方社会的需要，咱大明"公务员"应该南北方人都用，不能偏向某一方。何况难道北方人就没有几个学问好的？他既然这么想，当然对没有录取北方人感到生气，因此他下旨让张信等几位大臣重新审阅考卷，而且他还要亲自看呈递上来的试卷。

然而结果怎么样呢？他对看到的考卷仍没有满意的。于是这时候又有人上告，说刘三吾和白信蹈嘱托了张信等人，故意把文章写得不好的卷子拿给咱太祖皇帝看。

这还了得，咱太祖皇帝更气了。他干脆重新组织考试，亲自录取了六十一名进士，重定山东武城人韩克忠为状元，长清（今山东省济南市长清区）人王恕为榜眼，山西乐平（今山西省晋中市昔阳县）人焦胜为探花，包括这三位一甲进士在内的三甲六十一人都来自长江以北。

但是那两位主考官和重新审卷的大臣怎么样了呢？当时自刘三吾以下共十二位官员中，只有一位戴彝得以免罪，刘三吾因为年老被发配边疆，其他人全都被处死。第一次选中的状元陈䢿和探花刘鄂也都被安置到偏远边区，后来虽然调任回京，但不久就被处死了，只有榜眼尹昌隆没什么大事。

覆宋巾箱本"五经"·明

第八章 儒学盛、艺术兴，却瞅见文人悲辛

这一年因为有两次放榜取进士，一次在春天，录取的都是南方人，一次在夏天，录取的都是北方人，所以这一年的丁丑科放榜又被称为"春秋榜"或"南北榜"，是咱大明第一场科场案。

至于书院，也就是"私立大学"，咱前面故意没提是因为在咱大明前期根本就没有。因为那时环境太过危险，人们根本就不敢"顶风作案"。而许多前朝的书院都荒废了，变得杂草丛生、无人问津。即使到后来咱大明书院一度昌盛，却也有好几次遭到禁止和废毁，甚至酿成惨案，不过这个咱还是后面再说吧……

你敢动亚圣牌位，我就死给你看

孔子是圣人，孟子是亚圣，所以孟子的牌位要在孔庙中配享，而天下人包括皇帝祭祀孔子时，孟子也是陪在旁边"吃冷猪肉"的。但前面咱不是说了吗？咱太祖皇帝就差点不让孟子再"吃冷猪肉"，要把他从配享名单中删掉，还说谁要敢反对就是对皇帝大不敬，自己的亲兵就可以"射之"，给他一箭尝尝。

但偏偏就有人敢反对。据说当时就有刑部尚书钱唐带上棺材，敞开胸前的衣服让亲兵来射他，还说他能为了孟子死，死得很光荣。亲兵大概真的给了他一箭，但他并没死。咱太祖皇帝大概也很佩服他，所以不单让太医给他治伤，也没把孟子从配享名单中删掉。

当然啦，这件事的很多细节可能是后人杜撰的，但有一批大明"知识分子"还真有点硬脾气。

为帝师，讲心学，论时弊

— 儒家的责任和担当

第八章 儒学盛、艺术兴，却瞅见文人悲辛

别管怎么说，咱大明还是儒家社会，重视知识和文化。而在咱大明的"知识分子"中，最重要的一派还是儒家。孔老夫子的儒学讲究入世，也讲究治学。他在咱大明的后代弟子们要怎样选择，都干了些啥？乱世之际，他们要"得君行道"做一番事业；承平之时，他们又反求诸己创各种学问；到了将亡之时，他们又愤愤不平，搞起了清议，掀起了党争……

▫ 从事功到向心

咱太祖皇帝能扫荡群雄，击败张士诚、方国珍、陈友谅等人，又灭了大元建立大明，开创出一个存在了二百多年的王朝，跟他重视知识和文化，善用"知识分子"是分不开的。而在元末明初的乱世之际，那些深受儒家"得君行道"思想影响的"知识分子"也要找一个明主施展自己的抱负和才华，建立一番事业，成就自己的功绩。于是，就有这么一些虽是儒家出身却并非迂腐学究的读书人辅佐着朱元璋，为他出谋划策，帮他定治国平天下之道，成为咱大明开国的功臣。他们中的代表人物，就是刘基和宋濂。

刘基字伯温，就是那位被民间吹得神通广大的人物。他主要的学问是儒家朱熹的理学，而他也确实"博通经史，于书无不窥，尤精象纬之学"，是个学问很杂，本领也很大的人。他辅佐咱太祖皇帝，一见面就提出"时务十八策"，又定下先灭陈友谅、后平张士诚的各个击破策略，很有诸葛亮未出茅庐已定天下三分的味道，而他也被人评价为诸葛孔明一般的人物，咱太祖皇帝更是说他"吾子房也"，把他比作"汉初三杰"的张良张子房。

刘基写的书不多，主要有《郁离子》《覆瓿（bù）集》《犁眉公集》等。能体现他的学术思想的，是一部《春秋明经》——听名字就知道这是部讲儒家思想的书。而刘基的另一个贡献，就是帮朱元璋确立了咱大明科举取士命题的标准，即必须选取《易》《书》《诗》《春秋》《礼》的内容，而且要用程子和朱子注释的版本。

宋濂字景濂，是和刘基一起被召到南京辅佐咱太祖皇帝的。他教过皇太子朱标读经典，给咱太祖皇帝写过起居注，讲解过《春秋左氏传》，修撰过《元史》，是一位学者型的人物。咱太祖皇帝问他当皇帝应该读什么书最重要，他就说了一部《大学衍义》。这《大学衍义》是南宋理学家真德秀的作品，由此就可以看出宋濂也是理学一派，继承的是朱熹的思想。

这位宋濂学问很大，他传世的著作有《宋文宪公全集》。宋濂在儒学上宗奉程朱理学，同时又汲取了道家和佛家思想。他认为人心中本具一切，人体悟到"天地之心"，就可以与天合一，与天地日月并行。他认为正是"天地之心"让天地间的阴阳能够运行，让大自然得以生生不息，求道问学就在于体悟和获得这个"天地之心"。

因为宋濂的著述文章很多，他被认为是大学问家，中外知名。他的官做得没有刘基大，但他弟子遍天下，明初有名的大儒方孝孺就是他的弟子。方孝孺继承了宋濂的学问，甚至青出于蓝，但是很可惜，他被咱成祖皇帝"诛十族"给干掉了。这不能不说是明初知识界的一大损失。

与方孝孺同时的"知识分子"，有著述颇丰的曹端和大才子解缙，他们都是儒家理学的捍卫者，但在发扬儒家思想方面没有什么大成就。而这时咱大明已渐渐江山稳固，想建立事业、成就功绩也不容易了。在他们之后的"知识分子"，如薛瑄、吴与弼都开始心向学问，不那么关心事功了，只是他们都还继

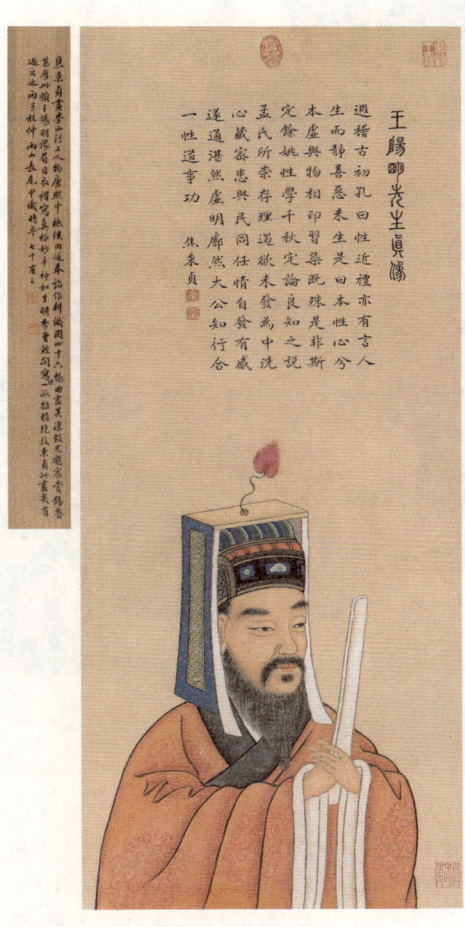

《王阳明先生真像》·清·焦秉贞

承和捍卫着程朱理学。而再到咱大明中期陈献章的"江门心学"和胡居仁的"余干心学",咱大明"知识分子"已经开始反求诸己,更关注起心性了。

讲心学,致良知

咱前面提到的陈献章和胡居仁都是吴与弼的门生传人,他们的"江门"和"余干"两派学说被称为"心学"。在他们之后,又有一位继承了陈献章的衣钵并把江门心学发扬光大的长寿硕儒湛若水。他活了九十五岁,提出"随处体认天理"的心学观点,也是咱大明儒家的重量级人物,但咱大明心学的真正代表则是王阳明。

王阳明是一代大儒,心学的集大成者,这我们都知道,但很多人不了解的是,他还是整个大明王朝的文臣中,带兵打仗最厉害的。这不是随便说的,《明史》就这么夸他的。王阳明一生屡立战功,没打过败仗,真是"明朝的诸葛亮"。凭借立下的军功,他被任命为南京兵部尚书,正二品大员。

王阳明立了多大的军功?可以说,他挽救了大明王朝,保住了明武宗的皇位。因为当时宁王在江西起兵叛乱,想一路打到北京自己当皇帝。这个宁王,就是周星驰主演的电影《唐伯虎点秋香》中图谋造反的大反派,只不过真正打败他的不是唐伯虎,而是王阳明。王阳明只用了三十五天,就打垮了宁王的十万大军,活捉了宁王。

不同于一般的军事将领,体悟了

第八章 儒学盛、艺术兴,却瞅见文人悲辛

东林书院牌坊

⊙东林书院是无锡所剩不多的老宅和古建筑之一。始建于北宋政和元年（1111），为当时著名学者杨时长期讲学之所。明万历三十二年（1604），革职里居的顾宪成及其弟顾允成与高攀龙等人同倡捐资在原址重兴修复，并相继主持其间，聚众讲学。在讲习之余，间或指陈时弊，裁量人物，锐意图新，引起朝野倾慕。东林书院遂成为当时江南传播理学、讲学论典的重要场所。

良知的王阳明更有一颗仁爱之心。这种仁爱，不是虚情假意，也不是一种外在的要求，而是王阳明致良知之后的体悟，是每个人内心都具有的，也是如圣贤般的高尚品质。比起用兵打仗来，追求成圣，才是王阳明投入最多的事，是他一生的追求。

王阳明从小就立下了成为圣贤的志向。一次，他向私塾老师请教："人生最重要的事情是什么？"老师说："当然是读书，考取进士。"听到这个答案，王阳明并不认同，反而更加认定自己心中的志向，说道："考取进士恐怕不是最重要的，人生最重要的事应该是读书做圣贤。"

为了成圣，王阳明在小小年纪就付出了巨大努力。儒家经典《大学》里讲，要成为圣人，第一步要"格物"。他不懂什么是"格物"，看到朱熹说"一草一木都蕴含着非常高深的道理，要从一棵草、一棵树开始格物，一直格出来天下万物的道理"，王阳明就跑到竹子面前，要格出来竹子的道理。他从早到晚对着竹子，第一天没悟出来啥道理，第二天接着去悟，就这么格竹子格了七天，结果伤了神，病倒了。他感叹儒家圣人也太难做了，不是一般人做得来的，于是去接触道家和佛家。后来，王阳明因反对弄权的大太监刘瑾被贬谪到荒凉的贵州龙场山区之中，在人生的低谷中，他潜心思索，一夜在睡梦中猛然醒悟了圣贤之道，史称"龙场悟道"，自此创立了"阳明心学"。

> **← 致良知 →**
>
> 《传习录》中，王阳明的弟子陈九川向他请教如何致良知。王阳明说："你那一点良知，是你自己的准则。你的意念所关注的事情，事做得对，良知便知是对的，事做错了，良知便知是错的，一点都瞒不了良知。你只要不欺骗良知，踏踏实实地按照良知的指引去做，善念便存，恶念便去，这是何等的安稳快乐！"良知就是每个人心中都有的道德直觉，凭良知做事就会心胸坦荡，幸福快乐。

创立了"阳明心学"的王阳明当然不只是写几篇文章、出几本书宣传他的学说和主张，他还到处讲学，创建书院，传播心学思想。他的挚友湛若水也讲学，也建书院，但他们的行动遭到了忌恨，有人不断上疏给咱世宗皇帝请求禁毁各地的书院。于是，湛若水的书院在嘉靖十六年（1537）被毁掉了，王阳明也被禁止讲学和办书院。一年之后，各地讲心学的书院都遭到禁毁，这是咱大明第一次公开禁止书院和讲学，开了一个先例而一发不能收拾……

▫ 亦学亦党说东林

咱大明最后一个值得一说的学术和政治团体是东林党。东林党最初其实并不是党，而称东林书院。书院嘛，当然是搞学术研究的地方，但搞得越了界，就成了政治团体。

最初开办东林书院的是顾宪成,即世人所称的泾阳先生。这位泾阳先生家在无锡,那里本来就有个东林书院,是北宋时候留存下来的。泾阳先生顾宪成本来也在朝中做官,但他得罪了皇帝,做不成官,只好回老家。回了老家的顾宪成纠集起一班同志,在地方官的支持与资助之下重修东林书院并开始讲学,顾宪成写下的对联"风声雨声读书声,声声入耳;家事国事天下事,事事关心"鲜明地表达了"读书不忘救国"的主张。

由于东林书院的影响力越来越大,朝野上下都有他们的支持者,所以他们渐渐形成一个松散的、有大致相同的政治主张却没有具体的组织和纲领的政治团体。他们反对宦官专政,把矛头直接指向大宦官魏忠贤。这当然引起了忌恨,到明熹宗天启五年(1625),魏忠贤罗织罪名,炮制出《东林点将录》,向东林党人发难,利用冤狱治死了朝中的东林领袖杨涟和左光斗,同时大杀所谓东林党人,更禁毁东林书院,并牵连了天下所有的书院。崇祯皇帝继位后才铲除了魏忠贤,为东林党人平反了错案、恢复了名誉。

梦见圣人的"新儒家"

吴与弼是促使咱大明儒家思想从程朱理学向王阳明心学转变的一个人物,他也可以算明代的"新儒家"的先驱。这位吴先生不乐仕途,在家乡"躬耕力学",就是一边种地一边治学问。他主张"静观"和"夜思",即通过昼夜思考来领悟。他怎样静观和夜思咱不知道,但他记录了自己的不少梦境,很有意思。

譬如有一次,他说他梦到了孔子和周文王。这两位圣人竟然到他家的旧宅来做客,而他就陪在旁边,周文王还翻他的书看,看的是一本《文王世系》。还有一次,他老婆竟然梦到孔子来他家拜访他,要教他学问,而他竟然没在家。

才高性疏狂，命运难免凄惨悲凉

——明朝"三大才子"

第八章 儒学盛、艺术兴，却瞅见文人悲辛

都说有点才学的人性情难免狂放不羁，说的真是一点也不错。学问就是资本，天才更加难得，有才学的人又怎能跟咱凡夫俗子一样？再说了，咱大明"知识分子"多有一种以天下为己任，以得到君主的信任与重用为目标，以"文死谏"为光荣的臭脾气，他们又怎肯轻易放弃自身的责任和担当？但偏偏"圣心难测""天妒英才"，所以咱大明三位大才子的命运，实在都很惨……

▫ 争名议礼，误却半生

说到咱大明三大才子，您可能知道是解缙解大绅、杨慎杨用修和徐渭徐文长。咱在这儿先要说杨慎，倒不是因为咱像很多人一样也认为他位列三大才子之首，而是因为三人中他的命运并不是最惨的，只是最无奈而已。

杨慎是咱大明弘治、正德和嘉靖年间的人，生年晚于解缙而早于徐渭，正处在咱大明朝中期。他出身世家，他父亲杨廷和官居内阁首辅。他自己也少负才名（这一点无须多说，咱大明这三位大才子全都是神童级别的人物），正德六年（1511）二十几岁时就中了状元。他在咱武宗皇帝朝做的是什么官呢？叫作翰林院修撰。这是个有着大好前途的职位，很容易晋升大学士进入内阁。

但杨慎并不珍惜。他看不惯武宗皇帝到处游玩，上疏提意见。武宗皇帝当然不听他的，依然故我。杨慎很生气，干脆请了个病假回老家去了。

后来武宗皇帝驾崩，世宗皇帝继位，杨慎又被请了回来当个经筵讲官，就是给皇帝讲解儒家经典，并且参与修撰《武宗实录》。他借着侍讲的机会又对世宗皇帝讽谏不停。这也还没什么，千不该万不该的是他参与了"大礼议"事件，由此改变了自己的后半生。

"大礼议"是怎么回事呢？原来，咱武宗皇帝朱厚照和世宗皇帝朱厚熜既非父子也不是亲兄弟，而是堂兄弟，因为朱厚照死得突然又没有儿子，朱厚熜才成了皇帝。但这时候一件麻烦事来了，那就是朱厚熜到底是改认武宗皇帝他爹孝宗皇帝做自己的父亲，还是继续当他亲爹兴献王的儿子。这本来只是个争虚名的事儿，在咱现代看来根本就算不得什么，但凡事"必也正名乎"的儒家不就重视这个吗？另一方面朱厚熜也不甘心自己变成别人的儿子，而只能称呼自己那死去的亲爹作"皇叔考"或者"本生皇考"（即只是生理学意义上的爹）。于是，这件事掀起一场激烈的争议，也就是"大礼议"。

本来这件事只是争议也就好了，但偏偏大家争得不可开交，事情的后果也更加严重。整个事件很曲折复杂，咱就不详细说了。咱只说两点：杨慎的父亲杨廷和已经因为这件事丢了官退休回家，杨慎却继续坚持，后来竟和一班大臣在皇宫的左顺门跪着不起来，逼世宗皇帝改变决定，最后竟发展到拍着宫门大哭，哭得"声彻殿庭"。

您说这种事皇帝能不生气吗？何况是才当了不到三年皇帝的少年朱厚熜？所以他下旨把这些大臣都抓进大牢，还要打板子，也就是廷杖。还记得咱前面说过嘉靖三年

第八章 儒学盛、艺术兴，却瞅见文人悲辛

行楷书《石马泉亭诗》页·明·杨慎

⊙北京故宫博物院藏。行楷，冷金笺本，纵21.5厘米，横47.2厘米。杨慎自幼聪慧过人，他十三岁时随父入京师，沿途写有《过渭城送别诗》《霜叶赋》《咏马嵬坡》等诗，其中《黄叶诗》轰动京华。

（1524）打大臣屁股那一次吗？就是在这一次，杨慎跟一班大臣一起挨板子，虽然侥幸没丢了性命，却也被打得半死，还要立即启程，到他被贬谪的地方去。

杨慎被贬的地方是永昌卫（今云南保山），当时是嘉靖三年，他三十六岁。而在此之后，他虽然有几次回归故里去省亲、守孝，却再也没有机会回到京城了。但大概也正因为此反而成就了这位大才子吧——据《明史》，杨慎"既投荒多暇，书无所不览""明世记诵之博，著作之富，推慎为第一"，诗文外，杂著至一百余种，并行于世。即他反正被贬到边远地区也无事可做，只好读书，所以才学问大增，得了个第一的称号。

杨慎自己曾说:"资性不足恃。日新德业,当自学问中来。"看来他不认为自己是天才,倒是主张要勤奋学习的。

他的结局怎样呢?咱世宗皇帝大概一直记恨他,据说经常会问起杨慎怎么样了,当大臣告诉他杨慎又老又病,他的怒气才稍稍缓解。如此一来杨慎当然永无出头之日啦。他只好纵酒放荡,到嘉靖三十八年(1559)七十一岁时死掉了,没熬过朱厚熜。后来穆宗皇帝继位,杨慎得以平反,被追赠为光禄寺少卿,又在熹宗天启年间获追谥"文宪"。但这一切对杨慎本人都没有多少意义了。

杨慎被贬谪"流放"足足三十五年,占据了他半生时光。这虽然可能成就了他的学问,但若没有"大礼议"事件,或许还能有更大的功业。

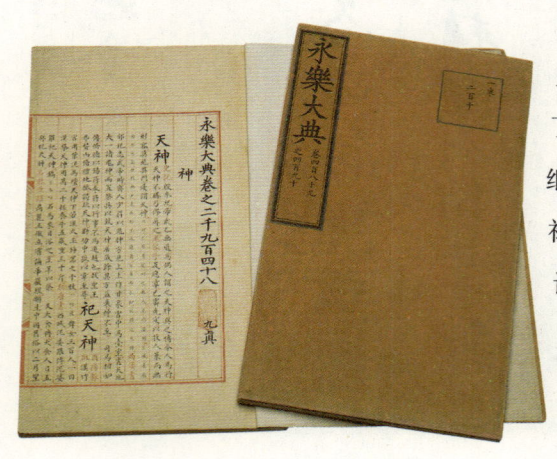

《永乐大典》·明

▫ 引忌招恨,枉送性命

接下来咱要说的是咱大明另一位更有名的才子解缙。关于这位解大才子神童时期的光辉事迹咱不多说,您有兴趣可以去看各种典故传说。咱就单说他的命运——他算得上"三大才子"之中人生最为大起大落也是结局最悲惨的一个。解缙和杨慎一样,同是出身世家(祖父在元朝为官),少负才名,洪武二十一年(1388)年方十九岁时就中了进士,而同科登第的还有他的哥哥解纶和妹夫黄金华,一时传为美谈。咱太祖皇帝很喜欢解缙,赐其官庶吉士,又改御史。解缙在任中书庶吉士期间,给咱太祖皇帝上《大庖西室封事》,又上《太平十策》，显示出他的才学、能力和品格。但后来咱太祖皇帝觉得他太过傲慢、不够成熟，干脆把他打发回家，让他"修炼"十年再回来当官，说是"大用未晚也"——到时候再重用你也不迟。

解缙这次被赶回家在洪武二十四年（1391），他没能等到十年后继续给咱太祖皇帝效命，因为到洪武三十一年（1398）朱元璋就"龙驭上宾"了。建文帝登基，解缙进京为太祖皇帝哭丧，却被贬谪到河州卫（今甘肃省临夏市），不久被召回，任翰林待诏。等到成祖皇帝"靖难"成功，他又成为永乐朝臣，而且被破格提拔为侍读，和黄淮、杨士奇、胡广、金幼孜、杨荣、胡俨等七人入文渊阁参与国家大政，也就是说组建了内阁。这时候解缙成为第一任内阁首辅，到达了他人生的顶峰。

咱成祖皇帝重用解缙，而且对他很是信任喜爱。解缙也的确有所作为，像撰写了《太祖实录》《列女传》，主持编辑了《永乐大典》，参与立储君之事，建议朱棣以皇长子朱高炽（即仁宗）为皇太子等。但他败就败在参与立储这件事上——他帮朱高炽成为皇位继承人，却因此得罪了汉王朱高煦，因为这位皇子本来也是皇位继承人的主要竞争者。而另一方面，解缙好臧否人物的毛病也让他大量树敌，招致了忌恨。

在朝中人缘不够好再加上有朱高煦这样一个仇敌，他解缙哪里还能有好下场？渐渐地，他和成祖皇帝关系疏远并引起其不满，终于在永乐八年（1410），他被以"无人臣礼"的罪名逮捕，关进锦衣卫的诏狱严刑拷问。被他牵连的大臣有九人，全被投入狱中，其中五人被折磨至死。解缙自己呢？他在坐了五年大牢之后死于狱中，年仅四十七岁。

关于解缙的死因，据《明史》说是在永乐十三年（1415）锦衣卫指挥使纪纲向朱棣汇报诏狱囚犯的名单，朱棣见到解缙的名字，问了声"缙犹在耶？"——这个解缙还在啊？于是纪纲就用酒把解缙灌醉了埋在雪中，将其活活闷冻而死。原文中用了个"遂"字，似乎纪纲是秉承咱成祖皇帝的意思。但实情到底如何，后人难以断定。而据杨士奇记载，解缙是病死的，那么连他是否是被杀都成疑问了。

但不管怎么说，这位解大才子的结局都很悲惨，甚至在他死后他的家人还被流放辽东,直到咱仁宗皇帝继位才被赦免回来。解缙不仅自己文才高,而且有识人之能,对时局的分析也很正确。如果他能少得罪点人,或许结局会不同吧。但那样他可能也就不是解缙了。

疯癫潦倒,可哀可敬

最后咱要说的这位,是咱大明朝最为全能全才但也最潦倒落魄的才子——徐渭。这位徐渭徐文长虽然也称得上神童,但他的家世远不及杨、解,他的童年时期既不幸福,青年时期更无顺遂。譬如说他才出生百日亲爹就死了,譬如说他的亲妈(是个小妾)被扫地出门,他的嫡母死得又早,譬如说他青年时家产被强占,爱妻又早逝——这一切一切都造成了他的性格和精神问题,可以说他既自傲又自卑,既敏感又脆弱,更有着偏激的性情。

然而这样一个人,偏偏仕途又极坎坷。他虽然在二十岁时中了秀才,但之后连考八次也没考中举人,更别提成为进士了。正因为此,徐渭一生也没当过官,始终是个布衣身份。他与一班文人朋友结过文社,自己办过私塾,也给浙闽总督胡宗宪做过幕僚,当过礼部尚书李春芳的门客,与一代名将李成梁交游,教导过他的儿子李如松,又在张元忭家中为客,经历诸多曲折起伏。

在这些经历中,他最为得意的时期要算做胡宗宪的幕僚。在那前后四年间,他参与抗击倭寇,屡建奇计,帮胡宗宪打了不少胜仗,"宗宪擒徐海,诱汪直,皆预其谋",展现出他的文韬武略。也正是在这期间,他唯一一次和皇家搭上了关系——他代胡宗宪写的表章得到咱世宗皇帝朱厚熜的赞赏。"世宗大悦,益宠异宗宪,宗宪以是益重渭。"胡宗宪从中得到了好处,当然更看重徐渭了。

《荷花图》·明·徐渭

⊙徐渭在中国写意花鸟画史上是值得大书特书的人。他以其独特的笔触,开创了大写意花鸟画风,将传统的文人画提高到了一个全新的境界。

然而这并没能给徐渭带来飞黄腾达的机会。胡宗宪不久获罪，后来更是死于狱中。徐渭因此狂病发作，先后以铁锥凿耳、椎碎肾囊的方式自杀了九次，结果却都没有死。他又因疑心（很可能是幻觉）续娶的张氏有奸情而将其杀死，由此入狱七年后获释。此后的徐渭愈加偏执，更难与世俗相容。他在家乡穷困潦倒二十年，终于贫病而死……

徐渭之才不仅体现在文武兼备，他诗文书画也样样皆精，并通于音律，又曾钻研戏剧，创作过杂剧《四声猿》，实在是个通才。而他困于自身的境遇，历经磨难痛苦，也实在是人间悲剧。他诗文著述颇丰，传世有《徐渭集》。关于他的书画，咱后面还会提及……

才子夺天手，帝王指腹媒

才高如解缙，解缙和明成祖朱棣君臣相得，着实有过一段"蜜月期"。一次过中秋节，咱成祖皇帝设宴款待文武官员，但天上月亮不露面，朱棣很不开心。这时候解学士随口作了一阕《风落梅》道："姮娥面，今夜圆。下云帘，不著臣见。拼今宵，倚栏不去眠。看谁过，广寒宫殿。"他竟发起性子要等着看月亮。咱成祖皇帝呢？朱棣欣赏这阕《风落梅》，一高兴竟然也停下杯等着看月亮。大家一直等到夜半，月亮终于露面了。朱棣不禁赞叹："解缙真才子夺天手也！"

又一次解缙和胡广陪朱棣吃饭。胡广和解缙是同乡又是同学，咱成祖皇帝知道解缙有个儿子，竟让胡广将女儿许配给解缙的儿子。胡广很尴尬，告诉皇帝自己妻子刚怀孕，还不知将来生的是男是女。咱成祖皇帝也真绝，说了句"定女矣"，就把胡广媳妇腹中胎儿的性别定了下来。后来胡广果然生了个女儿，许配给了解缙的儿子解祯亮。

您要知道，咱大明的法律可是不许指腹为婚啊。朱棣为了解缙竟不惜违法，可见他多喜爱解缙。

[历史旅行指南・活在大明]

自古近君如近虎，成就从来靠自由

书画艺术

虽然相较唐、宋，咱大明文坛和诗坛没什么大师和泰斗，但毕竟咱大明在书画艺术方面还有那么几位璀璨的明星。就说这绘画吧，要问大明高手都有谁，您肯定能想到唐伯虎，当然啦，董其昌您想必也知道，此外还有祝枝山、文徵明、徐渭、仇英……这些人为啥成功？因为他们都很自由。咱大明也不是没有宫廷画院，其中的画师却难享大名，更有危险……

也许丢小命，也许当大官

艺术这种事说起来似乎很"纯粹"，搞艺术的人如同在象牙塔中一般，没什么意识形态纷争，也不会有"政治不正确"的危险。然而这只是"说起来"，事实上您想要远离政治，政治却会找上您，让您躲也躲不掉。就以在咱大明朝搞美术而论吧，咱大明的皇帝们也很爱艺术，愿意附庸个风雅，即使哪个皇帝并不爱，但他也需要人画画不是？所以咱大明有宫廷画师，同时也就有宫廷院体画。

咱大明宫廷画师都是些什么人呢？他们当然主要是征召来的，像咱明朝初期洪武年间的赵原、周位、盛著——这三位都是元末的名画家，擅长山水，各有师承，赵原还能画竹子，盛著则"兼工人物花鸟"。他们都给咱太祖皇帝画过画，但他们的下场都不大好——赵原是"令图昔贤像，应对失旨，坐法"，就是让他画古代贤人的画像，他画得不符合太祖皇帝他老人家的心意，因此被干掉了；周位则"以谗死"，遭到陷害丢了性命；盛著呢，他因为画天界寺影壁时画了个"水母乘龙背"的形象，"不称旨，弃市"了。

周位咱不说，赵原画"昔贤像"能"应对失旨"，盛著画"水母乘龙背"也"不称旨"，看来做宫廷画师实在很危险，一不小心就丢了性命，怎不让人如履薄冰，哪里还有创作自由？

当然啦，这三位命苦是因为生错了时代，遇到咱太祖皇帝。后来的宫廷画师命好很多，掉脑袋的危险小了，还有当大官的机会。像咱成祖皇帝永乐朝宫廷画师中有"善山水，布置茂密"的郭纯和"工书法，善花鸟"的范暹，这其中郭纯郭文通深得朱棣喜爱，而他也自居身价，"供御外不肯轻以一笔与人"，除了专为皇帝服务，别人很难得到他的画。而范暹范启东则"馆阁争相器重"，在大臣中很有地位。

此外，有善于画佛道人物，尤其画观音"为本朝第一手"的蒋子成，又有善于画虎的赵廉，还有善画"花果翎毛"的边景昭，据说这三人时称"禁中三绝"，其中边景昭更被授予武英殿待诏的官职。

咱宣宗皇帝很有意思，他热衷文化艺术，身边聚集了不少书画家，其中就有谢环和商喜等一大批画家。这谢环和商喜分别官至锦衣卫指挥佥事和指挥使，而这种官职大概是皇帝能给予自己亲近宠爱的人的极好职位了。

宣宗以后这似乎成了一个惯例，英、宪二朝的林良、孝宗朝吕纪也做到锦衣卫指挥使，武宗时的王谔则官至锦衣卫千户，而另一位当时的名家吴伟则另有一番荣耀——咱宪宗皇帝封他锦衣卫镇抚、孝宗皇帝封他锦衣卫百户，还给了他一个"画状元"的印章，可以说倍儿有光彩了。

▫ 江湖广阔，大有作为

吴伟字士英，又字鲁夫、次翁。他有一个号叫作"小仙"——这并非他自封，而是别人送他的。他的画能博采众长、继承前人并有所发挥创造，而他在

《烧药图》·明·唐寅

⊙中国台北故宫博物院藏。纵28.8厘米，横119.6厘米。唐寅诗文书画皆妙，为"明四大家"之一。作品绘双松下，药师坐地，童子守炉、执扇烧药的场景。人物虽简，神态皆具。此幅用笔活泼，扭曲回旋。松叶和远山，以水墨渲淡，呈现出一种润泽与蓬勃的生机。

绘画艺术上能有如此成就，和他那不流于俗、飘然出世的个性恐怕分不开。他是江夏（今武汉江夏区）人，后人称之为"江夏派"。在他之前被他所继承的另一位集众家之长的画家是戴进，浙江钱塘人，被称之为"浙派"。

这位戴进大概并不像吴伟那样洒脱，他是很想"进身庙堂"的，但被别人排挤构陷，差点丢了性命，只好奔逃亡命、隐遁江湖，最后穷病而死。关于他被构陷的事由经过，明人郎瑛的《七修类稿》与朱谋垔的《画史会要》说法不同，但大抵都是他的画触犯皇家忌讳，而构陷他的人正是咱前面提到的那个谢环。

戴进被构陷正是在咱宣宗皇帝时期，可见这位朱瞻基爱艺术是假，他更爱的是他的皇位和他皇帝的尊严。而陪伴在皇帝身边，艺术造诣很难提高。纵然技巧精妙，但还是容易故步自封，不敢创新，难以达到更高的境界。郎瑛就认为戴进能有后来的成就是因为"戴尝奔走南北，动由万里，潜行捉笔，经几春秋，无利禄以系之也，生死醉梦于绘事，故学精而业著，业著而名远，似可与

第八章 儒学盛、艺术兴，却瞅见文人悲辛

天地相终始矣"。

"与天地相终始"大概是有点过誉了。但戴进、吴伟之后，咱大明的宫廷画更加没落，再没有什么佼佼出众的人物。而在庙堂之外的广阔江湖，还有更多的文学艺术家在追求着创作的自由，他们也更有作为，成就更高——"吴门四家"正是其中的代表。

"吴门四家"是谁？他们是：沈周、文徵明、唐寅和仇英。这四家共同的特点是：他们都是苏州人，也都不循仕途博取功名利禄，更都没有做过宫廷御用画师，他们的成就完全由个人奋斗努力得来，被社会和文化艺术界认可，是真正的自由艺术家。

在这四家中，沈周最年长，大过文徵明和唐寅近五十岁，而仇英出生时沈周已经七十开外垂垂老矣了。沈周最淡泊名利，他终生没参加过科举考试，地方官举荐也被他拒绝。他学问很大，诗文书法都很好，尤以绘画见长，擅山

《奇峰白云图》·明·董其昌

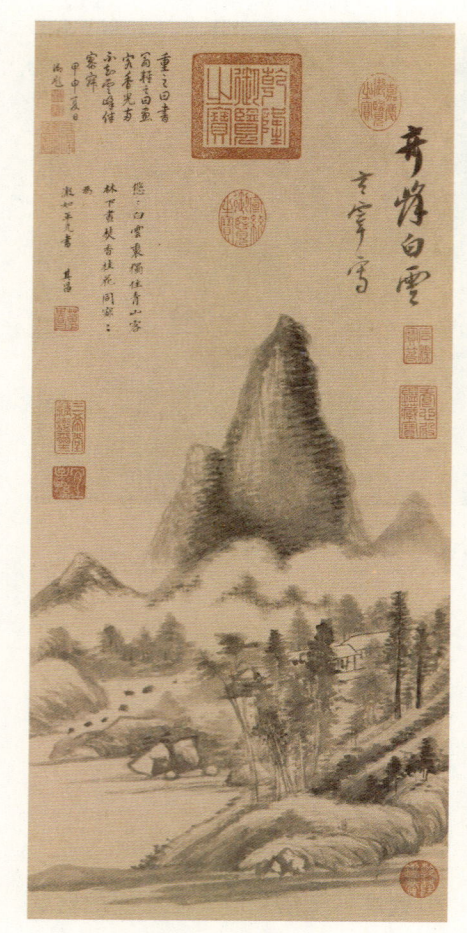

○董其昌是明代后期的艺术领袖。作品以墨笔绘洞庭之景，用笔生拙，劲力内敛。主题部分在中段，天高云淡、奇峰耸立、湖面辽阔、树木丛生，意境深远而自有生气。

水，"写生花鸟亦佳"。《明史》说他的绘画"评者谓为明世第一"，被认为是咱大明画家的领袖，同时也是"吴门画派"的开创者。

文徵明是四人中最长寿的，活到了八十九岁。他师从沈周，书画俱佳。他也是四家之中唯一做过官的，而且官职还不小，为翰林院待诏，并参与修撰《武宗实录》。他虽然名动公卿，却不肯把自己的书画给皇室亲族、中官太监和外国使者，有钱人也难得到他的墨宝。后来他终于辞官回家，专心于书画，得以善终。

至于唐寅唐伯虎咱就不用多说了。关于这个人的传闻演绎实在不少，您大概也都知道。他又和文徵明、祝允明、徐祯卿并称为"吴中四才子""江南四大才子"，也是一段佳话。

仇英能和前面沈、文、唐三人并列则实在是异数。因为四人中他出身最低又全无背景，最初只是个漆匠画工，后来完全靠个人努力才"鲤鱼跃龙门"成为名画家，创造了一个平民小子奋斗成功的励志故事。他画技精湛，人物画尤为一绝，"无惭古人"。

▫ 一个官运亨通，一个落魄潦倒

在"吴门四家"之后能够得享大名、领袖画坛的，是"大隐隐于朝"的董其昌。董其昌宦海浮沉，官儿做得不小。他曾两度出任南京礼部尚书，到退休还混了个太子太保的荣誉头衔。但他在政治上并没什么大作为——他自万历十七年（1589）中进士入仕途至崇祯七年（1634）光荣致仕，前后为官四十五年，却有一大半时间长期休假，甚至咱大明朝政府委派他的职务他也不去赴任。他这样躲开了许多官场纷争，得以明哲保身。同时大概也正因为此，他才能获得文学艺术上的成就吧。他的书法初学米芾，后来才自成一家，有了自己的风格。他的绘画也能继承前代宋元之风而有自己的特点意境，"潇洒生动，非人力所及也"。

疯癫潦倒的徐渭个性偏激，其书画也不循常规，不走平常路，称得上咱大明的"先锋派""超现实主义"。他的狂草、行草独具一格，他更是泼墨大写意的一代宗师，其绘画自成一派，谓之"青藤画派"。他的画风对清代的八大山人、"扬州八怪"、石涛以及近现代的吴昌硕、齐白石等都产生了深远影响。郑板桥有块印，上面就刻着"徐青藤门下走狗郑燮"。

游离朝野间，当个"画状元"

当咱大明朝的艺术家主要有两个选择，要么进身庙堂以效力君王，要么栖身市井或归隐山林，吴伟游离其间，算个异类。

吴伟两次被封官，官职都不大。但"画状元"的名号对画家来说是最高的荣誉。这是为什么呢？据说一次咱宪宗皇帝召见他，他喝得大醉，蓬头垢面，衣服、鞋都破了，还要太监扶着他。朱见深见了大笑，让他画《松风图》。他竟然"诡翻墨汁，信手涂抹，而风云惨惨生屏障间"。他喝得醉醺醺又衣冠不整的样子大概的确不适合做官，不过，他信手作画的神技就连皇帝见了也赞叹说："真仙人笔也。"

您大概由此能想到两位皇帝不给他做大官而给他最高荣誉的原因了吧。而他也并不愿意长久地待在权力场，所以得了"画状元"之印以后又隐居起来了。咱武宗皇帝继位后第三次征召他，但他没等到京城就"中酒死"，看来和李白命运差不多。

263

[历史旅行指南·活在大明]

演唱种种传奇戏，当数玉茗堂第一

——○ 昆曲

如果说咱大明在文学艺术方面最重要的贡献只有两种，其中之一是小说，那么另一个就非戏剧莫属了。说起咱明代的戏剧，咱前面提到过一些但并不太详细。咱现在要郑重声明：咱大明朝在戏曲方面最大的贡献就是开创了昆曲的新局面，同时培养出一位戏剧界大师级的人物——汤显祖。当然啦，其实昆曲不是咱大明创造的，汤显祖也不是咱培养的……

▫ 杂剧没落，南曲兴起

提起戏曲的种类，咱大明刚开国的时候继承的是元朝的杂剧。关于杂剧，咱前面也提到一些，例如明初对杂剧的封禁和限制。实际咱还没说完，那时候不仅不准收藏、传诵和印卖一切违禁的词曲、驾头（有皇帝出现的杂剧）、杂剧等，而且"不许妆扮历代帝王、后妃、忠臣、节烈、先圣、先贤、神像，违者杖一百，官民之家容扮者与同罪。其神仙、道扮及义夫、节妇、孝子、贤孙，劝人为善者不在禁限"。简单地说就是演杂剧只能搞搞教化，宣扬传统道德，戏剧家们若想随心所欲、自由自在地创作，没门儿。

创作不自由，当然就不会有好作品。咱大明杂剧其实不少，上至王公大臣下至文人士子很多人都是"杂剧家"。像咱太祖皇帝第五个儿子朱橚的长子周宪王朱有燉就擅长作杂剧，一生中作了杂剧三十多种。罗贯中做过杂剧《宋太祖龙虎风云会》。徐渭还有《四声猿》，包括《渔阳弄》《玉禅师》《雌木兰》《女状元》四种。此外像咱大明文坛的"前七子"之一康海也作过《中山狼》。"二拍"作者，小说家凌濛初则作过《莽择记》《虬髯翁》《宋公明闹元宵》等。这些杂剧咱当然不能说不好，但总是仿佛差了一点，不那么好看了。

差了什么呢？那就是通俗性。到了咱大明，本来很通俗很流行的杂剧"高雅"起来了，成了上流社会的玩意儿。但是咱普通老百姓还要娱乐呀，他们需要更生动活泼、通俗自由的艺术形式。于是，传奇戏开始兴起了。

啥叫传奇戏呢？传奇戏是在南方出现的民间戏剧，形式自由，表演的内容都是长篇传奇故事，所以又叫南戏。南戏产生时间比北方杂剧还早，最晚在南宋时就出现了，当时叫作"温州杂剧"。在元杂剧兴盛的时候，南戏没地位，完全是"下里巴人"。但现在情况不同了，南戏作为传奇戏要重新复兴，并且将会独占鳌头——

咱大明初期的传奇戏都有什么呢？当时有一部元末明初广为流传的《琵琶记》，作者是高明。此外还有四种并列的剧目，分别是《荆钗记》《白兔记》《拜月亭》《杀狗记》，简称"荆白拜杀"，也都是当时"传奇戏流行榜"上的佳作。但它们都是从元代传下来，或者根据元代的剧本改编，还算不上怎么创新。咱大明人也写传奇戏，像本书中提到的丘濬就作过《龙泉记》《五伦记》《投笔记》等，后来又有嘉靖年间的李开先作有《登坛记》《断发记》《宝剑记》，梁辰鱼作有《浣纱记》。丘濬还不算什么，到了李开先的《宝剑记》和梁辰鱼的《浣纱记》，传奇戏已经是很流行，渐渐在社会上有了地位了。

传奇戏或者说南戏因为用的是南方的曲调，相对北方曲调的杂剧可称为南曲。当时南曲主要有海盐腔、余姚腔、昆山腔和弋阳腔。就在这传奇戏兴起的时候，昆山腔一派出了一位高人，他就是魏良辅。魏良辅改造昆山腔，让南曲的这一支独树一帜，压倒了海盐、余姚和弋阳三个流派。魏良辅所改造的昆山腔被称为"水磨腔"，并渐渐演变为昆腔。

265

而在魏良辅之后，另一位高人出现了，那就是汤显祖，他将要颠覆大明戏剧……

▣ 汤显祖和他的"临川四梦"

汤显祖是临川（今江西抚州）人。他字义仍，号海若、若士，又有别号清远道人。作为咱大明才子型人物，他同样是少年时就诗文出众，声名远播。他二十一岁就中了举人，但直到三十四岁才考中进士，历任南京太常寺博士、礼部主事、徐闻（今广东湛江徐闻县）典史、遂昌（今浙江丽水市遂昌县）知县，四十九岁时弃官回家，从此绝迹官场。

汤显祖这么有才，怎么会考了十三年才中进士呢？又怎么会弃官不做？那是因为他为人清高而又正直——宰相张居正让儿子请他来一起读书，他不肯答应，所以张居正死前他没有机会及第；他本来有机会留在翰林院做庶吉士，却自愿申请去南京；在南京官做得好好的，他非要上疏弹劾申时行，结果遭贬官；即使到了徐闻、遂昌，他也不肯逢迎上司，所以终于做不成也不愿再做官，于是辞职。

这位大才子回到家乡去干什么呢？当然是潜心搞创作。事实上，当他还在家乡没有考中进士的时候，就开始了他的戏剧创作的事业了。当时他写的是什么呢？乃是一种传奇戏——《紫箫记》。但他那时候大概刚开始留心戏剧，而且也不是真正用心认真地创作，所以这部《紫箫记》并

汤显祖像

不怎么杰出。但他在官场上的不顺遂已经让他更加专心于文艺，所以在他还没辞官之前的万历二十三年，他就根据《紫箫记》改编了《紫钗记》。

现在他得以完全自由，情况当然更不一样了——他回到了老家，搬迁了新居，把自己的家宅命名为玉茗堂、清远楼，他要把全部的精力投入文化事业，要专职写作，为大明朝戏剧贡献好剧本，开辟新天地啦。

他在玉茗堂中都创作了哪些传奇戏呢？那就是：在回家的当年即万历二十六年（1598）全新创作并完成，成为他巅峰之作的《牡丹亭》；又经过两年，在万历二十八年（1600）他五十一岁时推出的《南柯记》；再时隔一年，于万历二十九年（1601）创作，与《南柯记》相近而又别出心裁的《邯郸记》。

不算《紫箫记》，《紫钗记》《牡丹亭》《南柯记》《邯郸记》这四部传奇戏正是汤显祖天才的展现和对咱大明戏剧的杰出贡献，合称"临川四梦"。当"临川四梦"全部问世时，汤显祖才只有五十二岁。但他并没有再创作，而是指导当时的演员们表演，务求保持他这些作品的原貌，让他的"临川四梦"发扬光大。

汤显祖的"临川四梦"用的曲调是南曲，唱腔是昆腔。正因为有了他和他的"四梦"，昆腔更加扩大了影响，成为咱大明中后期戏剧的主要形式。因为汤显祖是临川人，所以他的这一派就被称为临川派。

"临川四梦"很伟大，但汤显祖的晚年生活却很悲苦。在创作完成了"临川四梦"后，汤显祖又活了十五年，于万历四十四年（1616）在贫病中逝世。而在同年，英国一位伟大的戏剧家莎士比亚也逝世了。同为戏剧大师，莎士比亚成名后获得了荣誉和地位并受到社会广泛的尊重和爱戴，他还成为剧团股东，购置了地产，可谓是名利双收。您瞧瞧，他和汤显祖还真是两种命运、两种人生。在咱大明朝，汤显祖也没被认为是戏剧家，《明史·汤显祖传》根本不提他写过戏剧，另一位明末清初人查继佐在他的《罪惟录》中为汤显祖作传，也只说"（汤显祖）以其余绪为传奇"，就是完全利用闲暇工夫搞了点创作。所以咱才悄悄说："昆曲不是咱大明创造的，汤显祖也不是咱培养的"。

当然啦，您要是问汤显祖自己，恐怕他也不认为自己是戏剧家。他一生所留下的著作中诗文很多，也有不少辞赋、书信，还有为应付科考所作的八股文，传奇戏"临川四梦"只占其中很小一部分。这说明他的确并不是把全部精力都用在了戏剧的创作上。

即使如此，他还是取得了那样的成就，咱不能不说汤显祖实在是个天才。而如果他换一个时空，也许还会对戏剧艺术有更大的贡献，他本人的命运或许也能改观。

▫ 昆曲两大派，盛行数百年

经过魏良辅的改造，汤显祖的光大，昆腔迎来了一个繁荣的新局面，咱大明也有了一个新的戏剧形式——昆曲。汤显祖开创出来的，是昆腔中的临川派。既然是"派"，当然不是汤显祖一个人在战斗。汤显祖以下又有宜兴人吴炳——他主要的传奇戏作品有《西园记》《绿牡丹》《疗妒羹》《情邮记》《画中人》，会稽人孟称舜，作有《贞文记》《娇红记》《二胥记》，还有咱前面提到的那位大奸臣阮大铖——他的传奇戏代表作是《燕子笺》。

昆曲并非只有临川派一枝独秀。在咱大明与汤显祖之临川派并驾齐驱的，尚有个沈璟和他的吴江派。沈璟当然是吴江（今苏州市吴江区）人。他也做过官，官至光禄寺丞。但是他后来办了"病退"，同样回老家专心创作去了。这位沈璟传世的昆曲作品有《属玉堂》传奇十七种，其中的代表作有《义侠记》《坠钗记》《博笑记》等。

如此多的戏剧家前赴后继创作，咱大明当然不愁没有昆曲可演，而昆曲的繁盛流行自然也毫无悬念。事实上，自从魏良辅改造昆山腔，汤显祖作"临川四梦"，昆曲就开始了它的崛起，一时间成为中国戏剧的主流。虽然经过

《牡丹亭》内页·明

⊙《牡丹亭》是汤显祖创作的传奇剧本，刊行于明万历四十五年（1617）。该剧描写了官家千金杜丽娘对梦中书生柳梦梅倾心爱慕，竟伤情而死，化为魂魄寻找现实中的爱人，人鬼相恋，最后起死回生，终于与柳梦梅永结同心的故事。文辞典雅，语言秀丽。与《西厢记》《窦娥冤》《长生殿》合称中国四大古典戏剧。

明末清初一段时间的凋敝,但直到康熙和乾隆年间《桃花扇》和《长生殿》出世,昆曲又一次大红大紫,等待京腔、秦腔等"花部"(除昆腔之外的一切戏剧形式)兴起,昆曲也由"俗"变成了"雅",它才逐渐衰落,直到而今不绝如缕。而这一路下来,昆曲已经盛行了二三百年……

人家这才叫深入生活

还记得咱前面提过的南京"兴化""华林"两大戏班吗?这两大戏班各有当红"老板","兴化"的"老板"叫马锦,"华林"则只知姓李。这天,两大戏班打起了"擂台赛",一起演出《鸣凤记》比赛高低。《鸣凤记》是表现奸相严嵩的故事,马锦和"李老板"当然分别扮演严嵩。然而戏才演到一半,观众就都去看"李老板",没人看马锦的表演了。马锦败下阵去,而且从此就失了踪……

三年后,马锦再次出现,要求和"李老板"重新比试,还是演《鸣凤记》。这一次演到"严嵩"出场,"李老板"竟跑过来给马锦跪拜——他不但认输,而且还成了马锦的徒弟。

马锦到底修炼了什么神功,能让"李老板"输得心服口服呢?别人问他,他说出秘密:"我闻今相国某者,严相国俦也。我走京师,求为其门卒三年,日侍相国于朝房,察其举止,聆其语言,久乃得之。此吾之师也。"他为了胜过"李老板",竟跑到京城去,甘愿给一个和严嵩同类的宰相当了三年门卒,由此接近和观察他,人家这才叫深入生活,才是真正合格的演员、了不起的"戏剧表演艺术家"呢。

269

专题

咱有万卷书，留给后人读
——大明的文化遗产

人都说"书籍是人类进步的梯子"，中华几千年历史走到咱大明，这梯子是要搭起来，好让后人能爬到前人的肩膀上，踏上文明之路。咱大明有许多类别的书，无论是官修还是私撰，无论经史子集哪一部的书籍，在咱大明都有人编辑、有人著述，有人誊写、有人刻印，有人出版、有人收藏……可以说，这是咱大明留给后人最大的一笔文化遗产……

《实录》不大全，《大典》命很惨

咱大明重视的是文治武功，讲究的是典章礼仪，所以有明近三百年，皇家、官方修撰的书籍数量之多简直可以用卷帙浩繁、汗牛充栋来形容，甚至好像还不够。咱大明皇家、官方都修撰什么书呢？有前代史书（如《元史》），有皇帝执政的记录（如《日历》《年表》等），有律令仪典（如《大明律》《大明集礼》《大明会典》等），有志书史鉴（如全国性的《大明一统志》、地方性的《山东通志》《武功县志》，为教育后代子女的《公子书》《女诫》，为警示王公大臣的《昭鉴录》《臣戒录》等），可谓分门别类、无所不包。而这其中，尤为重要的是编修咱历任大明皇帝的《实录》，最让人为难的也是编修《实录》。

《实录》就是咱大明皇帝的真实记录。重要当然重要，为啥又为难呢？首先说，咱大明前后十六帝却只有十三部《实录》；其次，有两位皇帝的实录还改来改去。

十六帝十三部《实录》，缺的是哪三位？思宗朱由检最好解释，咱大明都亡了，谁给他编《实录》？所以没有《明思宗实录》。还有位建文帝，后世给他的庙号是惠宗，但是他被咱成祖皇帝"靖难"赶下了台，朱棣当然不会给他编《实录》。不但不给他编，还把咱太祖皇帝的《实录》改来改去，只为显得自己的皇位光明正大。实际上建文帝已经给他爷爷修过一次《明太祖实录》，但朱棣让解缙重修了一次，又让胡广重修了一次，所以《明太祖实录》就编了三次。第三位缺的是明代宗朱祁钰，他在他哥哥明英宗朱祁镇被瓦剌人俘虏期间当了八年"代皇帝"，但朱祁镇显然不承认他的帝位，后来人们也没有单独给他编修《实录》，而是把他的事迹夹在《明英宗实录》中，只是没取消他的年号，依然保留了"景泰某年"的字样。

《逊志斋集》内页·明

前面咱已经说了《明太祖实录》重修的事。另一位《实录》被重修的是明光宗。咱这位光宗皇帝在位才一个月，但生前身后就先后发生了"梃击""红丸""移宫"三大案，还有牵涉他太子身份的"妖书案"。"妖书案"本就是权力之争，三大案又都和魏忠贤的阉党与杨涟等人的东林党之间的党争有关。所以说当魏忠贤掌握了大权时，对之前毫无隐晦地记录这些事件的《明光宗实录》当然要篡改。可惜他篡改得颠倒是非，根本没人相信，而他自己也终于身败名裂，"魏忠贤版"《明光宗实录》当然就流传不下来了。

如果要说咱大明皇家编修的最为重要也是规模最大的

天一阁藏书楼

⊙天一阁位于浙江省宁波市海曙区，建于明朝中期，由当时退隐的明朝兵部右侍郎范钦主持建造，占地面积2.6万平方米，是中国现存最早的私家藏书楼，也是亚洲现有最古老的图书馆和世界最早的三大家族图书馆之一。现藏各类古籍近30万卷，其中珍椠善本8万卷，尤以明代地方志和科举录最为珍贵。

一部书，那就是《永乐大典》了。《永乐大典》简直可以说是一部超级百科全书——光参加编修此书的就有两千多人，收录了从先秦到明初的七八千种书籍。它的规模到底有多大？咱就举个例子：嘉靖年间皇家重抄这部典籍时动用了一百零九人，每人每天抄三页，一直抄了六年才算抄完。

这样一部超级巨著如果能保存到今天，咱现代人该有多幸运？但这部书的命运却很坎坷，先是原来永乐年间的正本不知去向，后来到了大清，嘉靖末年的副本也渐渐散失，几经磨难之后所剩无几，绝大部分都不见了……

具体来说，首先是这《永乐大典》的正本，也就是当初永乐年间的"原

版"，大概在明末清初之际就失踪了。那位著有《国榷》的谈迁认为或许是火灾烧掉了。了解宫廷掌故的太监刘若愚也不知道这部正本藏在哪里。到了清朝初年，皇宫中就只剩下副本即嘉靖抄本，但也已经残缺。

残缺的嘉靖抄本有多少呢？最初《永乐大典》共有二万二千八百七十七卷，分为一万零九十五册。到乾隆三十七年（1772）清查时已经少了有两千四百二十二卷，约一千多册，也就是说这时候《永乐大典》就只有八千多册了。但这八千多册也没能保住多少——从道光年间开始翰林院官员就纷纷偷盗《永乐大典》，其中有文廷式一人就偷走了一百多本。而自光绪元年（1875）至光绪二十年（1894），宫中《永乐大典》藏书从不到五千册快速下降到只有八百册。

《永乐大典》的最后一次厄运是在1900年。当时清军和义和团攻打东交民巷使馆区，与之毗邻的翰林院遭灾，残余的《永乐大典》部分被烧毁，部分散失，终于所剩无几了……

没稿费但有价值

咱大明皇家和官方修撰各种书要投入大量的人力和物力，这咱在前面已经举过例子了。当然这对咱要人有人、要钱有钱的大明朝廷来说不算啥大事儿（但也不是完全不算事儿，比如有人主张刊刻《永乐大典》就因为预计花费太多而没有成功）。但对于个人来说，著述撰写已经需要时间和笔墨纸张的成本，要是再想让自己的书能够流传，就要付出更多的钱财了。毕竟那时候并没有出版社给作者稿费，写书出书也不赚钱，有谁肯做这种赔本买卖呢？

当然有，而且有的是！咱大明的文化人但凡有点头脸有点名声，生前身后都要弄个文集啥的，否则怎么能对得起自己的身份？像明初的大儒宋濂有《宋学士集》，开国功臣刘基有《刘文成集》，名臣方孝孺有《逊志斋集》，大才子解缙有《解学士集》《春雨集》等。后来又有首辅杨士奇的《东里集》，忠臣于谦的《于忠肃集》，新儒家学者陈献章的《白沙集》，王阳明的《阳明全集》。就连一些大臣写给朝廷的奏章议折也都编订成集，如《王恕奏稿》《杨廷和奏议》等。到咱大明后期各种文集就更多，像什么张居正的《太岳集》、俞大猷的《正气堂集》、戚

继光的《止止堂集》、大清官海瑞的《海刚峰集》、顾宪成的《泾皋藏稿》、汤显祖的《玉茗堂文集》、袁宏道的《袁中郎集》、董其昌的《容台集》等。

前面提到这些人的文集，其中内容基本是他们生平所作的诗文，也有序跋、碑铭、辞赋赞颂之类的专门文体。这些东西都是咱大明文化人日常的功课，只要收录编纂起来就行了。但也有些文化人为了兴趣爱好或专门目的而写作，这些人的作品往往更有价值。

比如写前朝或本朝的历史。像有个薛应旂（qí）就作了一部《宋元资治通鉴》，还有刘辰作《国初事迹》，徐纮作《名臣琬琰（wǎn yǎn）录》，王世贞作《嘉靖以来内阁首辅传》，焦竑作《国朝献征录》，更有朱国祯作《皇明开国臣传》《皇明逊国臣传》《皇明大政记》，郑晓作《吾学编》等。

比如记录典故逸事，也就是野史笔记——这种书虽然不一定完全可靠，但补充了正史资料的不足，尤其其中一些关于社会生活习俗的记录更是弥足珍贵。没错，咱这本书不就是写大明的社会生活史吗？当然咱也引用了不少这方面的资料，像陶宗仪的《南村辍耕录》、郎瑛的《七修类稿》、何良俊的《四友斋丛说》、谢肇淛的《五杂俎》，等等。

更有价值的是那些专业书籍。但这方面咱就不多举例了，只说四部足矣：您知道《天工开物》吧？您知道《本草纲目》吧？那是自然科学和医药学的巨著。还有徐弘祖的《徐霞客游记》和徐光启的《农政全书》，则属于地理地质学和农业科学的范畴了。

当然啦，咱前面提到的小说、戏剧、话本等那些文艺作品同样也是咱大明人创造的精神财富，自有它们的价值。

抄本加刻本，斋堂馆阁藏

咱大明有这么多官方和私人编修创作的书籍，要怎样流传开来、留存下去呢？您也知道在咱大明这个时候文字和图像还只能写、画、印刷在纸张上，当然没办法刻成光碟、存储在硬盘里。当时咱大明印刷技术还很落后，别说印刷机没出现，就连活字印刷术的应用都不是很广泛，主要还是依赖雕版印刷，所以刊刻书籍的成本还是很高昂。因此呢，咱大明的书籍传播保存主要就是两种途径：抄写和刊刻。所以咱大明的书籍也就是两种形式：抄本和刻本。这两种形式又可以按照官方和民间来划分，有官抄本、官刻本、民间抄本和民间刻本。像咱前面提到的《永乐大典》正副本，就都是官抄本。

官方抄书是"国家工程"，能参与其中的都是"公务员"或"准公务员"身份，而且对"抄手"的书法要求当然也非常严格。例如在嘉靖四十一年（1562）要开始抄写《永乐大典》之前，吏部和礼部先联合举行了一场"糊名考试"，就是把考生姓名遮盖起来的考试，以此来选拔"抄手"。抄写《永乐大典》的一百零九人就是这样产生的。

而官方刊刻，咱大明主要有三大"国有出版发行公司"，它们是：南京国子监，北京国子监，司礼监经厂库。

官抄本加上由这三大"国有出版发行公司"刊刻和发行以及搜集自民间的书籍，构成了咱大明数量巨大的"国有图书"。有这么多书就要有地方保存和收藏，先后建于南北两京的文渊阁就是咱大明的"国立图书馆"，收藏着"古今图籍"，只是不对公众开放。而南京故宫文渊阁中的图书又在正统十四年（1449）的一场大火中全部给烧掉了，咱大明的"国立图书馆"就只剩了北京文渊阁一处。但就这一处"国立图书馆"，也免不了要么无人问津，要么被人偷盗的命运，图书渐渐散失——《永乐大典》正本失踪、副本不足就是证明。

除了这三大"国有出版发行公司"，各王府、书院也有自己的"出版发行机构"，可以根据自己的兴趣爱好或治学方向刊刻书籍。当然啦，更巨大的动力和需求来自民间，更主要的资本和市场也来自民间，所以就像有私人著书创作一样，民间也有人抄书、刊刻，还有人藏书。

民间抄书、刊刻的人如果不是为了卖书赚钱，往往就是出于个人的兴趣。所以他们请人抄写，雇人雕版印刷出来的书籍，通常是自家收藏。例如收藏抄本，谢肇淛就有个小草斋，还有藏书家黄虞稷的千顷堂、绍兴祁氏的澹生堂等；收藏刻本的有顾春的世德堂、沈辨之的野竹斋、何良俊的清森阁等。

咱大明真正以藏书负盛名，其书得以大量而长久流传后世，是毛晋的汲古阁和范钦的天一阁！大家都应该听说过，就不赘述啦。总之，大明有万卷图书传世，给咱留下了宝贵的文化遗产。

附录
帝王世系表
公元1368—1644年

庙号	帝王原名	年号	公元
太祖	朱元璋	洪武	1368—1398
惠帝	朱允炆	建文	1399—1402
成祖	朱棣	永乐	1403—1424
仁宗	朱高炽	洪熙	1425
宣宗	朱瞻基	宣德	1426—1435
英宗	朱祁镇	正统 天顺	1436—1449 1457—1464
代宗	朱祁钰	景泰	1450—1456
宪宗	朱见深	成化	1465—1487
孝宗	朱祐樘	弘治	1488—1505
武宗	朱厚照	正德	1506—1521
世宗	朱厚熜	嘉靖	1522—1566
穆宗	朱载垕	隆庆	1567—1572
神宗	朱翊钧	万历	1573—1620
光宗	朱常洛	泰昌	1620
熹宗	朱由校	天启	1621—1627
思宗	朱由检	崇祯	1628—1644

1368年	朱元璋称帝，国号大明，建元洪武，是为太祖。明将徐达率军攻占元都城大都，元顺帝北走。行《大统历》。颁"洪武通宝"钱，各行省置宝泉局铸钱。
1369年	诏天下府、州、县设立学校。定分封诸王制。
1370年	诏定科举制。《元史》修成。
1371年	罢李善长，以胡惟庸为相。初行殿试。禁沿海民私出海。
1373年	始分给事中为吏、户、礼、兵、刑、工六科。《大明律》成。
1375年	诏全国立"社学"。始印大明宝钞，立钞法，禁民间金银交易。定都指挥使司制。
1376年	改行省为承宣布政使司。
1380年	胡惟庸狱起。罢中书省，废丞相。定六部官秩。改大都督府为中、左、右、前、后五军都督府。罢御史大夫，置谏院官。燕王朱棣就藩北平。
1381年	编订赋役黄册。颁"四书五经"于北方学校。改国子学为国子监。
1382年	置锦衣卫。改御史台为都察院。置殿阁大学士。
1385年	郭桓贪污案起。
1387年	编订鱼鳞图册。
1393年	蓝玉案。颁《逆臣录》。
1397年	颁布《大明律诰》。
1398年	朱元璋卒，葬孝陵。皇太孙朱允炆即位，即建文帝。议削藩。
1399—1402年	靖难之役。
1402年	朱棣攻入南京，即帝位，是为成祖。
1403年	改北平为北京。
1405年	郑和首次下西洋。
1407年	《永乐大典》修成。
1409年	设立奴儿干都司。
1410年	成祖亲征鞑靼。
1411年	宋礼疏会通河，通南北运河。
1414年	成祖亲征瓦剌。
1420年	唐赛儿起义。始设东厂。遣宦官侯显出使西域。宣布定都北京。北京内城及宫殿建成。

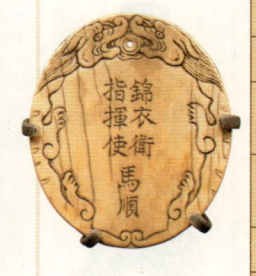

历史年表

1421年	迁都北京。
1424年	朱棣第五次北征，归途中卒于榆木川，葬于长陵。太子朱高炽即位，是为仁宗。
1425年	朱高炽病卒，葬献陵。太子朱瞻基即位，是为宣宗。
1426年	汉王朱高煦叛乱，事败被废为庶人，后被杀。
1430年	郑和第七次下西洋，于1433年回国。
1435年	宣宗卒，太子朱祁镇即位。"三杨"辅政。王振掌司礼监。
1440年	役工匠、官军七万余人大修北京宫殿，乾清、坤宁二宫，奉天、华盖、谨身三殿成。
1444年	叶宗留起义。
1448年	邓茂七起义。
1449年	土木堡之变，英宗被俘。其弟郕王朱祁钰即位，即景帝。于谦组织北京保卫战取得胜利。
1450年	朱祁镇自瓦剌还京，被幽禁于南宫。
1457年	朱祁镇复辟。于谦等被杀。
1460年	曹石之乱。
1464年	朱祁镇卒，葬裕陵，遗诏罢宫妃殉葬。朱见深即位，是为宪宗。
1465年	刘通、石龙率领荆襄流民起义。
1477年	设西厂，由太监汪直领之。
1487年	朱祐樘即位，是为孝宗，次年改元弘治。
1497年	《大明会典》修成。
1505年	朱厚照即位，是为武宗，次年改元正德。
1508年	设内行厂，以太监刘瑾领之。
1511年	刘六、杨虎起义。
1519年	宁王朱宸濠叛乱。
1521年	武宗朱厚照卒，葬于康陵。迎兴献王世子朱厚熜即帝位，次年为嘉靖元年，是为世宗。"大礼议"开始。
1542年	壬寅宫变发生。
1567年	张居正入阁。隆庆开关。
1571年	封俺答汗为顺义王。

1572年	穆宗卒，朱翊钧即位，次年改元万历，是为神宗。张居正升任首辅。
1577年	葡萄牙人贿买澳门，取得在澳门贸易资格。
1581年	在全国推行"一条鞭法"。
1592年	明朝出兵援朝抗日。
1596年	始派矿监税使。
1611年	东林党争起。
1615年	梃击案。
1616年	努尔哈赤即汗位，国号后金，建元天命。
1618年	后金攻陷抚顺。明廷加派辽饷。
1619年	杨镐以四路明军进攻后金，大败于萨尔浒。
1620年	朱翊钧卒，葬庆陵。朱常洛于八月即位，次年改元泰昌，是为光宗。九月，红丸案发，朱常洛卒。移宫案发。
1621年	朱由校即位，是为熹宗，改元天启。
1622年	广宁之战。
1623年	魏忠贤提督东厂。
1625年	六君子之狱。努尔哈赤迁都沈阳，更名盛京。
1626年	袁崇焕宁远大捷。努尔哈赤卒，皇太极即汗位。
1627年	朱由校卒，朱由检即位，次年改元崇祯。
1628年	陕北王二起义，明末农民大起义正式爆发。
1635年	高迎祥等十三家义军荥阳大会。
1636年	皇太极称帝，改国号为清。李自成为闯王。
1642年	荷兰侵占台湾。松锦之战大败。
1643年	李自成破西安，定为西京。张献忠破武昌，称大西王。皇太极卒，福临即位，以次年为顺治元年。
1644年	正月，李自成于西安建立大顺政权。三月，大顺军攻入北京，思宗朱由检自缢身亡，明政权覆灭。

活在大明

选题策划： 日知图书
文图编辑： 王松慧　程岩峰
美术编辑： 刘晓东
特约审校： 蔡亚龙

图片提供：

王　露　郝勤建　视觉中国
中国国家博物馆
北京故宫博物院
上海博物馆
湖北省博物馆
中国台北故宫博物院
美国弗利尔美术馆
大英博物馆